智慧城市建设理论、实践与案例研究

——东南大学校友会国际智慧城市产业高峰论坛（2019）论文集

国际智慧城市产业高峰论坛组委会　主编

东南大学出版社
SOUTHEAST UNIVERSITY PRESS
·南京·

内容提要

在改革开放不断深入的今天，建设智慧城市已上升为国家核心发展战略。如今的智慧城市建设，已紧紧与大数据、物联网、云计算和人工智能等新一代技术密切相连，融入现实生活，彻底地改变人们的工作生活方式，并从根本上变革城市的规划设计和运行管理模式。本文集依托国际智慧城市产业高峰论坛（2019），汇集国内外知名专家学者在智慧城市建设、智慧制造、绿色经济、新技术及新产业等领域的最新研究成果，旨在总结智慧城市产业的先进思想理论和技术经验，为智慧城市建设提供新的思路和切实可行的操作方案。

本文集可供土木、交通、材料、能环领域的政府部门、研究机构，以及规划、设计、施工、运行等相关行业技术与管理人员参考。

图书在版编目（CIP）数据

智慧城市建设理论、实践与案例研究：东南大学校友会国际智慧城市产业高峰论坛（2019）论文集 / 国际智慧城市产业高峰论坛组委会主编. —南京：东南大学出版社，2021.12

ISBN 978-7-5641-9949-4

Ⅰ.①智… Ⅱ.①国… Ⅲ.①现代化城市 - 城市建设 - 学术会议 - 文集 Ⅳ.① C912.81-53

中国版本图书馆 CIP 数据核字（2021）第 259514 号

责任编辑： 陈 跃　　**封面设计：** 顾晓阳　　**责任印制：** 周荣虎

智慧城市建设理论、实践与案例研究
Zhihui Chengshi Jianshe Lilun、Shijian Yu Anli Yanjiu

东南大学校友会国际智慧城市产业高峰论坛（2019）论文集

主　　编	国际智慧城市产业高峰论坛组委会
出版发行	东南大学出版社
社　　址	南京市四牌楼2号　邮　编：210096　电　话：025-83793330
网　　址	http://www.seupress.com
电子邮件	press@seupress.com
经　　销	全国各地新华书店
印　　刷	南京迅驰彩色印刷有限公司
开　　本	889mm×1194mm　1/16
印　　张	14
字　　数	318千
版　　次	2021年12月第1版
印　　次	2021年12月第1次印刷
书　　号	ISBN 978-7-5641-9949-4
定　　价	128.00元

本社图书若有印装质量问题，请直接与营销部联系。电话（传真）：025-83791830

国际智慧城市产业高峰论坛组委会

论坛指导委员会

主　　任：黄大卫

委　　员：刘加平　赵洪斌　姚志彪　朱文俊　王　庆

论坛组委会

主　　任：杨　涛

执行主任：刘　峰

委　　员：
黄富民　凌九忠　彭　涛　夏长春　徐　澄　吴海锁
杨晓虹　张亚东　杨　宁　宋立宏　马六逵　王保龙
刘　华　华　夏

秘书处：
李迎春　刘海强　夏　尧　谢祥峰　杨　涛　刘鸣枫
陈翠翠　顾卫强　邵林林　刘兴旺　王　燕　高　婧
王庆曌　吴才锐　顾　羽　单中祥　潘宗良　毛凝辉
尚　燕

序 言

经过长达半年的筹备，2019 年 10 月 30 日，由东南大学、南京市麒麟科创园管委会指导，东南大学校友总会、南京校友会、智慧城市研究院主办，东大南京校友会土木交通分会具体承办的"国际智慧城市产业高峰论坛（2019）"在南京盛大开幕。江苏省住建厅、东南大学发展委员会、麒麟科创园管委会领导莅临论坛并致辞，东南大学土木、建筑、交通三大强势学科的教授代表以及来自国内外智慧城市产业知名的专家学者、企业精英、政府主管部门领导等 500 多人参与了本次盛会。

本次论坛聚焦国家智慧城市发展战略，全方位、多角度、多层次诠释了智慧城市的热点前沿议题。在会议的主论坛上，中国工程院院士、国家杰青、长江学者刘加平教授，中国首届科学探索奖获得者、东大智慧城市研究院副院长杨俊宴教授，苏交科集团、西班牙 Eptisa 公司的国际智慧城市专家 Luis Frauca 先生，国家自科基金优青、东大交通学院副院长刘志远教授，分别发表了题为《绿色建筑材料的研究与应用》《基于数字化技术的城市三维智能平台搜索》、"The impact of technology in greenfield and brownfield Smart City Projects：Lessons from Spain and India"、《智慧交通：基于大数据的新一代方法体系》的精彩演讲，反响热烈。

在以苏交科、江苏先行、苏环院为主的一大批校友会土木交通分会会长单位、顾问单位、热心校友企业、其他外地行业企业的热情参与下，开设了智慧城市与建筑、智慧交通、智慧材料与能环 3 个分论坛，每个分论坛的 11 场报告各个精彩、场场爆满。"苏交科"城市与建筑分论坛，着重介绍了智慧城市顶层设计、智慧景区规划、智慧园区平台搭建、智慧资产管理，大数据、BIM 等新兴智慧城市技术在城市规划、城市家居、装配式建筑、换乘枢纽工程、智能园区照明中的应用以及智慧城市背景下个人信息保护利用的话题。"江苏先行"智慧交通分论坛，各位专家就预制智慧生产、智慧公交、BIM 智慧交通、交通安全、智能监管、桥梁智慧运维、智慧路灯、智慧停车、大数据

及机器人智慧化运维进行了充分的研讨。"苏环院"智慧材料与能环分论坛，广泛涉及智慧扬子江生态眼平台、混凝土施工期裂缝控制、建筑节点检测、超高混凝土制备、智慧水务解决方案、智慧工地平台、智慧燃气仿真等系列城市建设中的工程材料、环境保护的话题。

东大南京校友会土木交通分会在征得作者同意后，现将经过初选、修改反馈、行业专家审定流程的部分会议报告以及前期收录的优秀论文集整理出版，以飨广大校友群体及行业精英。不足及疏漏之处，敬请谅解指正。

衷心感谢大力支持校友经济、校友间技术产业合作交流的校领导、麒麟科创园领导；衷心感谢支持论坛组织实施的校友总会、南京校友会、智慧城市研究院领导；衷心感谢各位与会嘉宾、投稿专家；衷心感谢在本次论坛及论文集策划、组织、实施中做出巨大无私贡献的土木交通分会各会长单位、秘书处人员！

东大及东大校友会正努力搭建共同交流、对接、合作和开放共享的平台，相信一定能以本次会议为契机加强合作、互通有无，打通产业链、研究链，共同开创中国智慧城市发展新时代。

杨 涛

江苏省设计大师、教授

东南大学南京校友会副会长兼土木交通分会会长

南京市城市与交通规划设计研究院股份有限公司董事长

目 录

一、智慧城市与建筑篇

智慧城市个人信息使用及立法保护研究 ………………………………………………… 3
智慧居住建筑设计模式研究 ……………………………………………………………… 12
机电＋BIM技术在城市综合体设计中的差异化应用 …………………………………… 20
基于智慧路灯的泛物联网云平台设计探索 ……………………………………………… 33
不同场地土下并联基础隔震体系地震反应特征 ………………………………………… 39
快速无损检测与智能监管技术在公路工程中的应用研究 ……………………………… 45
智慧园区管理平台的研究与构建 ………………………………………………………… 54
基于停车普查和信息系统的城市停车供需特征研究——以西宁市为例 ……………… 60
车路协同发展情况、技术及产业发展研究 ……………………………………………… 69
现代化智慧港口建设探索 ………………………………………………………………… 74

二、智慧交通篇

基于站点分时客流特征的南京地铁站点分类 …………………………………………… 83
基于网约车轨迹数据的城市道路交通状态感知方法研究 ……………………………… 98
数据驱动下的精细化交通组织在城市交通治理中的实践应用 ………………………… 108
江苏省"十一"黄金周客运交通出行特征分析 ………………………………………… 117
数据驱动的纯电动汽车用户出行规律分析 ……………………………………………… 122
基于手机信令数据的常住人口出行特征分析 …………………………………………… 134
基于交通规制的交通安全策略研究 ……………………………………………………… 142
自主巡检机器人在高铁站智能化运维中的应用 ………………………………………… 150

三、智慧材料、能源与环境篇

基于差分累加及雨流计数的支座累计位移研究……159

高延性水泥基复合材料喷射工艺研究……167

某玻璃生产企业场地土壤环境调查与污染特征分析……176

垃圾焚烧发电厂烟气脱酸工艺的研究及优化建议……182

酸洗企业关停地块土壤和地下水污染状况调查……190

装配式混凝土建筑工程节点连接质量检测技术研究……204

PART 01

一、智慧城市与建筑篇

智慧城市个人信息使用及立法保护研究

智慧居住建筑设计模式研究

机电＋BIM技术在城市综合体设计中的差异化应用

基于智慧路灯的泛物联网云平台设计探索

不同场地土下并联基础隔震体系地震反应特征

快速无损检测与智能监管技术在公路工程中的应用研究

智慧园区管理平台的研究与构建

基于停车普查和信息系统的城市停车供需特征研究——以西宁市为例

车路协同发展情况、技术及产业发展研究

现代化智慧港口建设探索

智慧城市个人信息使用及立法保护研究

刘益欣,杨洁

(东南大学法学院,江苏 南京 210096)

摘要:为创新城市基本公共服务供给模式,提升公共服务供给效率,合规、合法地收集与使用个人信息是智慧城市建设的重要手段,而保护个人信息安全也是智慧城市使用个人信息的基本要求。从智慧城市个人信息使用需求与特征切入,对个人信息在智慧城市建设中存在的隐私暴露和数据安全风险进行分析,结合国内外个人信息的立法保护现状,从个人信息权利保护原则、个人信息侵权法律责任两方面提出立法保护建议。

关键词:智慧城市;个人信息;隐私保护;数据安全;立法

1 引言

自 2012 年底住建部启动首批国家智慧城市试点项目以来,已有超过 70% 的地级以上城市启动了新型智慧城市的建设。在革新城市公共服务供给模式的同时,智慧城市的建设有效提升了公共服务供给效率,改善了城市居民的生活品质。而为了建设以人为本的智慧城市,收集、掌握了大规模的城市居民个人信息,并基于对此类信息的挖掘、应用进一步优化了智慧服务功能。然而,新一代信息技术的突飞猛进也给个人信息保护带来了一系列挑战,智慧城市个人信息安全是智慧城市建设必须解决的根本性问题。科技层面难以解决的问题需要通过法律手段进行弥补,不少学者已围绕个人信息权利的基础理论、国内外个人信息保护模式和个人信息立法体系等议题展开了深入研究,形成了丰富的理论成果,但鲜有研究结合智慧城市建设对个人信息使用特征、个人信息安全风险以及法律保护应对策略进行探讨。本篇拟对智慧城市建设背景下的个人信息安全问题展开研究,分析个人信息在智慧城市中的应用情况,结合智慧城市建设特征和个人信息使用的特征,提出可资借鉴的智慧城市个人信息立法保护实施建议。

2 智慧城市个人信息使用需求与特征

2.1 个人信息概念界定

明确个人信息的内涵与范畴是研究智慧城市个人信息使用与保护的前提。目前各国法律条文

---

* **基金项目**:国家社科基金项目(批准号:18CFX062)、江苏省法学会法学研究课题(批准号:SFH2019D01)、东南大学"至善青年学者"资助计划。

中对个人信息的称谓并不统一，有"个人信息""个人隐私""个人数据"等诸多表述。我国现行的法律规范如《中华人民共和国政府信息公开条例》《信息安全技术公共及商用服务信息系统个人信息保护指南》等大多使用"信息"这一概念。2015年生效的《中华人民共和国网络安全法》首次在法律层面对个人信息的概念进行了界定，即个人信息是"以电子或者其他方式记录的能够单独或者与其他信息结合识别自然人个人身份的各种信息，包括但不限于自然人的姓名、出生日期、身份证件号码、个人生物识别信息、住址、电话号码等。"

可见，《中华人民共和国网络安全法》对个人信息的定义采用了"一般定义＋示例规定"相结合的模式，以解决网络时代信息种类难以穷举的问题。"一般定义"明确了个人信息的"身份识别标准"，即个人信息能够直接或间接识别特定自然人，而"示例规定"中列举的诸多信息类别在智慧城市建设中也有广泛的应用。依据智慧城市中信息与个人的关系，可将智慧城市中的个人信息划分为三个类别：一是个人属性信息，基于个人属性信息能够直接联系到特定个人，包括个人姓名、证件号码、个人生物识别信息等；二是个人行为信息，基于对群体行为信息的聚合可为城市物流配送、交通诱导、医疗资源分配等提供决策支持，如消费记录、出行轨迹、就医信息等；三是个人偏好信息，偏好信息源于对个人行为信息的挖掘，结合个人属性信息，为用户推送精准、细致的服务，如出行方式、出行路径选择偏好、消费喜好等。

2.2 智慧城市个人信息使用需求

智慧交通、智慧医疗、智能家居、智能物流、智能政务等一系列智慧服务均是智慧城市的重要组成部分，出于便民服务目的个人信息收集与使用在智慧城市建设中广泛存在。一方面，在商业化服务中，智慧服务提供商会收集和分析个人信息来提供有针对性或定制的服务，如智慧出行服务商在个人授权的情况下收集个人的出行信息以分析个人偏好，推荐并提供高效、经济的出行方式。另一方面，在政府为信息收集者的智能政务系统中，会采集一些较为敏感的个人信息及个人的社会经济状况，比如出生和死亡、结婚和离婚登记信息等，此类信息可应用于人口普查、违章处理、智慧诉讼服务等功能模块，促进政府行政效率的提升。

为市民提供安全的生活环境是智慧城市建设的重要目的之一，个人信息同样也是城市安防的重要基石。在智慧安防建设中，个人信息的使用主体主要是公安机关，通过收集和处理个人多方面、多层次、较隐私的数据来达到保障城市安全的目的。例如，在重要的枢纽港站对出行人进行身份核验，在交叉口对不按信号灯规则通行的行人进行抓拍、识别并公布违章人员信息，对重点区域的人流密度进行监控等。虽然出于安防目的收集的信息一般不直接关联到个人，但在特定情况、特定需求下，结合个人基础属性信息，同样可以精准识别个人行为、个人偏好。

2.3 智慧城市个人信息收集与使用特征

智慧城市涉及多领域、多部门、多系统之间的密切协作，《关于促进智慧城市健康发展的指导意见》中强调智慧城市的发展必须以人为本、务实推进。以用户为核心的智慧城市建设参与者呈现多元化的特征，主要参与者为个人、政府和第三方智慧服务提供商。个人在智慧城市建设中是个人相关信息的信息权利所有者，通过让渡信息权利获取智慧服务。政府和第三方智慧服务提供商拥有信息利用者和管理者的双重身份角色，通过掌握个人信息来促进智慧城市的建设与发展。以政府为主导的智慧城市在使用、共享、公开公民的个人信息时呈现4个典型特征：一是内容详尽、覆盖面广。例如为全面掌握城市人口和住户的基本情况，进行普查时需要录入姓名、性别、年龄、民族、国籍、受教育程度、行业、职业、迁移流动、社会保障、婚姻、生育、死亡、住房情况等诸多信息；为保证信息的真实性，对关键信息还需要与亲属、个人所在单位等处收集的信息相互印证。二是数据库种类丰富、层次多，数据共享需求大。如中国执行信息公开网、违法犯罪人员信息系统等网站都能对个人违法犯罪的信息进行共享，各数据库在一定级别与一定地域的政府中实现信息共享。三是公民没有同公共权力机关进行协商的权利。在公共行政领域的数据采集与使用上，行政机关对个人信息的收集、处理并不需要获得信息主体的同意，部分法律将提供真实、完整的信息作为公民的一项义务予以要求。四是留存时间长，个人信息需在数据中心平台长时间留存来满足政府长期提供便民智慧服务和大规模监控与侦察犯罪的需求。

相对于公权力机关出于安防目的或便民目的的使用个人信息，提供商业化便民服务的其他智慧服务商在个人信息收集和使用时强制性和真实性较弱。个人在使用智慧服务前会明确接到是否提供相关信息的询问，可在获取便捷服务与个人信息安全让渡之间进行利益衡量，决定是否提供个人信息以及是否提供真实的个人信息。商业化智慧服务商提供的服务存在信息留存时间长和覆盖范围广的特点，且收集的信息所获授权可能并非个人真实意愿的表达，如一部分人对软件注册前弹出的格式合同和隐私政策并不会仔细查看，或在拒绝服务后的使用过程中也会反复接收到需要获取个人信息的提示，最终因厌烦而授权。

3 智慧城市个人隐私保护及数据安全风险

3.1 智慧城市个人信息的身份可识别性风险

用户画像是智慧城市功能实现的重要步骤之一。目前，在具有强制执行力的个人信息法律法规中未提及"用户画像"这一概念，仅在2017年全国信息安全标准化技术委员会颁布的推荐性国家标准《信息安全技术个人信息安全规范》中被定义为"通过收集、汇聚、分析个人信息，对某特定自然人个人特征，如职业、经济、健康、教育、个人喜好、信用、行为等方面做出分析或预测，形成其个人特征模型的过程"。智慧城市中出于安防目的和便民目的收集的原始数据并不全都直接呈现为个人信息，还包含非个人信息，但当数据库中的信息储备量足够庞大且信息都直接或间接来源于特定自然人时，非个人信息可以通过信息挖掘、关联等技术手段转化为精准的个人画像。例如，倘若某个城市中经过匿名处理的行程信息被披露，结合新闻报道，亦可获悉公共人物当天途经的具体线路。

对于政府收集使用的个人信息，目前已有少数法规规定，数据使用单位确需使用可识别个人身份和隐私内容的个案信息的，可以向数据运营单位提出应用服务申请，在征得个人同意或经脱敏后方可实行。但营利性的商业化机构在信息的合规使用以及对脱敏数据的使用上缺少完善的规定，可能会产生严重的个人信息泄露风险。

无论是原始或经个人画像获取的可识别个人信息，都可能因涉及个人不愿公开的秘密而进入隐私权保护的范畴。个人信息与个人隐私有重合之处，也确有许多不同。第一，从客体而言，隐私不限于以信息的形态呈现，其客体还包括个人活动、个人信息和个人领域；而个人信息也可以分为公开的个人信息和私密的个人信息，所以个人信息与隐私在客体上有交叉。第二，在权利属性上，我国对隐私权的权利属性虽无统一的认识，但比较权威的解释是"指公民个人和死者所享有的个人信息不被非法获悉和公开、个人生活不受外界非法侵扰、个人私事的决定不受非法干涉的一种独立人格权"；而个人信息权的权利属性有人格权说、隐私权说和新型民事权利说，其中具有财产属性的人格权说是主流观点，个人信息在数字时代的商业化使用中呈现出经济上的交易价值和法律上的财产属性。第三，个人隐私的判断具有主观性，取决于个人对其私密领域中不为他人知悉的事情所持的主观态度，包含主观的评价、体会、感情等；而个人信息的识别具有客观性，《中华人民共和国网络安全法》采用开放式列举给出了一些个人信息的分类，与个人对信息所持态度无关。第四，在保护法益上，个人隐私的保护重心在于个人有权选择自己的生活、个人的秘密免受外界干扰和侵害的权利，重在维护私人生活安宁；个人信息侧重于对个人信息自决权的保护，所注重的是自主支配和处分个人信息这一具体对象。

3.2 智慧城市个人信息数据安全常见侵害方式

智慧城市建设高度集成了物联网、云计算、大数据等众多新形态的信息技术，具有传感感知层、数据层和应用层等层次，区别于传统网络时代的信息安全风险，个人信息在智慧城市各信息技术层中均存在安全风险。

感知层通过智能终端、射频识别技术和摄像头等对城市环境、安全和基础设施等方面进行个人数据和非个人数据的信息采集和监测。大量的智能感知设备接入智慧网络使智慧城市感知层的接入环境复杂化和接入方式多样化，防盗、认证、加密、鉴别、审计等技术的不成熟给感知层的信息识别带来了安全隐患，使原始数据在信息收集过程中存在泄露风险。

数据层通过云计算对感知层识别到的信息进行存储和传输。一方面，个人信息在存储和传输过程中存在恶意攻击、网络漏洞和结构破坏等安全隐忧。个人与机构有组织或无组织地利用服务器或者设备系统的漏洞和弱点，通过篡改、伪造、中断、截取等方式进行恶意攻击，给整个信息网络系统带来不稳定，进而侵害信息的完整性和保密性。另一方面，海量数据被集中存储在云端，用户无法获知自己数据所处的状态，他人非法取得数据控制权或者恶意拷贝会导致用户在删除个人信息时难以彻底删除；较高的网络传播速度也使得大量的个人信息从一个数据服务器转移到另一个数据服务器的过程变得简单,增加了存储信息失控的风险。

应用层是在感知层和数据层基础上建立起来的各种应用系统。不同时间、不同地点的感知层所收集的数据在数据中心平台被联系起来,各种各样的信息彼此叠加、相互补充,只要在智慧终端查找就可以相应找到完整的个人相关信息,如个人的位置、个人偏好等信息,存在安全隐忧。智慧服务提供商大量收集用户的位置信息,一种是由于服务确需要用户位置信息,比如公共出行时出发和终点的定位,另一种是出于不被用户所知的监控功能等其他不正当目的,比如未经同意对收集到的信息进行非服务必需的数据处理与使用。在长期使用某科服务时,数据收集者可根据个人平时的使用习惯、消费方式等,在数据库结合各种信息汇总成用户画像,通过简单的程序进行处理分析就可以取得用户喜好等信息,处理信息成本变得低廉,增加了个人信息被出卖和泄露的风险。

4 国内外个人信息安全保护立法现状

4.1 国外个人信息保护立法现状

国外对个人信息保护的立法起步较早,世界上第一部专门保护个人数据的法律是德国黑森州制定的《黑森数据保护法》,20世纪80年代欧洲许多国家都通过了"个人数据保护法"。目前国外关于个人信息保护的立法较多,具有代表性的立法模式有美国模式和欧洲模式。

美国采用的是分散立法和行业自律相结合的立法模式。在公法领域,以宪法和行政法为基础,对不同领域的个人信息进行分散立法,没有一部统一的个人信息保护法。在私法领域,美国对市场自由极度重视,采用行业自律模式规范信息使用者的行为,有完善的包含为行业提供个人信息保护政策的非强制性行业指引和以第三方独立的监督执行机制为内容的网络隐私认证等行业自律机制。除了对公私领域进行区分立法外,在个人信息的权利来源上,美国立法并没有对个人信息与隐私权的关系严格区分,采用大隐私权的方式将大陆的一般人格权和个人信息纳入其中,以隐私权为基础对个人信息进行立法保护。

以德国和英国等国家为代表的欧洲模式对个人信息的保护采用的是统一框架的立法保护模式,即国家制定一部统一的个人信息保护法对公私领域中涉及的个人信息进行保护。相较于美国模式,欧洲模式极其注重对个人信息保护的人权意义,对个人信息权利进行多方面、多层次保护,较为完善和瞩目的是2018年5月25日生效的欧盟《通用数据保护条例》(GDPR),赋予数据主体八项权利以保障数据主体利益的实现,其中被遗忘权的提出更是数字时代个人信息保护的重大发展。但通过统一立法对公法和私法调整的社会关系不加区分地采取统一标准进行规制,限制了行业自我调解机制发展,也在一定程度上阻碍了市场中的个人信息流通。在权利来源上,不同于美国大隐私权的保护方式,欧洲模式的立法将个人信息独立于隐私权外,提出"信息自决权"的概念保护公民自我决定何时、何地以及以何种方式决定其个人信息被收集和使用的权利。

4.2 我国个人信息保护立法现状

我国关于个人信息保护的立法起步较晚，虽从1988年开始陆续出台了一些与信息安全和保密相关的法律法规与司法解释，为我国个人信息安全保护提供了有益的法律保障，但仍存在不足。

第一，我国尚未形成完善的个人信息法律保护体系，关于个人信息的保护散落在各部门法中，欠缺对个人信息的权利内容、权利属性等基础内容的规定。虽然《民法总则》第111条明确了个人信息权利受法律保护，使对个人信息权利的保护不用从散落的法律规定中寻找依据，但该法条对个人信息保护的文本缺乏法定权利的规范外观，且内容较笼统，缺乏实质性规制。目前我国个人信息保护欠缺独立的权利来源，对隐私权也欠缺明确的规定，未将个人信息权利与隐私权严格区分，无法解决数字时代种类繁多的个人信息侵权问题。当发生违反法律法规或者侵犯他人个人信息权利时，在民法和刑法领域也缺少相关的刑事惩罚、损失赔偿等补偿权利救济机制，导致在司法实践中存在通过隐私权相关规定来救济个人信息权利损害的现象。

第二，关于个人信息保护的法律多存在于私法领域，在公法领域鲜有涉及对个人信息权利保护的规定。在刑事法律层面，《中华人民共和国刑法修正案（七）》首次将非法获取和提供个人信息入罪，即第253条将违反国家有关规定，向他人出售或者提供公民个人信息，情节严重和特别严重的行为规定为犯罪行为。作为刑事法律中唯一涉及公民个人信息保护的法条，其前提是违反国家有关规定，但目前我国涉及个人信息保护的相关规定较少，导致该条文在司法实践中可操作性较弱，且该罪行为"出售或提供"个人信息涉及范围较窄，不能完全覆盖智慧城市中种类繁多的个人信息侵权类型。在行政法律层面，对公民个人信息权利的保护目前仅存在于《中华人民共和国政府信息公开条例》，且该条例的立法目的在于推动政府公开公共信息，主要涉及的是政府部门公开信息的种类和方式等推动政府信息公开的规定，对公权力搜集、处理和使用信息时可能存在的过度搜集、不当存储和滥用个人信息等行为缺少相应的立法，也未对各行政机关存储、使用个人信息进行权限和责任划分。

5 智慧城市个人信息保护的法治路径

5.1 智慧城市使用个人信息的法律界限

政府在智慧城市中处于信息管理者和使用者的强势地位，法律应对公权力进行合理限制，避免无节制地肆意收集和使用个人信息等滥用权力侵害个人信息的情形出现。第一，在落实"法无授权不可为"原则的基础上应确立起监管责任原则。存储和处理个人信息的部门应受到更严格的监控和监管，建立起数据管理部门对其数据中心平台进行定期风险评估和监管部门、公民长期监督其个人信息保护法的执行情况的完善监督机制，避免因权力滥用侵害信息所有者的权利。第二，明确各公权力机关权力与责任的划分。智慧城市应建立起统一的信息库，依级别、使用目的、职务等对各公权力部门赋予不同的隐私级别和不同数量的个人信息使用权，规范各部门对个人信息的使用权限，实现统一的管理与有序使用，避免出现侵害个人信息时相互推诿责任的情形。第三，确立起告知透明原则。公民是个人信息的所有者，法律应将政府搜集个人信息时明确告知信息所有者信息的收集时间、收集内容、收集方法、收集人身份和收集目的规定为义务，保护个人在信息收集、传播、存储等过程中对自身信息使用情况的知情权和获取救济的权利。

智慧服务提供商作为智慧城市中使用个人信息的另一主体，其收集、传输、存储、使用个人信息的行为也应严格受到法律的规制，应从3个方面完善立法：第一，建立起市场最低准入规则，为行业自律提供良好的环境。法律需规定服务提供商在个人信息安全保护方面软硬件设施的最低标准，达到该标准以上的企业才能被准许运用智能技术收集、传播、存储、分析和使用个人信息。不同行业对个人信息安全保护的等级可能存有差异，各行业可在不与法律抵触的基础上自我调节。第二，确立责任明确原则。智慧服务通常由多个服务商联合提供，个人信息在收集和使用时可能经手多个服务商，法律应明确各服务商在发生侵害个人信息情境时承担连带侵权责任的方式，减少信息主体被侵权时因侵权主体不明确而难以救济或难以执行的情形。第三，建立起第三方限制交易原则和落实未经许可不可转让原则。因个人信息的身份权属性，服务提供商在使用个人信息前均应获得明确授权，不可擅自与第三方进行转让和许可个人信息的交易。法律应严格控制个人信息买卖和转让的行为，当服务提供商出现破产、并购、转让等情况时，其在提供服务过程中收集到的用户信息档案也不可在未经个人许可时随意转让给其他人或组织。

5.2 智慧城市中个人信息侵权的法律责任

政府与智慧服务商在智慧城市建设中侵害个人信息权利时应承担不同的法律责任有多方面原因：一是政府收集、处理和利用个人信息具有公益性，目的在于提高决策水平和行政效率，保障社会公共利益，而智慧服务商使用个人信息在便利公民生活的同时往往具有一定的营利性。二是部分法律将提供信息规定为公民的义务，个人没有同公权力协商的权利，但公民在使用其他智慧服务商的智慧服务时，有权依据自身需求在衡量让渡自身权益与可获取收益之后选择拒绝提供个人信息。考虑政府与其他智慧服务商在收集信息的目的和强制力上都存在不同，应对二者侵权要件和责任构成加以区分。

智慧城市中，政府侵害个人信息应承担无过错责任，即不论信息主体是否有过错，政府机构都应对信息损害承担相应的侵权责任。一方面，依据行政权的性质，行政行为一经做出就被推定为合法，政府与信息主体处于不平等地位，信息主体很难在个人信息脱离自身控制、被政府收集使用的过程中举证证明政府具有过错。另一方面，无过错责任原则使用的基本思想在于对损害的合理分配，其基本理念"不在于对具有反社会性行为之制裁，乃是在于对不幸损害之合理分配"，以实现分配正义。智慧城市中，政府行为做出前会在使用个人信息促进行政效率和保护个人信息间进行衡量，以取得公共利益和私人权利间的相对平衡。在此过程中可能会存在个人信息让位于公权力的情形，属于"不幸损害"，应当使用无过错原则合理分配。

其他智慧服务商应承担过错推定责任。传统网络侵权中，网络平台并非通过自动数据处理系统处理信息，侵权往往是因其未对第三人造成的侵害进行防止和避免而承担共同侵权责任或连带侵权责任。但在智慧城市中，智慧服务提供商通过自动数据处理系统主动地收集信息，信息覆盖范围广且涉及人脸、指纹和位置等个人隐私信息，大量的技术应用使信息在产生和传播过程中的毁损、泄露、被篡改等侵权行为具有隐蔽性，且损害形态具有主观性，个人难以仅靠受损结果证明智慧服务提供商在个人信息使用中是否存在过错。因此，只要个人有证据证明智慧服务提供商侵犯其个人信息，智慧服务提供商不能证明自己无过错时，应承担相应的不能证明责任。

6　结语

现有个人信息保护立法的不完善和快速的智慧城市建设使个人信息安全问题不断涌现，个人信息安全问题将成为阻碍智慧城市发展的重要原因。本篇解决了智慧城市中个人信息的使用特征与受侵害的方式的问题，并从法律层面给出解决方案。尽管提出了个人信息保护的法律途径，但在落实过程中还需要进一步深入研究如下问题：一是解决司法实践中个人信息侵权判断通说"个人身份识别"标准模糊性问题；二是研究行政法领域政府信息公开与个人信息保护之间的关系；三是在研究个人信息权利属性的基础上，对智慧服务提供商合规使用脱敏数据进行探讨。

参考文献

[1]　孙盼. 2019年中国智慧城市发展研究报告[EB/OL]. https://www.iyiou.com/intelligence/insight100847.html, 2019.

[2]　邓佑文, 王文文. 从身份识别到行为识别：个人信息侵权认定的路径选择[J]. 浙江师范大学学报（社会科学版）, 2019, 44(4): 37-48.

[3]　van Zoonen L. Privacy concerns in smart cities[J]. Government Information Quarterly, 2016, 33(3): 472-480.

[4]　李媛. 大数据时代个人信息保护研究[D]. 重庆：西南政法大学, 2016.

[5]　苏宇, 高文英. 个人信息的身份识别标准：源流、实践与反思[J]. 交大法学, 2019, 10(4): 54-71.

[6]　刘德良. 个人信息的财产权保护[J]. 法学研究, 2017, 29(3): 80-91.

[7]　高富平. 论个人信息保护的目的：以个人信息保护法益区分为核心[J]. 法商研究, 2019, 36(1): 93-104.

[8]　王珂. 智慧城市背景下个人信息安全的法律保护[D]. 武汉：华中科技大学, 2013.

[9]　齐爱民. 个人信息保护法研究[J]. 河北法学, 2008, 26(4): 15-33.

[10]　华劼. 网络时代的隐私权——兼论美国和欧盟网络隐私权保护规则及其对我国的启示[J]. 河北法学, 2008, 26(6): 7-12.

[11]　林鸿潮. 个人信息在社会风险治理中的利用及其限制[J]. 政治与法律, 2018(4): 2-14.

[12]　赵宏. 信息自决权在我国的保护现状及其立法趋势前瞻[J]. 中国法律评论, 2017(1): 147-161.

[13]　曹树金, 王志红, 古婷骅. 智慧城市环境下个人信息安全保护问题分析及立法建议[J]. 图书情报知识, 2015(3): 35-45.

[14] 刘学涛.大数据时代个人信息的行政法保护分析：内涵、困境与路径选择[J].南京邮电大学学报（社会科学版），2018，20（6）：23-31.

[15] 方恩升.侵权责任的归责原则：侵权法的精髓[J].前沿，2010（18）：102-104.

作者简介

刘益欣，女，1997年11月生，四川眉山人。东南大学法学院硕士研究生。研究方向：大数据与互联网法学。邮箱：liuyix333@.163.com，通信地址：江苏省南京市玄武区四牌楼2号东南大学逸夫建筑馆9楼，邮编：210096，联系电话（传真）：025-83680020。

杨洁，女，1984年生，江苏常州人。东南大学法学院副教授，硕士生导师。邮箱：jieyang@seu.edu.cn，通信地址：江苏省南京市玄武区四牌楼2号东南大学逸夫建筑馆9楼，邮编：210096，联系电话（传真）：025-83680020。

智慧居住建筑设计模式研究

张良钰

（南京长江都市建筑设计股份有限公司，江苏 南京 210000）

摘要：随着信息技术的发展与智慧城市的建设，智慧建筑已经成为建筑行业新的发展趋势。与此同时，人们的生活方式也发生了巨大的变化，对居住建筑提出了新的要求。在这一背景下，围绕智慧建筑适应性、生态性、科技性3大特性，结合工程实践，思考新时代智慧居住建筑的设计模式，总结出智慧居住建筑有"柔性结构""生命体"和"人因生态系统"3大主要特征。

关键词：智慧建筑；居住建筑；设计模式；智慧城市

1 引言

近年来，随着科学技术的飞速发展，智能产品在生活中所占的比重越来越大，智慧交通、智慧材料等领域快速发展，新技术、新产品层出不穷，人民的生活模式发生了翻天覆地的改变。在此背景下，智慧城市成为未来城市建设的发展方向，而智慧建筑作为智慧城市建设中的重要一环成为未来建筑设计的发展趋势。

所谓智慧建筑，主要指将物联网技术、互联网技术、大数据与云计算技术、建筑信息模型技术（Building Information Modeling，BIM）及人工智能技术等先进技术合理地应用于建筑中，使建筑更加智能化、人性化，同时增强建筑的适应性，使建筑满足不同人群在不同时间维度对建筑功能的需求。

智慧建筑应满足适应性、生态性、科技性等要求，创造一个高效、绿色、智能的建筑环境。作为新时代的建筑师，如何使建筑设计满足智慧城市的发展要求，成为迫在眉睫的问题。基于以上背景，本篇选取最为贴近人们生活的居住建筑作为研究对象，探寻符合智慧城市建设要求的智慧居住建筑设计模式。

2 智慧居住建筑——适应性

居住建筑是面向所有人群的建筑，需要满足不同年龄、不同阶层、不同性别的人群的要求。居住建筑的这一特性决定其要有很好的适应性，因此走在时代最前沿的智慧建筑更应该通过先进的设计手段和技术手段来寻求最优的设计模式。良好的适应性可以通过可变的建筑空间和建筑功能的共享来实现。

2.1 可变性

建筑的可变性源于开放建筑理论,日本的"装配式内装技术(Skeleton Infill,SI)体系"最为著名。开放建筑体系将住宅分为"支撑体"和"填充体"两个部分,其中"支撑体"为不变部分,"填充体"为可变部分。二者有不同的生命周期,"支撑体"追求稳定性、耐久性,"填充体"追求灵活性、可拆性。这种模式,可以使建筑空间满足多种建筑功能,实现可变性。

智慧居住建筑应以"不变"应"万变",满足不同人群的使用需求。"不变"的是建筑的结构体系、综合管线体系,"万变"的是建筑的功能空间。随着人们需求的改变,智慧居住建筑可以高效便捷地进行更新升级,满足更多样化的需求。

2.2 共享性

不同的人群有不同的居住需求,时代的发展也加速了居民的需求变化。随着智慧城市的加速建设,智能化技术的高速发展,人们的需求变化更快、更大。信息化时代,世界更加外向性,人们对交流的需求越来越高。智慧居住建筑既要做到满足人们的居住需求,也要满足其他方面的需求。只有增加智慧居住建筑的开放性与共享性,才能解决这一问题。

居住建筑面向的客群是全部人群,可以先按年龄段把人群分为青年人、中年人和老年人三种群体。青年人年轻力壮,头脑活跃,社交活动丰富,居住需求不大,但对共享空间的需求较大;中年人工作家庭兼备,因此不仅需满足居住需求,同时对亲子交流空间的需求也较大;老年人对建筑适老性要求较高,此外,由于缺乏子女陪伴,对社交空间的需求增加。针对以上不同人群的生活需求,可在智慧居住建筑中增加共享空间,如共享健身房、共享办公室、共享咖啡厅、共享亲子园、共享花园等,使建筑成为一栋建筑综合体,给人们的生活提供更便捷、更舒适的服务。

3 智慧居住建筑——生态性

3.1 绿色建筑

绿色建筑是能够达到节能减排目的的建筑物,可以最大限度地实现人与自然的和谐共生。对于智慧城市来说,绿色是原则性要求。因此,智慧居住建筑应注重保护环境,节能减排。

居住建筑对温度、通风、采光、空气质量的要求较高。在智慧建筑层面,应采用先进的绿色节能软件对居住建筑进行设计和优化,如采用风环境模拟分析技术、室内自然采光模拟优化技术等。

绿色建筑的设计措施可分为绿色生态措施和建筑节能措施。建筑的绿色生态措施包括风环境优化、场地噪声优化、建筑日照优化以及海绵城市建设等;建筑节能措施有高性能围护结构、建筑太阳能一体化技术、雨水回收技术、节水喷灌技术等。除此之外,在建筑施工阶段应采用绿色施工技术进行建造,如采用工业化建造体系、建筑装修一体化技术等。

3.2 健康建筑

住宅和人们的日常生活息息相关，人一生的大部分时间是在住宅中度过。因此，应在智慧居住建筑的全生命周期内保证居住者的健康舒适，切实做好健康建筑设计，筑造健康人居。

健康建筑应满足安全指标、健康指标与人性化指标。建筑安全指标指需满足抗震设防要求以及消防设计要求；健康指标指需保证空气和水的安全性，满足环境舒适度指标如热湿环境、声环境、光环境及室内风环境等，同时建设用户健康管理体系，对环境舒适度指标进行监测管理；人性化指标指需要对公共空间和室内空间进行精细化设计，注重无障碍设计，提升居民生活体验。

4 智慧居住建筑——科技性

智慧城市的建设依托于科技的飞速发展，在智慧建筑的设计中应充分利用先进的技术，提高建筑智能化程度。

4.1 工业化

建筑工业化是以工业化的方式组织建筑设计建造，能大幅度提高建造效率、提升建筑质量。建筑工业化对设计和施工进行系统性设计，注重模数化；对建筑构件进行批量化生产，减少施工过程和构件制作中的重复性工作，从而缩短设计施工周期。

建筑工业化应发展装配式技术，采用工业化建造技术体系，即采用装配式主体结构、装配式内外围护结构、装配式内装体系等。工业化建造方式分为工厂化建造和现场建造两种。工厂化建造是指构件在工厂内生产，然后将构件运送到施工现场进行组装施工；现场建造是指构件的生产和施工都在施工现场进行。在现阶段的居住建筑建设中多采用工厂化建造方式，用这种方式建造的住宅被称为预制装配式住宅。工厂化建造有受季节环境影响小、施工速度快的优点。

对于空间变化相对单一的居住建筑来讲，装配式装修更为合适。装配式装修采用干法施工，经过精细化设计，将工厂统一生产的单一部品在现场进行组合安装，摆脱了对传统装修手艺的依赖，杜绝了装修脏乱差的通病，节能环保，有高效率、高品质、省人工的特点。同时装配式装修使建筑的维护翻新更方便，更符合智慧居住建筑的适应性和生态性要求。

相较于混凝土建筑，钢结构因其轻便、可塑性强、抗震性能好等特点更适合工业化制造。因此，在未来智慧居住建筑的探索中，应加强对钢结构住宅的研究。

4.2 智能化

建筑智能化是以建筑为平台，基于对各类智能化信息的综合应用，集架构、系统、应用、管理及优化组合为一体，建造具有一定智能化反应能力的建筑。现阶段智能化建筑系统主要是各自垂直领域的智能系统集成，相互之间缺少有效的互通互联，形似孤岛；缺乏全面完整的数据标准、数据模型，各系统之间难以有效地交换数据；同时还存在数据利用率低的问题，很多数据的使用往往是一次性的,缺乏数据沉淀,无法进一步挖掘其潜在价值。在未来智慧居住建筑的设计中,应着重解决这些问题。

智慧居住建筑可依托物联网技术、人工智能技术及大数据与云计算技术,优化楼宇自动化系统、通信自动化系统、消防自动化系统、办公自动化系统、保安自动化系统等智慧系统,做到物业管理智能化、家居管理智能化及社区服务智能化。

4.3 BIM

BIM是建筑设计界的新工具,从设计到施工乃至建筑全生命周期都可以应用,实现建筑信息的集成。利用BIM,各团队可进行协同工作,大大提高了工作效率,降低了成本。

在智慧居住建筑的设计过程中,应全过程实现BIM技术应用。根据项目进度建立和维护BIM模型,消除项目中的信息孤岛,将信息结合三维模型进行整理和存储,方便随时共享。在设计阶段、施工准备阶段、施工阶段、竣工阶段全过程应用BIM技术,进行投资控制、成本控制、设计优化及施工管理。

BIM的用途决定了BIM模型细节的精度,同时仅靠一个BIM工具并不能完成所有的工作,所以目前业内主要采用"分布式"方法来建立BIM模型。这些模型根据需要可能包括:设计模型、施工模型、进度模型、成本模型、制造模型、操作模型等。同时基于统一的标准对设计单位、施工单位或者运营单位各自建立的BIM模型进行合成。在未来的研究中可对这一模式进行优化或开发更好的新模式。

5 工程实践

目前国内有很多对未来建筑的研究及实践,其中不乏对未来智慧居住建筑的探索。笔者有幸参与了南京江北新区人才公寓项目中的未来住宅项目,该项目是江苏省绿色智慧建筑(新一代房屋)住宅示范项目,是对未来居住建筑设计的一种尝试。本篇将以江北新区人才公寓未来住宅项目为例,对未来智慧居住建筑的设计模式在实践中的具体操作情况进行探讨和思考。

5.1 项目概况

项目位于南京市浦口区顶山街道吉庆路以东、现状河道以南、珍珠南路以西、迎江路以北。项目楼为江北新区人才公寓项目的3号楼,位于整个小区西南侧。住区总建筑面积23 646.69 m^2,地上建筑面积22 600.58 m^2,地下建筑面积1 046.11 m^2。

项目楼地上共28层,地下1层。第1层为未来建筑技术展厅、贵宾接待室、值班室等;第2层设有办公室、会议室及多媒体室等功能房间;第3层西侧为健身房及其他健康服务用房,东侧设有共享家庭厨房及聚会餐厅,东西两侧由中间的空中花园相连。4~28层为住宅,其中第4层东西两侧为建筑"2020"住宅样板间,5~10层东西两侧为"2035"住宅样板间。建筑第3层、第13层、第

23层局部为挑高6.6 m的空中花园。地下一层为非机动车库和设备用房,见图1-1。

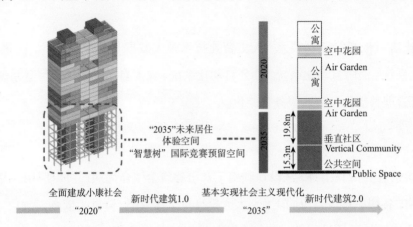

图1-1 未来住宅功能分区

建筑"2020"区段共有住宅87套,含3套样板间,共有9种户型,套内面积分别为185 m²、155 m²、150 m²、128 m²、132 m²、110 m²、68 m²、50 m²。针对入住人群具有流动性、租赁性的特点,平面以标准化、模块化、可变性为设计原则,套型可分可合(图1-2)。

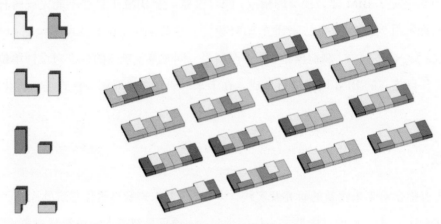

图1-2 基本户型单元与户型组合方式

5.2 适应性

该项目采用可变建造技术体系,即结构体系不变,综合管线不变,功能、户型、装修、立面均可变。作为支撑体的核心筒、结构体系、竖向管线系统保持不变,作为空间载体的填充体可做改变。

平面轴线尺寸取7.8 m为基本模数,围绕标准化核心筒布置多变户型。户型内部以"3"为模数进行空间划分,利用轻钢龙骨、轻质隔墙、管线分离、架空楼面等"SI"内装体系灵活布置户型,提供多种可能性。现有户型设计能满足不同群体现阶段的居住需求,住户将来也可以根据个人需求变化和家庭发展需要进行灵活变动。

该建筑除了居住功能外,还在竖向空间上打造了展示、办公、会议、健康服务、空中花园等功能,充分满足居民的共享性要求。其中在空中花园层结合室外楼梯设置垂直健身跑道,在楼栋内提供户外健身场所。楼内共设有三处(3~4层、13~14层、23~24层)空中花园,分别为儿童活动区、青年活动区、老年活动区三大共享功能板块,满足各年龄段人们的日常活动需求,体现生活全龄化的理念。

5.3 生态性

该项目采用绿色健康技术体系,旨在打造江苏省首个实现"绿色健康、科技智慧"集成技术的人才社区,达到绿色、健康的"三星"目标。

在本项目的设计过程中运用多种绿色建筑技术。使用建筑流体模拟(Phoenics)软件进行室外场地风环境模拟,项目室外风环境均优于规范要求;景观设计采用海绵城市理念,包括透水铺装、下凹式绿地、雨水回用技术、景观水体,有效地蓄积和调配雨水;采用可变的定制化内保温体系,实现不同建筑空间保温性能的定制化和精细化设计,针对不同功能需求采用不同的保温层厚度;采用斯维尔能耗计算软件 BESI 2016 对本项目进行围护结构节能分析;采用节能器具和节水器具;结构设计使用年限为 100 年,采用土建装修一体化设计,节约用材;采用建筑综合性能模拟(Ecotect)软件进行自然采光模拟分析;采用 Phoenics 软件进行室内通风模拟;外墙采用预制"外挂墙板+内墙"的复合保温系统,外墙构造为预制"混凝土外挂墙板(150 mm)+空气间层(20 mm)+岩棉保温板(80 mm、100 mm、120 mm)+硅酸钙板(10 mm)",有很好的隔声保温性能;采用架空地板,隔声性能好;立面采用标准化 GRC 模块构件,具有良好的固定遮阳效果,采用 Ecotect 和建筑光环境模拟(Radiance)软件对项目进行立面辐照模拟,从而优化立面构件的遮阳效果。

建筑同时应用多种健康建筑技术。采用集中新风系统,将室外新风进行多重过滤和净化后送入室内主要活动区;采用健康环保的装修材料;采用智能化的手段,通过设置空气质量传感器,实现"实时监测—预警—远程控制—净化"一体化,达到保障室内空气质量的目的,主要监测的参数包括 PM 2.5、PM 10、CO_2 等;为保障饮用水水质,项目采用"前置过滤器+末端直饮水"的两级净化装置,水质达到欧盟标准。

5.4 科技性

该项目采用工业化建造技术体系,运用 3 大系统装配式技术,即装配式主体结构、装配式内外维护结构、装配式内装技术体系(SI 体系),使装配式建筑技术得到综合性、系统性的创新应用,通过计算,装配率能达到 80%。

项目楼为钢框架—混凝土混合结构体系,采用管线分离技术体系,设备干线位于核心筒竖井,以适应后期户型调整变化的需求。核心筒为钢筋混凝土现浇结构,满足竖向交通、消防逃生的要求。竖向设备管井如新风井、排烟井、强电井、弱电井、水井等集中设置于核心筒内,为整栋大楼提供能源供给(图 1-3、图 1-4)。竖向交通、消防逃生、机电布线接口方式、能源利用方式、智慧管网系统等做到了最大化的集成。

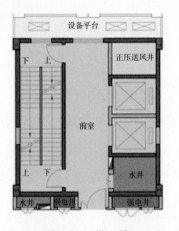

图1-3 核心筒

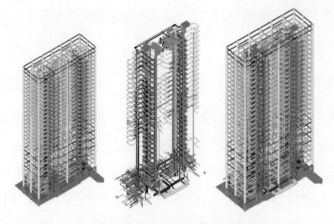

图1-4 结构与综合管线系统

运用科技智慧技术体系，建立以数据为核心、用户需求为导向的智慧建筑平台。该项目将现代信息传输技术、网络技术和信息集成技术与建筑物的机电设备系统以及建筑技术相互融合，应用先进的物联网、云计算和AI技术，增强建筑物的科技功能并提升建筑物的使用价值。在未来住宅中应用了智慧社区综合运营服务平台、安全防范系统、视频安防监控系统、访客对讲系统、出入口控制系统、电梯管理系统、电子巡查管理系统、安防专网、建筑设备管理系统、信息导引及发布系统、智慧家居系统、健康小屋及共享健身系统、共享办公系统、智能快递物流柜系统等，体现了智慧建筑的科技性。

BIM技术在建筑全生命周期内全过程运用。具体采用了BIM/CATIA技术、智慧建筑技术、智慧社区技术、智慧家居技术。BIM技术实现了设备管线空间模拟安装，避免了管线间的碰撞；CATIA软件实现了预制构件预拼装模拟施工、构件拼装节点检验及构件碰撞检查，将设计延伸至构件的制造、运输、安装，减少了施工误差，提高了施工精度，保证了施工质量。

6 结语

通过以上理论研究及工程实践，总结出未来智慧居住建筑具有3大主要特征，即"柔性结构""生命体"和"人因生态系统"。"柔性结构"：建筑结构需在容纳上具有最大可变性的能力，满足功能和空间的变化需求，实现建筑多样化、可持续和长寿命；"生命体"：建筑需具有感知、记忆、判断、分析和决策的能力，可感知数据被及时采集、收集和处理，支持建筑完成各种适应和决策；"人因生态系统"："人—机—物"相互作用，优化建筑总体性能，三者融合发展、和谐共处。

智慧居住建筑是未来居住建筑的重要发展趋势，本篇重点从建筑设计模式的角度进行研究，对信息技术应用的探讨较少，可由专业技术人员从这一角度进一步探索，从而使智慧居住建筑的研究更加系统化。

参考文献

［1］ 李焕端.智慧建筑创新应用的关键技术[J].建筑技术开发,2020,47(11):27-28.

［2］ 诸梦杰,周静敏.1+N宅开放建筑体系下的可变住宅设计[J].建筑技艺,2018(7):90-97.

［3］ 中国建筑学会.健康建筑评价标准:T/ASC 02—2016[S].北京:中国建筑工业出版社,2016.

［4］ 中华人民共和国住房和城乡建设部.智能建筑设计标准:GB 50314—2015[S].北京:中国计划出版社,2015.

作者简介

张良钰,女,1990年2月生,山东省德州人。东南大学硕士研究生,建筑设计师,中级职称建筑师。研究方向:建筑学。电子邮箱:zhangly7@qq.com,通信地址:南京市秦淮区洪武路328号,邮编:210000,联系电话15005176075。

机电+BIM技术在城市综合体设计中的差异化应用

王海江[1],夏尧[2]

(1. 江苏苏邑设计集团有限公司,江苏 南京 210000;
2. 南京金宸建筑设计有限公司,江苏 南京 210000)

摘要:传统建筑设计基于CAD软件为支撑的二维系统,在解决大型复杂综合体项目时出现很多瓶颈,多年来困扰工程建设领域。在三维协同设计日益发展的今天,可以有效地解决固有顽疾。本篇就是通过三维设计的方法优化传统设计,实现差异化应用。

关键词:BIM;三维协同设计优化;差异化应用;室内管综;屋顶综合利用

1 概述

设计行业的"最后一公里"指从图纸交付到竣工交付之间的设计技术服务。在这最后一公里,设计院图纸已经交付80%以上,但因未能提供完整的二维管线综合成果,无法有效指导施工,不能提供准确的预留预埋图纸及净高分析图纸、传统机电设计图纸:在CAD二维框架内均无准确管线定位、无翻转标识、无准确管线标高、无施工顺序指导。施工单位没有准确的施工图,又缺失深化设计能力,施工的时候,基本上谁先进场谁先安装,完成后的效果往往无法达到甲方要的效果,甲方不得不带着缺陷验收。图1-5为常见的带着缺陷验收的情况。

图1-5 带着缺陷验收的情况

机电图纸没有达到施工图的深度，不能按图施工；竣工图更不能准确反映隐蔽工程的现状，使运维阶段维护困难，这"曲折的1公里"成为传统设计行业的痛点，如图1-6所示。

图1-6 波折的一公里

2 苏邑设计集团BIM中心

苏邑设计以设计城市综合体闻名，而城市综合体包含酒店、商业、办公等多种不同业态。因城市综合体功能复杂，对三维BIM（建筑信息模型）设计有强烈的需求，因此苏邑BIM中心在较短的时间里就以独立合同形式承接了南京几十个大型城市综合体BIM项目，其中有多个项目服务已进行到竣工图阶段。以BIM为代表的三维设计，在项目建设中展现出巨大的优势，直接效益显著。一般来说，使用BIM设计直接节约费用远超合同金额数倍，除此之外在节约工期、辅助业主有序化管理、辅助招标、辅助施工、辅助物业管理等间接效益上也效果显著。BIM机电设计的多为隐蔽工程，一次建模投入，建筑全生命周期受益。

苏邑设计BIM中心以项目实践为引导，拓展和深化BIM在项目全生命周期的应用，深耕于施工图审查结束到项目竣工这一设计院技术投入最薄弱的环节。BIM领域为当前设计行业蓝海领域，商机无限，而三维设计是开辟蓝海市场的金钥匙。图1-7示意的是设计院主要竞争领域。

设计院差异化设计

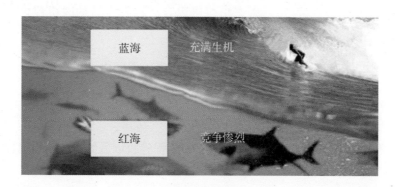

设计院同质化设计

图1-7 设计院主要竞争领域

苏邑设计BIM中心近期获奖项目如下：

招商花园城项目荣获 2019 年度江苏省勘察设计协会 BIM 大赛一等奖；

云树公馆项目荣获 2019 年度江苏省勘察设计协会 BIM 大赛三等奖；

东方万汇城项目荣获 2018 年度江苏省勘察设计协会 BIM 大赛二等奖；

中航樾广场项目荣获 2018 年度江苏省勘察设计协会 BIM 大赛三等奖。

3 三维 BIM 设计可有效突破机电设计瓶颈

三维 BIM 设计软件日益成熟，有可视化、模拟现实的特性，再加上自带协同设计的属性，故成熟的 BIM 专业设计师可以通过软件实现机电管线的有效协同，且可以避免相互碰撞，实现机电管线精确平面定位、提供安装标高、提供管线翻转方法，甚至提供施工顺序指导。导出的平面图能有效指导施工单位进行安装，提供海量剖面图，甚至还能够一键算量。施工单位可以在现场利用手机 PAD 等工具加载轻量化模型，实现施工可视化。三维 BIM 成果除包含传统二维设计不能提供的多种核心成果，如室内管综设计、预留预埋图、净高分析图外，还包括更多的扩展成果，可以应用于建筑全生命周期。

4 三维 BIM 设计的三种典型团队

三维 BIM 设计是一次精彩的产业革命，目前有三股技术力量在积极应用 BIM 技术，各自优缺点如下：

1）设计院 BIM 团队

（1）优点：由三维软件重新武装的设计团队，能够在设计的全过程中优化自身设计成果，提供给建设单位二维、三维两套完整成果，业主的需求得到最大限度满足。

（2）缺点：设计的三维成果和施工现场结合还有一定的距离，需要进一步落地。如果三维设计成果不符合机电安装实践，施工单位会有较大反弹。

2）施工单位 BIM 团队

（1）优点：自己建模，自己施工。施工单位可以自己选择合适的时机建模及安装，业主管理方便。

（2）缺点：缺少设计力量，立场不能和建设单位一致，不能得到足够的信任，业主难以实现利益最大化。

3）纯 BIM 公司团队

（1）优点：拥有更擅长 BIM 技术的建模人员，在工程验收以后的运维阶段可以开发出较多的实用价值。

（2）缺点：缺失设计力量，必须把业主、施工、设计院的各类专业技术人员结合在一起。提供的成果好看不好用，业主管理工作量不减反增，难以实现利益最大化。

5 三维 BIM 设计的差异化应用点——三维设计协同优化

上述 3 种 BIM 技术力量之中,唯有设计院技术力量可以独立完成机电设计的绝大多数工作,是三维 BIM 设计的主力军。Revit 软件自带协同平台,通过三维建模的方式,可有效地检查出二维 CAD 图纸的缺陷。此类缺陷,必须通过设计优化。建筑结构水电暖需经过协同才能改善,针对最有利于工程的专业进行协同优化设计,举例如下:

1)结构设计优化

按照常规设计,结构梁影响卷帘安装,进而影响车库净高。而在三维协同中为卷帘安装提供了单独的空间,确保了地库的效果。图 1-8 为优化结构设计为各专业创造条件。

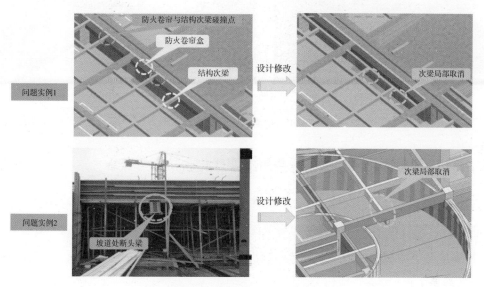

图 1-8 结构布置优化实例

2)机电空调设计优化

按照常规设计,风管高度影响人防门开启,进而会减少 2 个车位。在三维协同中可压扁风管高度,确保了人防门的开启。图 1-9 为优化暖通风管设计为各专业创造条件。

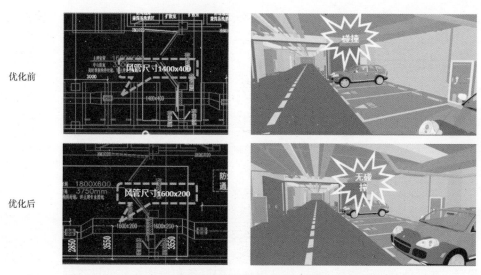

图 1-9 风管界面设计优化实例(单位:mm)

3）机电管位设计优化

按照常规设计，给排水、电气、暖通管线各系统均分别出图，可能出现"打架碰撞"的情况。三维协同中可对所有机电管线进行综合布线，整齐美观，达到类似集成电路图的效果。优化机电管位专业带来的整体效果见图1-10。

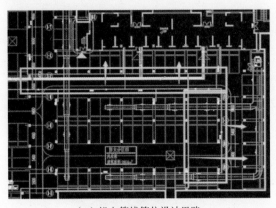

（a）机电管线管位设计思路　　　　　　　　（b）设计效果

图1-10　机电管位优化设计实例

6　三维BIM设计差异化应用点——共用支架优化含抗震支架

传统二维设计不包含支架设计，一般为施工单位根据图纸深化。一个工程通常有5个以上的安装单位，它们各自进行本单位安装管线的支架深化，不能有效施工协同，导致最终安装效果凌乱并且时有安装事故发生。在进行了三维设计协同后，各机电管线有了精确定位，最终可以进行综合支架设计，整体效果美观、安全及节约。

另外现在要求进行机电抗震设计，因此需要考虑设计抗震支架。一般来说抗震支架有斜撑，如果不进行有效地机电协同，机电管线会更加凌乱，影响完成面净高。共用支架设计实例见图1-11。

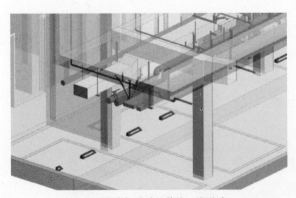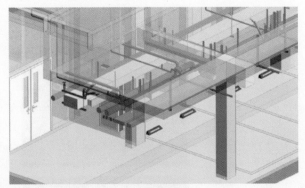

（a）不含支架设计的传统二维设计　　　　　　　（b）含抗震支架的共用支架优化设计

图1-11　共用支架设计实例

7　三维BIM设计的差异化应用点——机房及车位优化

传统设计，在设备选型采购落实后，往往出现采购设备和设计之初的设备型号参数有一定出入的情况，这导致施工图设计人员愈发保守，带来的结果是机房面积大，后期富余面积多，造成浪费。在寸土寸金的商业地产项目上，浪费是建设单位很难接受的。通过三维设计就可以精确地建立设备机房详细模型，进行优化、深化设计，最终以"所见即所得"的方式实现令业主满意的效果。

案例1：优化建筑设计，机房位置微调，最终增加了2个车位，直接效益达到20万元，见图1-12。

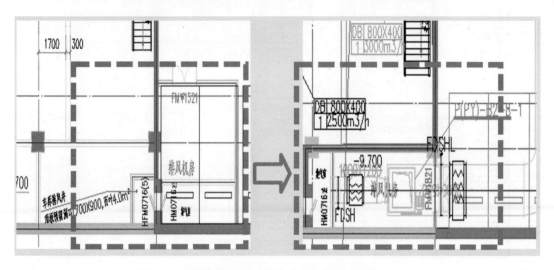

图1-12 设备机房面积优化出2个车位（单位：mm）

案例2：设备选型定位后，把富余的建筑面积调整为车位，最终增加了6个车位，直接效益达到60万元（图1-13）。

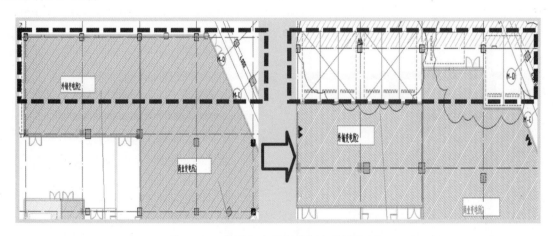

图1-13 优化机房面积增加有效使用面积

8 三维BIM设计的差异化应用点——机电管线叠加施工图

传统二维设计的机电管线分系统出图，一般会有几十个系统。工程参与人员不仅要在几十个平面系统图之间切换比对相互关系，还因传统设计不定位，不能展现翻转关系，在给施工带来困扰的同时，还造成了大量的浪费和工期耽搁。在三维设计中，以真实可见的形式用一个模型囊括所有机电系统，导出来的图纸就是机电管线叠加施工图，并且可以出海量的剖面图辅助技术人员，是真正地指导准确的施工图。图1-14～图1-16分别为机电管线综合平面图、剖面图、节点大样图。

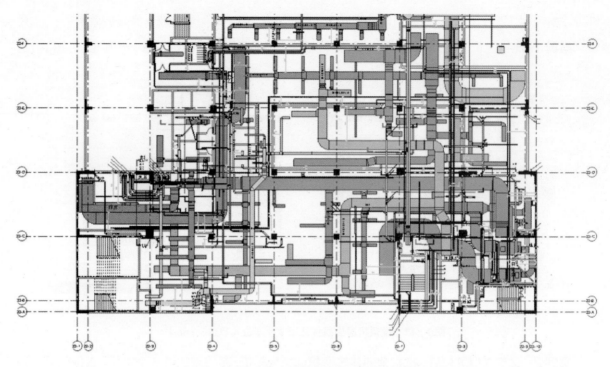

图1-14 机电管线综合平面图

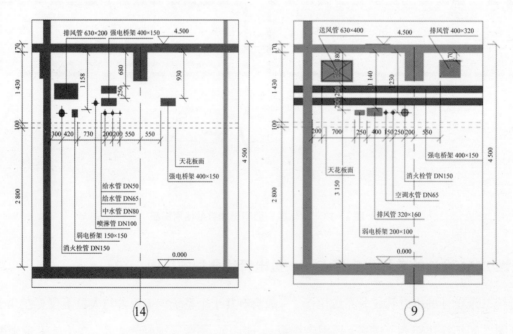

图1-15 机电管线综合剖面图（单位：mm）

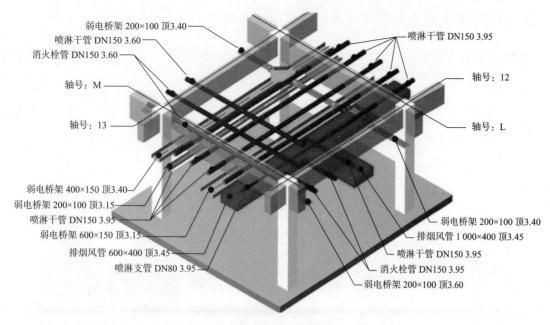

图 1-16 机电管线综合节点大样图（单位：mm）

9 三维 BIM 设计的差异化应用点——机电管线精准预留预埋图

在土建施工阶段需要为机电管线做预留预埋，因此安装人员需要清楚所有机电图纸，配合土建施工人员做好预留预埋工作。然而，由于传统设计不提供此类图纸，一般都是根据安装经验预留，极为不准确。后期安装时要再开洞才能满足机电安装要求，这样就会带来结构安全隐患，因此很多时候就会避让，降低使用净高。三维设计在设计阶段预留洞图纸准确率高达 98%，给施工带来了极大的便利性，并可节约工期和成本。机电管线精准预留预埋见图 1-17。

图 1-17 机电管线精准预留预埋图

10　三维 BIM 设计的差异化应用点——屋顶综合利用

传统二维设计无屋顶机电管线叠加施工图,导致设备分散布置十分凌乱,占用了绝大多数屋面,使屋顶失去利用价值。三维设计可以对屋顶设备机电管线进行梳理,叠加布置、摆放有序,最终为屋面预留出更多的空间,可利用屋面设计景观等。屋面作为城市综合体的第五立面,未来将更加显示出商业价值。图 1-18、图 1-19 分别为屋面综合利用效果图、屋面机电综合图。

图 1-18　屋面综合利用效果(设备结合景观隐蔽)图

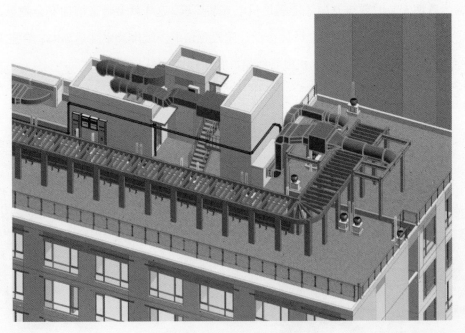

图 1-19　屋面机电综合图

11　三维 BIM 设计的差异化应用点——净高分析平面图

传统二维设计无净高分析平面图,导致内装设计往往不清楚机电管线安装完的净空高度,使内装方案的吊顶高度的实施效果不能保证。三维设计在设计阶段可以形成准确的净高分析平面，并且用 BIM 咨询的方式，为内装阶段提供全面的咨询和指导，起到总控作用。

12 三维 BIM 设计的差异化应用点——室外管线综合

室外管线为隐蔽工程，传统二维管线综合设计仅能满足报批报建深度，在施工中出现很多弊端：

① 无室外管线在景观平面图上的叠加施工图；

② 谁先进场谁先安装，成品保护不够；

③ 覆土不够就直接用混凝土浇筑，无法检修；

④ 最终覆土后无竣工图，地下管线位置无人知晓；

⑤ 在建筑使用全周期内无法顺利运行维护。

三维设计可以对室外景观、等高线、地下室顶板保温防水、覆土高度及管线准确建模，精准反映管线平面竖向相对位置，甚至可以多角度观察，在室外隐蔽工程中优势显著。出图内容和二维相比准确度高，使施工准确，为物业管理运行维护提供方便。三维设计模型可在建筑全生命周期发挥重要作用。图 1-20 和图 1-21 分别为各设备专业的管线碰撞图、管线综合节点大样图。

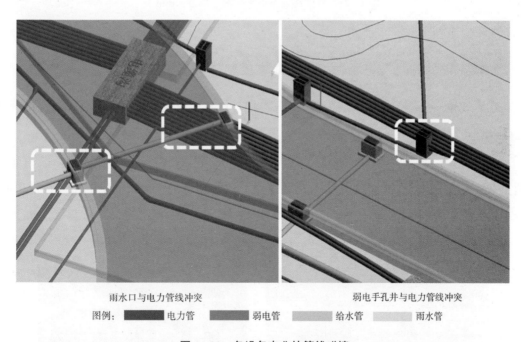

图 1-20 各设备专业的管线碰撞

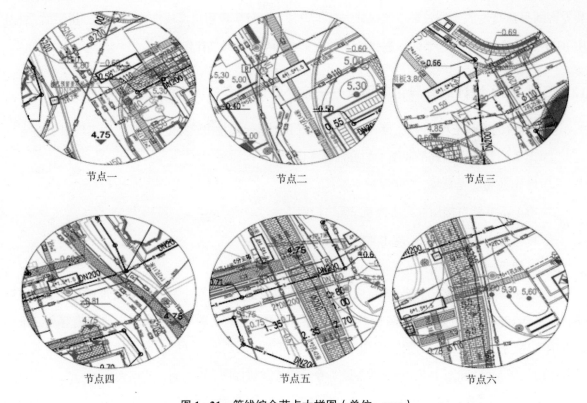

图 1-21 管线综合节点大样图（单位：mm）

注：图中各管线标高均为管底标高，大样图比例为 1∶100。

13 三维 BIM 设计的差异化应用点——成本控制

当前建设单位对成本控制要求越来越高，三维设计相对传统设计在成本控制方面优势明显，主要表现在以下环节：

1）设计优化

图 1-22（a）是管线的原施工图设计，为传统设计；图 1-22（b）为按照主管路进行最短原则优化设计，白色虚线为新管线路径，此处节约 DN150 镀锌钢管 92 m，按照综合单价 300 元/m，可节约直接成本 27 600 元。

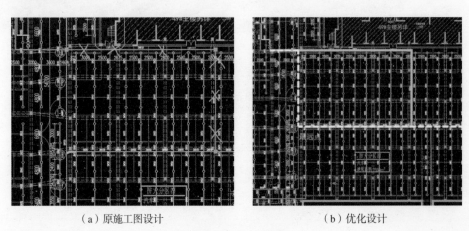

（a）原施工图设计　　　　　　　　　（b）优化设计

图 1-22 管线优化

2）招标控制

三维设计有精确的模型，包含传统设计没有的信息及参数，此参数可以以工程量的方式精确提供给施工单位，由施工单位进行报价，除节省造价之外，还能减少后期和建设单位之间的纠纷。

其他间接效益也十分显著，以中航G114项目为例，表1-1为甲方成本部提供的测算，直接成本节约140万元，间接效益达到420万元左右，实施BIM的效益显著。

表1-1 成本控制及优化成果统计

序号	问题类型	专业	问题说明	发生的变化	避免无效成本（万元）	节约综合成本（万元）（含拆改费用、工期延期等）
\multicolumn{7}{BIM纠错优化后成本影响汇总}
1	纠错	土建	梁底标高与卷帘门高度矛盾	FHJL6040改为FHJL6024	4.61	13.82
2	纠错	土建	楼梯标高有误		4.22	12.65
3	纠错	土建	楼梯梁高度影响		0.50	1.50
4	纠错	土建	因净高不满足要求，车位取消		30.58	91.73
5	纠错	土建	设计变更		50.00	150.00
6	纠错	土建	建筑图中楼梯间取消，结构图中未取消		6.47	19.40
7	纠错	土建	结构图与建筑图不符，结构图中少一个口部		1.69	5.07
8	纠错	土建	HHM1520增加2扇，HHFM1220增加1扇，GHSFM5525（6）减少1扇		2.66	7.98
9	纠错	土建	填充范围地下一层为人防区，地下二层结构梁板需要补充（标高有误）面积3 900 m²		10.00	30.00
10	纠错	机电安装	排水管出户	增加DN200防水套管94个	5.00	15.00
11	纠错	机电安装	排水管冲突	减少DN150镀锌钢管长度180 m	4.29	12.87
12	纠错	机电安装	出机房风管走向	变化的风管长度约为30 m，尺寸为2 000 mm×500 mm	1.86	5.58
13	纠错	机电安装	人防区火灾报警桥架接入点与非人防区预留点距离过远	火灾报警桥架及电缆长度约为110 m，尺寸为200 mm×100 mm	3.37	10.11
14	优化	机电安装	管道综合排布优化		15.00	45.00
15	合计				140.25	420.71

14 综述

建设项目中，室内机电管线一般敷设于装修吊顶内，检修时候需要拆卸吊顶方可查阅管线，进而制定维修方案，但是常规吊顶不可拆卸，故室内隐蔽工程维修难是所有工程面临的工程痼疾；室外管线种类多且复杂，安装阶段多为先进场者先安装，若不注重成品保护，最后进场者安装条件会十分恶劣，因此，一般插空完成，最终不一定能按规范要求确保安装间距及覆土深度；现实中均为水泥浇筑，最终可能会成为困扰后期管理的工程痼疾。

二维 CAD 图纸在室内外机电管线综合设计之中无法精准定位，更无法精准指导施工。室内外隐蔽工程由各施工单位随机安装，竣工后没有任何人能准确判断隐蔽工程管线位置，给业主及物业维修带来巨大困难。三维设计技术当前正值快速发展初期，其可见性和协同性为二维 CAD 不能比拟的优势。所见即所得，在设计阶段准确定位机电管线，并指导施工付诸实施，形成真正的三维竣工图。物业可以通过视频等设计资料多角度真实观测，最终制定出合理、直观明了的改造方案，在建筑运营的几十年之内为隐蔽工程检修提供了有利条件。

三维设计在综合体机电设计中，表现出和传统二维设计极大的差异，相比二维设计提供的成果实现了大幅度优化，且在建筑全生命周期的后期运行维护中持续发挥作用。作为推动三维设计发展的从业者和建设者，应将二维技术和三维技术充分融合，快速推广三维设计在工程上的应用。

参考文献

[1] 罗淑平，许桂芳. BIM 技术在建筑设计及施工过程中的应用[J]. 价值工程，2018，37（3）：176-177.

[2] 万小华. BIM 技术在工程造价管理中的应用研究[J]. 价值工程，2018，37（1）：175-176.

作者简介

王海江，男，1972 年 11 月生，陕西西安人。江苏苏邑设计集团有限公司数字运维技术研究院院长。主营方向：以 BIM 为代表的三维数字建造技术设计及智能化、亮化、幕墙设计。电子邮箱：360590464@qq.com，通信地址：江苏省南京市安德门大街 32 号紫悦广场 1 号楼 5 层，联系电话：18652000800。

夏尧，男，1976 年 9 月生，江苏江阴人。南京金宸建筑设计有限公司第一事业部副总经理、总工程师，兼任东南大学土木工程学院校外硕士研究生导师，研究员级高级工程师，国家一级注册结构工程师。电子邮箱：xiayao@kingdomarch.com，通信地址：南京市建邺区梦都大街 150 号 407 室，联系电话：025-86500666。

基于智慧路灯的泛物联网云平台设计探索

刘志，王仁国

（苏交科集团股份有限公司，江苏 南京 210019）

摘要：随着经济的发展，我国正向绿色环保新型社会转型。照明在全社会用电量中占据着较大比例，而路灯又占据着照明中的较大比例，因此改善路灯控制方式可以节约大量用电。利用单灯控制物联网技术可以实现精准照明，既能够满足照明设计要求，又能够根据时间段进行策略性控制管理。智慧路灯单灯控制管理平台能够实现单灯远程控制，根据现场环境，对每个集中控制器设定不同的亮度值，自动进行灯的开关，实现节能，同时也能降低运营维护费用。

关键词：节能环保；智慧路灯；单灯控制；管理平台

1 序言

智慧路灯是指集照明、视频监控、环境检测器、广播、大屏展示、Wi-Fi 等多种设备于一身，实现泛物联网广域连接及功能的智能终端。智慧路灯作为智慧城市的神经末梢单元，是智慧城市实现的一个重要支撑。

随着数字化、智能化城市的不断推进，节能环保的城市形象持续被关注着，城市的智能管理已经成为大势所趋。目前，我国照明和电力紧张的现状已带来各种问题，这对智能城市管理形成了新的挑战。

绿色环保是国家的一项基本政策，照明约占全社会用电量的 13%，其中路灯用电量约占照明用电的 30%。2018 年国家能源局发布全社会用电量为 68 449 亿 kW·h，按上述占比率计算可知，2018 年路灯用电约 2 670 亿 kW·h。如果能够实现对路灯的单灯控制，对不同时间段、地点根据道路实际照度和亮度进行智能调节，兼顾设计和使用要求，实现电能的节约，对社会及经济可持续发展大有裨益。研究表明，LED 路灯单灯控制能够节约用电 10% 以上，后期运维成本也能大幅降低，经济价值显著，所以建设智慧路灯单灯管理平台是实现绿色照明的重要工具。城市道路照明是人们日常生活中重要的公共设施，全国现有路灯 1 亿盏，占照明耗电的 30%，达到全国耗电总量的 10%，相当于 1 个三峡水电站的年发电量，超过大亚湾核电站年发电量的 7 倍，大约 35% 的电能被浪费。

2 智慧路灯关键技术

不同于普通路灯，智慧路灯集成了很多硬件智能设备，具备遥控、广播、实时巡检、故障报警、数据统计、日志收集等功能。然而，要便捷地管理数量庞大的智慧路灯，并处理智慧路灯实时上传的海量数据并非易事。当前互联网、物联网、云计算等技术日新月异,为了更便捷地管理大规模的智慧路灯,实现路灯的遥控、实时监测以及海量智慧路灯数据的采集、存储与处理,可通过设计实现智慧路灯管理系统。

智慧路灯云平台基于物联网信息传感设备,通过路灯对信息进行智能采集、存储、传递、处理,它不仅可以作为一个重要的信息传输通道,也可以是市政信息的发布终端、互动终端、监测终端。云平台可以建立各级集控中心,并实现数据的同步上传与共享。

1)能耗管理

城市夜间公共照明对人们的生活和经济发挥着愈来愈重要的作用。一方面公共照明保证夜间车辆和行人的交通安全,另一方面承担了整个城市形象美化的重任。城市公共照明一直以来都是节能战役的"主战场"。以减少能源消耗费用来支付节能改造成本的合同能源管理模式越来越受到各地政府的支持和青睐。当前城市路灯主要采用高压钠灯照明,存在光效较低、寿命较短和回收造成环境污染等问题。同时,路灯管理的信息化水平较低,管理方式相对落后。因此,亟需更换更为高效节能的 LED 灯照明方式,以及基于 LED 路灯的管理控制系统。智慧路灯通过信息化的手段和照明技术,实现对路灯的单灯控制、精细化管理和高效节能。

2)基于 5G 的实时巡检

随着 5G 的逐渐落地应用,利用其高带宽、低延时的通信能力,结合应用边缘计算(MEC)AI 技术,可在智慧路灯上安装高清摄像头,采用 AI 视频分析实现可视化、现场感的实时远程视频监控、巡检。

随着现代化城市安全理念的提升,城市日常出行越来越受到重视。基于智慧灯杆安装 5G 通信基站以及 AI 摄像头,可在实现灯杆自身状态巡检的基础上,拓展实现智慧灯杆所安装路段的安全巡检,实时监控所在路段行人出行、日常事件。后台根据实时监控视频,通过 AI 技术进行告警事件识别,实现现代化城市安全巡检。

3)环境监测

随着城市的现代化发展,人们的环保意识越来越高,对生活环境的二氧化碳、二氧化硫、粉尘 PM 浓度及噪声等日常环境参数也越来越关注。可基于智慧路灯安装环境集成传感器,实现对城市日常空气和环境质量监测,并通过 5G 通信技术实现监测数据实时上传到云平台。云平台在线监测数据,通过滤波分析、分类存储、统计分析、算法处理,最后得出精确的真实数据,并实时推送。也可安全、可靠、准确、实时、全面、快速、高效地将实时监测数据推送给环境监管单位以及公共环境卫生信息管理部门。

4)智慧路灯泛物联网监控技术

(1)光控功能:智慧路灯可以通过云管理平台实现为单个路灯或多个路灯集中控制器设定不同的亮度值,根据现场环境,自动进行灯的开关。

(2)GIS 地图:智慧路灯可以通过云管理平台实现对单个路灯或多个路灯的三维、全景、平面地图方式管理,实时显示灯的工作状态。

（3）报警：智慧路灯可以通过云管理平台对单个路灯或多个路灯进行意外亮灯、意外灭灯、灯具故障、过流、过压、控制柜缺相、电源故障、线缆断路、电源故障等监控，可实现报警跟踪、定位、回溯及统计功能。

（4）遥测功能：智慧路灯可以通过云管理平台即时观测单个路灯或多个路灯的电池剩余电量、回路开关状态、单个路灯电参量（电压、电流、功率、功率因数）。

（5）遥控功能：智慧路灯可以通过云管理平台智能控制单个路灯或多个路灯的即时开关灯、控制策略设置、回路开关、单灯开关、单灯分组开关等。

（6）遥调功能：智慧路灯可以通过云管理平台实现对单个路灯或多个路灯的单灯调光、单灯分组调光、单灯 10 个阶段调光。

（7）单灯控制：智慧路灯可以通过云管理平台实现对单个路灯或多个路灯的管理功能，包含控制、状态监测、故障告警、节能调控等。

（8）独立运行：智慧路灯脱离控制后可按照原先设定好的模式自动运行。

（9）终端保护：智慧路灯上安装的智能终端采用的防水外壳具有防雷、防脉冲干扰设计，抗干扰能力强，能经受高压、雷电及高频信号干扰等。

3 智慧路灯单灯控制管理平台架构

智慧路灯单灯控制管理平台主要由展现层、应用层、数据处理层、接入层、感知层等部分组成。根据系统架构设计和网络信息安全设计的规范要求，各层次由下而上搭建，每层都以下层为基础提供应用服务，见图 1-23。

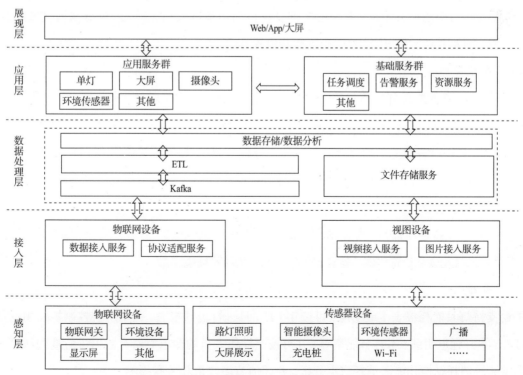

图 1-23 智慧路灯单灯控制管理平台架构

智慧路灯单灯管理平台管理者或用户采用账号登录模式，经过严格的身份认证和确认后进入平台。可利用智慧路灯综合数据及资源管理能力，构建智能化的智慧路灯单灯管理与服务应用平台。

智慧路灯管理平台是以大数据、网络传输、智能应用为基础，在此基础上采用 B/S 结合 C/S 架构的成熟系统，通过 WEB 网页管理，从而实现对城市智能照明的精细化管理，以及远程监控。另外可以开发 APP 端，便于移动端灵活管理，特别是为运维人员现场服务提供便捷手段。

4　智慧路灯单灯管理平台功能设计

1）实现远程单灯控制

定时或实时控制路灯的工作状态，监测的数据主要有亮度、电流、电压、功率、功率因数、用电量等。系统根据路灯灯杆和网关的经纬度对单灯设定控制策略，通过监控中心，合理设定开关灯时间来实现单灯的遥控。系统可对任一灯具自由组合，设定调光策略，使其按照策略自动调光，实现绿色节能。

2）支持智慧路灯地理信息系统展示（GIS）

路灯管理平台系统采用 GIS 地理信息技术，电子地图可以显示路灯的位置，开关提示等信息，按照照明路灯的实际地理信息，建成一个动态、实时、可视化的智慧路灯数字网络，显示各布置点路灯的实时动态信息，并可在后台设置可扩展列表，增加路灯参数属性，将收集到的数据录入保存到数据库中，建立起完善的智慧路灯及其附属设备数据库系统，实现智慧路灯及其附属设备的数字化管理。

3）日常任务快速设置功能及各类策略模式自动切换功能

平台任务列表清晰，可以快速引导用户设定需要的任务。系统支持各类策略管理的自动切换功能，只要设置好对应的任务明细，系统会根据设置自动切换进入相应模式，任务执行完成后自动切回日常任务，例如节假日和夜间开关、亮度模式设置等。

4）系统报警功能

系统可对常规各类亮灯故障报警，如过流、过压、意外亮灯、意外灭灯、灯具故障、控制柜缺相、电源故障、线缆断路、电源故障、人为破坏等，并有报警跟踪、定位、回溯及统计功能。

系统支持多种设备检测报警功能（配电柜和灯杆灯具），每项报警都具备独立的开启、关闭功能，用户可以根据自己的需要来选择不同的报警方式。

5）环境监测可视化界面

云平台系统支持环境监测，可显示 PM 2.5、PM 10、温度、湿度、风向、风速、降雨量、气压、扬尘、能见度、二氧化碳、二氧化硫、臭氧、噪声、紫外辐射等环境参数。

6）能耗报表

平台支持灯具能耗报表生成功能，可按年/月/日进行统计报表，列出所有控制柜的用电量、本月亮灯率、本月耗电明细、本月节能率等，并可按照操作人员的要求对所有数据进行查询和打印，为用户提供能源消耗结构和能源消耗成本分析，并评估节能效果和关联影响。

7）远程升级

可以通过平台智慧灯杆的固网和5G通信网络集中"远程升级"安装在智慧灯杆上的各类传感器、控制器。

8）校时功能

平台支持系统自动、手动校时，以及各类设备的系统时间校正。

9）策略管理

可实现单控、组控、群控及周策略、月策略、年策略、节假日及特殊控制策略。

10）时长统计功能

平台可统计接入平台的智慧路灯亮灯时长、统计故障时长，具有电能累计远程读取功能。

11）资产管理

系统能根据设备类型进行设施量登记、增加、减少、变更、查询、汇总、报表等；对灯杆灯具类型进行添加、编辑、删除；对区域信息进行查询、编辑及删除；对维护单位进行查看、编辑、删除。

12）状态保持

平台和路灯自动保存当前工作状态，断电后重新接上电源后能恢复到断电前的工作状态并确保数据不会丢失。

13）数据存储

平台具有存储历史电参量记录、历史数据存储查询、单灯和回路参数定时保存及存储每天用电时间（亮灯时间）和亮灯率、历史报警等数据的功能，方便用户查询统计。

14）阶段设置

平台可对路灯开关、亮度进行阶段设置，最多可以设置10个不同时间段，自动运行。

15）系统扩展性

平台可扩展电缆防盗、环境监测、视频监控、井盖监管、电动汽车及手机充电、应急广播及广告发布、Wi-Fi系统、智能停车管理、公共广播、微基站等功能，为市民的生活和政府的管理提供便利，并且有效节约城市地面和空间资源。

16）用电量参数、统计分析功能

智慧路灯单灯控制管理平台将采集的各类数据进行集中管理，形成数据查询、统计分析、报表生成下载等应用服务；为管理和使用人员提供系统全面的智慧路灯数据。可以对单一路灯、特定时间的路灯用电等数据进行查询。形成常规的各类图像报表，便于使用人员直接下载使用。

5 结论

随着现代城市和现代技术发展，智能、先进、有效、安全、可靠的照明控制系统可以使照明管理和使用部门集中统一管理路灯、景观灯、楼宇亮化，实时控制照明灯具的运行状态，提高社会效益和经济效益，实现绿色环保照明。

智慧路灯单灯管理平台是以物联网和云平台技术为基础，以智能控制为核心，结合计算机系统、地理信息系统技术、大数据技术、人工智能技术等形成的智能控制系统。

管理平台建成后，可在电子地图上直接显示路灯的位置、数量、参数等信息，使管理人员足不出户就可实时掌握照明的运转情况以及运营维护，并将智能化的管理策略用于平台系统，可实现路灯照明的节能环保。

参考文献

［1］唐晓栋.降低路灯照明用电量［J］.科技展望，2016，26（19）：301.

［2］周蓓蓓.探讨单灯控制系统在 EMC 模式 LED 道路照明节能改造中的应用［J］.低碳世界：2019，9（3）：159-160.

作者简介

刘志，男，1982 年 6 月生，安徽合肥人。苏交科集团股份有限公司。主要研究方向：物联网研发及项目管理。通信地址：南京市富春江东街 8 号，邮政编码：210000。联系电话：13062572606，电子邮箱：lz305@jsti.com。

王仁国，男，1982 年 11 月生，湖北洪湖人。苏交科集团股份有限公司。主要研究方向：物联网产品研发。通信地址：南京市富春江东街 8 号，邮政编码：210000。联系电话：18913043062，电子邮箱：wrg069@jsti.com。

不同场地土下并联基础隔震体系地震反应特征

刘敏

(江苏环保产业技术研究院股份公司,江苏 南京 210019)

摘要：本篇在列举大量工程算例仿真分析的基础上，较为系统地研究了典型并联基础隔震结构在不同场地土下地震反应的一般特征。研究表明，场地卓越周期越长，结构基本周期越长，滑移位移就越大。合适的恢复刚度可以在不显著减小隔震效果的情况下有效地控制滑移位移。隔震层屈服剪力取值需兼顾隔震效果与隔震层滑移位移。

关键词：并联基础隔震；橡胶隔震；摩擦滑移隔震

1 前言

目前研究最多的基础隔震主要有夹层橡胶垫隔震和摩擦滑移隔震。前者主要是减小结构刚度、延长周期，但造价偏高，可以简化为线弹性模型；后者主要是增加结构阻尼耗能，价格低廉但没有自动复位功能，是一种强非线性模型。并联隔震是由夹层橡胶垫和摩擦滑移支座并联组成的隔震体系，克服两者缺点的同时又能很好地发挥两者各自的优点，可以取得很好的经济技术效果。国内外一些并联基础隔震工程实例和相应试验理论分析都证实了这一点。

本篇首先给出了并联隔震体系的简化力学模型，然后在大量计算分析的基础上，较为系统地讨论了在不同场地土下隔震层参数对并联隔震体系各反应指标的影响，探讨了隔震层参数的合理选择问题。

2 并联基础隔震体系力学模型

基础隔震一般用于层数不高、刚性较大的建筑，即使在较大地震作用下也能保证其在弹性状态下工作，因此可以简化为多自由度层间剪切模型。本篇对并联隔震结构体系做如下假定：(1)上部结构为线弹性体，发生剪切变形；(2)基底与摩擦支座之间摩擦系数保持常量，并符合库仑摩擦定律；(3)仅考虑水平地震作用。

橡胶隔震垫在一定变形内可以考虑为线性恢复力元件；摩擦滑移支座是一种纯摩擦元件，其滞回特性呈刚塑性，并联隔震体系的滞回特性由两者叠加而成，见图1-24。图中并联隔震装置初始刚度为无穷大，当地震作用产生基底剪力 Q 小于最大静摩擦力 ηG 时，上部结构与基底处于啮合状态，只发生上部结构的弹性变形；当地震作用产生基底剪力 Q 大于最大静摩擦力 ηG 时，上部结构开始相对隔震层滑动，恢复刚度为 K。其中 G 为隔震层(含隔震层)以上结构自重；η 为隔震层剪力屈服系数，具体可由滑移隔震承载系数λ和滑移隔震支座摩擦系数μ按表达式η=λμ计算得到。滑移隔震承载系数λ是滑移支座所承载上部结构自重与上部结构总自重之比，取值范围在0~1；滑移隔震支座一般为聚四氟乙烯板（PTFE），摩擦系数一般在0.10~0.15，加润滑的PTFE板摩擦系数可以小于0.02。恢复刚度一般由夹层橡胶垫提供，在橡胶隔震结构中，隔震结构名义周期$T=2\pi\sqrt{G/K}$，一般在2~4 s；并联隔震结构中，由于摩擦支座提供的摩擦力的存在，结构名义周期变化范围比较大，但一般都大于2 s。

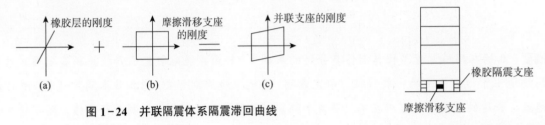

图1-24 并联隔震体系隔震滞回曲线

（a）橡胶隔震垫；（b）摩擦滑移装置；（c）并联基础隔震装置

图1-25 并联基础隔震建筑简图

并联隔震建筑如图1-25所示。图中上部结构重力荷载由橡胶垫和摩擦滑移支座共同承担，由此可减少一部分橡胶支座的使用量从而降低工程造价。另外，为了提供相同的摩擦力，摩擦系数可以适当增加，从而可以选取比较便宜的摩擦材料。但是由于滑移支座的存在，在橡胶垫竖向压缩和水平位移的过程中，夹层橡胶垫水平刚度和滑移隔震支座滑移摩擦力都会发生不同程度的变化，这样就不能简单地用图1-24来表示并联隔震的滞回特性。为简化考虑，本篇在满足一定工程精度要求的前提下仍采用如图1-24所示的滞回模型。

3 不同场地土下并联基础隔震体系地震反应的一般特征

本篇取一典型砖混结构为计算模型，运用MATLAB的simulink工具箱对模型进行仿真。采用地震波一类场地24条、二类场地44条、三类场地21条、四类场地10条，峰值均调整为3.1 m/s²，相当于7度罕遇地震，分别考察了模型在不同场地土地震作用下隔震层参数变化对隔震层最大滑动位移Dm的影响，隔震层最大残留位移Dr以及各层间剪力最大值的影响规律。上部结构参数见表1-2。

表1-2 计算模型上部结构参数

结构层数	刚度（10⁶ N/m）	质量（10³ kg）
隔震层	/	526.0
1	650.0	660.0
2	650.0	660.0
3	650.0	660.0
4	650.0	660.0
5	650.0	660.0
6	650.0	660.0

3.1 不同结构名义周期对隔震结构的影响

在隔震层剪力屈服系数 $\eta = 0.05$ 时,分别计算名义周期为 2 s、3 s、8 s、15 s 下并联隔震结构体系的反应特性。计算结果见表 1-3。

表 1-3　不同结构名义周期下各场地土结构反应指标($\eta = 0.05$)

场地类别	周期(s)	2	3	8	15
一类场地	隔震层最大滑动位移(mm)	36.80	38.44	46.41	48.12
	隔震层最大残留位移(mm)	2.04	4.46	14.32	19.38
二类场地	隔震层最大滑动位移(mm)	36.32	37.24	48.15	52.87
	隔震层最大残留位移(mm)	1.86	3.44	17.96	27.54
三类场地	隔震层最大滑动位移(mm)	87.31	93.95	99.20	105.57
	隔震层最大残留位移(mm)	2.83	6.60	41.94	62.90
四类场地	隔震层最大滑动位移(mm)	223.04	186.40	150.98	153.86
	隔震层最大残留位移(mm)	5.29	18.04	50.46	65.42

由计算结果可知,一般情况下,同一场地土,随着隔震层结构名义周期 T 的增加,隔震层最大滑动位移和最大残留位移均增大。这是因为隔震层结构名义周期的增加是由橡胶垫刚度减小造成的,而橡胶垫所提供恢复力的减小使结构反应加大。同时,由于四类场地土的卓越周期较长,与 $T = 2$ 较接近,所以在此处出现极大值。此后随着结构周期的逐渐增大,结构名义周期与四类场地土卓越周期相差越来越大,但同时伴有刚度减小的影响,两个因素相互作用,造成结构反应先减小后增大。另外,在同一周期一至四类场地的作用下,结构隔震层的最大滑动位移和最大残留位移也有不同程度地增加,这是因为随着一至四类场地土卓越周期的增加,其与并联隔震的结构名义周期越来越接近,地震响应越来越大,底层最大剪力也逐渐增大。

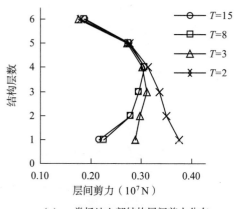
(a)一类场地上部结构层间剪力分布

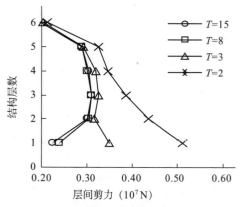
(b)二类场地上部结构层间剪力分布

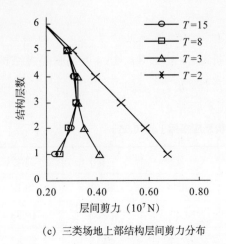

(c) 三类场地上部结构层间剪力分布

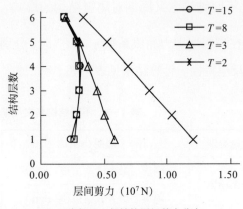

(d) 四类场地上部结构层间剪力分布

图 1-26 不同场地在不同周期下上部结构层间剪力分布（$\eta=0.05$）

由图 1-26 可以发现，当一至四类场地土在隔震层名义周期大于 3 时，随着橡胶垫恢复刚度的逐渐减小，中上楼层处的最大层间剪力基本保持不变，并且半高以上各楼层处的层间剪力基本保持不变，下部楼层的层间剪力逐渐增加，层间剪力不均匀系数有所减小。继续增大恢复刚度，不仅上部结构底层层间剪力将继续增加，中部及以上结构的层间剪力也将相应增加，上部结构层间剪力分布呈倒三角分布，层间剪力最大值出现在第一结构层。另外，对比四幅图可以发现，相同楼层的层间剪力随着一至四类场地土的变化有逐渐增大的趋势，这是由于场地土卓越周期变大，使结构反应加大。

3.2 不同隔震层剪力屈服系数对隔震结构的影响

由前文分析可以发现，隔震结构在结构名义周期 $T=3$ 左右，结构层间的剪力变化率较大，所以选取这一周期考察不同隔震层剪力屈服系数对隔震结构的影响。

从图 1-27 可以看出四类场地土下隔震层的最大滑动位移均随着隔震层剪力屈服系数的增加而减小，可以认为是由于阻尼增加，隔震层在运动过程中消耗地震输入能量增加造成的。总体来讲，隔震层最大残留位移随着隔震层剪力屈服系数的增加而变大。

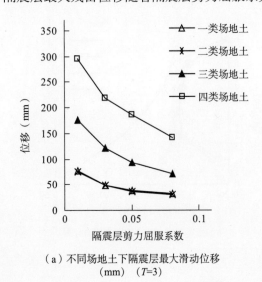

(a) 不同场地土下隔震层最大滑动位移 (mm)（$T=3$）

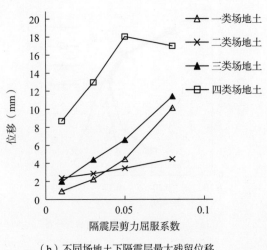

(b) 不同场地土下隔震层最大残留位移 (mm)（$T=3$）

图 1-27 不同场地隔震层运动参数

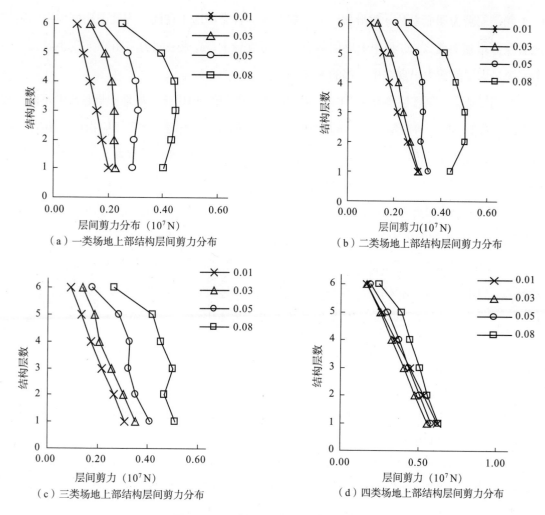

图 1-28 不同场地土上部结构层间剪力

分析图 1-28 可以看出，同一周期，各类场地土的下层间剪力均随层间剪力屈服系数增加而变大，并且中上层层间剪力增加幅度较大，造成层间剪力由 η 较小时的倒三角分布逐渐变为最大层间剪力出现在中上部的 K 形分布。

4 结论

并联基础隔震体系同时具有橡胶隔震垫基础隔震和滑移基础隔震体系的特点，通过合理设计，既可以降低工程造价又可提高工程适用性。本篇分别在四类场地土地震作用下对同一结构模型进行仿真分析，较为系统地研究了隔震层参数对典型并联基础隔震结构反应指标的影响特点。研究表明：

（1）场地条件、隔震层名义周期对结构最大滑动位移、最大残留位移和层间剪力分布有较大影响。地震波周期越长、隔震层名义周期越长，则结构滑动位移越大，最大残留位移也越大。此外，当名义周期超过一定值时，结构各反应指标变化率会增加许多，建议隔震层名义周期不要超过某一值（本篇中 $T=3$）。三、四类场地的滑动位移过大，较适合采用阻尼较高的并联基础隔震体系；并联基础隔震比较适合于周期较短的多层房屋。

（2）隔震层剪力屈服系数 η 对滑移位移影响很大。各类场地土在同一周期下层间剪力均随层间剪力屈服系数增加而变大，并且中上层层剪力增加幅度较大，造成层间剪力由在 η 较小时倒三角分布逐渐变为最大层间剪力出现在中上部的 K 形分布。

（3）不同场地土下隔震层参数对结构反应。影响基本一致，但由于各场地土卓越周期不同造成了结构反应指标数值不同。一般情况下，随着场地卓越周期的延长，隔震结构各反应指标也相应加大。

（4）为限制隔震层滑移位移，并联基础隔震体系隔震层恢复刚度应尽量取大值，但一般情况下，对于结构各层承载能力变化不大的砖混结构，恢复刚度不应过大。为降低上部结构的最大层间剪力，并联基础隔震体系隔震层剪力屈服系数应尽量取小值，但同时需要考虑隔震层位移的限制。一般情况下，考虑上部结构最大层间剪力与 η 曲线和隔震层最大残留位移与 η 曲线这两个拐点处取值。

虽然本篇在对大量工程算例分析的基础上给出了并联基础隔震体系在不同场地土下地震反应具有的特点，但由于并联隔震体系是一个强非线性系统，地震输入也是一个复杂的随机过程，隔震层参数与结构反应量值之间更多的定量关系需要更进一步地研究。

参考文献

［1］Constantinou M C, Reinhorn A M, Mokha A S.Study of sliding bearing and helical-steel-spring isolation system［J］. Journal of Structural Engineering . 1991, 117（4）: 1257–1275.

［2］Mostaghel N, Khodaverdian M. Sdismic response of structures supported on R-FBI system［J］. Earthquake Engrg. Struct. Dyn.1988, 16（6）: 839–854.

［3］杨树标.砌体并联复合隔震体系的隔震性能研究［J］.工业建筑, 2000, 30（12）: 15–17.

［4］袁颖, 杨树标, 安新正, 等.并联复合隔震体系的隔震效果研究［J］.建筑技术开发, 2002, 29（5）: 13–14.

［5］李爱群, 毛利军.并联基础隔震体系地震反应特征与隔震层参数的优选［J］.工程抗震与加固改造, 2005, 27（2）: 27–31.

［6］荣强, 程文瀼.并联隔震体系的自适应保护特性［J］.工程抗震与加固改造, 2006, 28（1）: 80–82.

［7］中华人民共和国建设部, 国家质量监督检验检疫总局.GB 50011—2001, 建筑抗震设计规范［S］.北京：中国建筑工业出版社, 2004.

作者简介

刘敏，男，1981年7月生，江苏江阴人。东南大学土木工程学院硕士研究生。研究方向：防灾减灾及防护工程。电子邮箱：13851900477@139.com。通信地址：江苏省南京市建邺区江东中路211号凤凰文化广场A座，邮编：210019。联系电话：13851900477。

快速无损检测与智能监管技术在公路工程中的应用研究

王捷，张苏龙，王彤

（江苏东交智控科技集团股份有限公司，江苏 南京 210000）

摘要：近年来信息化、智能化技术日益发展，为提升公路工程建管水平提供了新的技术支撑。本篇基于影响公路工程建养质量的关键因素，围绕沥青原材料的快速检测、施工工艺的管控、运营过程中路面结构状态的实时监测以及路面隐性病害的无损检测4个方面，介绍了信息化、智能化技术，如红外光谱、智能管控、智慧粒子以及探地雷达技术的基本原理与应用方法，为综合提升公路工程的建管质量提供了新的技术途径。

关键词：公路工程；沥青路面；无损检测；智能监管；质量提升

1 引言

我国国民经济以及科学技术的发展，对公路工程的建设质量与服务水平提出了更高的要求。影响公路工程使用性能的因素很多，如前期的规划设计水平，建设过程中的原材料、机械设备、施工工艺、管理水平，运营过程中的养护水平、车辆荷载、环境等，都会影响公路工程的建设质量与运营服务水平。与传统的工作模式相比，信息化技术在数据采集、实效性、智能决策方面具有显著的优势，在公路工程管理中的应用也越来越广泛。2018年1月发布的《公路水运品质工程评价标准》中要求通过品质工程的创建，实现施工和管理智能化、信息化、自动化水平的显著提升；2019年9月发布的《交通强国建设纲要》中明确指出，应推广应用交通装备的智能检测监测和运维技术，强化交通基础设施养护，加强基础设施运行监测检测，提高养护专业化、信息化水平。

本篇通过理论研究与工程应用，介绍红外光谱、智能管控、智慧粒子以及探地雷达技术的基本原理与应用方法，可为道路工作者在未来的公路工程建设与养护工程中解决传统施工过程中沥青质量难以管控、施工工艺难以事中控制、路面服役性能难以实时监测以及路面内部隐性病害难以检测的问题，提供新的技术手段。

2 红外光谱沥青快速检测技术

2.1 沥青相似度检测

沥青胶结料的质量控制一直是我国沥青路面施工过程中的重点和难点，而传统的3大指标以及SHRP检测方法，主要是针对沥青的物理指标进行检测，难以识别勾兑、掺假、贴牌等行为，在沥青质量控制方面存在不足，无法对沥青质量进行全面有效地控制。

当前采用红外光谱分析沥青的微观结构成为控制沥青质量的有效手段之一。红外光谱分析技术是根据沥青红外光谱图的红外特征吸收峰位置、数目、相对强度和形状等参数，来推断沥青的组成和各组分的含量。不同品牌的沥青由于油源和生产工艺不同，组成和组分含量存在差异，使其红外光谱具有唯一性，如同人的指纹具有独特性一样。通过对到达施工现场的沥青进行红外光谱检测，再与标准图谱进行比对，可以迅速判定沥青品牌、检测沥青是否有混兑掺假的，见图1-29。

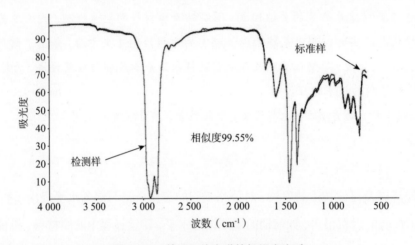

图 1-29 基于红外光谱的相似度比对

此外，江苏东交公司为解决全波段相似度比对算法的不足，提出了分波段比对的算法。它以 200 cm^{-1} 作为最小的红外光谱波段区间，提升 1 500～400 cm^{-1} 指纹区在比对结果中所占的权重，如表1-4所示，相比全波段算法，可以更加有效地鉴别不同品牌的沥青。

表 1-4 基于不同算法的相似度比较结果

参照光谱	比对光谱	相似度（全波段比对）	相似度（分波段比对）
A 牌 70#	B 牌 70#	99.3%	92.3%
	C 牌 70#	99.5%	93.1%
	D 牌 90#	79.3%	57.9%

2.2 改性沥青中的 SBS 含量检测

根据 Lambert-Beer 定律，特征官能团在特定波长的红外吸收峰面积与物质浓度呈正比关系。基于混合物的光谱是每个纯成分的加和,可以利用光谱的特征峰测量混合物中各成分的百分含量。有机化合物中官能团具有相当大的独立性,故每个成分可选1~2个特征峰,测试其在不同浓度下的吸收强度,得到浓度对吸收强度影响情况的工作曲线,见图1-30。

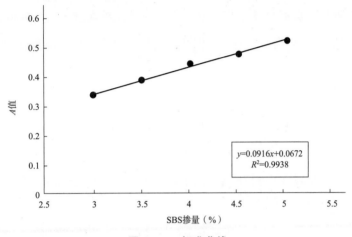

图1-30 标准曲线

因此本篇针对改性沥青进行试验。试验时首先制备不同SBS含量的改性沥青样品,测量特征吸收峰面积(S966和S1377),计算两峰面积的比值(A),与SBS含量建立线性标准曲线。后期在现场检测过程中,通过对待测改性沥青试样进行红外光谱检测、两特征峰面积测量以及比值(A)的计算,对照标准曲线,确定试样中SBS的含量。

本技术使用的便携式沥青红外光谱仪轻巧灵活,便于携带,适合在移动实验室和现场使用测样;使用ATR附件,从测试到分析一个沥青样品只需2 min,特别适合在施工现场及时、有效地监控沥青质量。仪器和软件操作简便,测试人员只需经过简单培训就可掌握该系统的相关操作。

3 沥青路面施工智能管控技术

3.1 技术简介

沥青路面施工过程的有效控制是决定沥青路面质量的关键环节,一有不慎将直接影响工程质量,造成经济和社会效益的巨大损失。传统沥青混合料的拌和、摊铺和碾压,级配、油石比的检测和施工数据的记录均由人工操作完成,存在操作不及时、时间长、效率低、管理有漏洞等问题,且耗时费力。即使发现问题一般也只能事后解决。如何在施工过程中及时发现问题并采取预防措施,是目前急需解决的问题。沥青路面施工智能管控技术可以从事后把关施工质量转向事前控制施工质量,实现以预防为主、实时控制施工过程的质量保证体系,实时采集、传输、分析、预警、评价施工过程的关键参数,并形成相关决策,达到施工质量智能监管的目的,可以实现参建各方对生产数据的资源共享,并可追溯材料来源,能够在第一时间掌握影响沥青路面使用寿命的相关因素,优化施工工艺,严格工艺管理。

3.2 沥青路面智能施工管控内容

1）试验管控

试验管控通过物联网、数据自动采集等技术，实现委托单在线下发、数据自动采集上传、原始记录生成、试验报告输出、试验台账统计、数据智能分析等功能，有效规范试验流程，保证试验数据真实有效，提高试验人员工作效率。

2）沥青拌和站管控

沥青拌和站管理系统通过物联网、红外传感、数据自动采集等技术，实现沥青混合料各材料用量、级配、拌和时间、温度等数据的实时采集、传输、分析、评价、预警。当数据超出预警阈值，将分级推送预警信息至相关管理人员，进行质量问题的整改闭合，并阶段性生成技术分析报告。

3）沥青混合料运输管控

沥青混合料运输管控通过物联网、高精度定位、RFID、红外传感等技术，采集运输车辆的接料时长、运输时间、运输路线、摊铺桩号、摊铺时间等信息，实现沥青混合料拌和站、运输车辆、摊铺桩号的数据关联，形成施工质量溯源闭合数据链。

4）沥青混合料摊铺管控

沥青混合料摊铺管控通过物联网、高精度定位、红外传感等技术，采集摊铺机的摊铺轨迹、摊铺速度、摊铺厚度、摊铺温度等信息。当数据超出预警阈值，现场就即时提醒，再同步推送信息至相关管理人员。

5）沥青混合料碾压管控

沥青混合料碾压管控通过物联网、高精度定位、红外传感等技术，采集压路机的碾压遍数、碾压轨迹、碾压速度、碾压温度等信息。当数据超出预警阈值，现场就即时提醒，同步推送信息至相关管理人员。

4 智慧粒子监测技术

4.1 技术简介

智慧粒子是一种在施工过程中埋入到沥青路面内部的传感器，主要用于监测运营过程中路面结构内部的关键参数，从而基于实测信息进行路面结构评估及寿命预测，其具备尺寸小、耐久性好、数据无线传输和稳定性好等优点，已经在江广改扩建高速公路、G15沈海高速山东段等项目上得到了应用。

智慧粒子监测系统由采集终端、数据接收器以及分析软件组成。采集终端在施工过程中埋设在路面中的特定位置，用于监测时间、温度、应力、应变、三维欧拉角、三轴加速度等参数，该设备尺寸小（接近粗集料尺寸，19 mm），可耐受120℃以上高温，内置电池，数据可通过蓝牙无线传输，使用寿命可达2～3年。数据接收器是配合采集终端用于户外接收、运算处理、远程监控的数据超级终端,可通过太阳能、风力等模式供电,并以WLAN、Wi-Fi、4G、5G等方式进行数据传输。分析软件主要对监测数据进行处理以及智能运算,从大量的监测数据中解析出有用的数据,见图1-31。

图1-31 智慧粒子监测系统

4.2 监测数据分析

1)温度监测

路面内部温度受降雨、降雪、大风等环境的影响,随气温变化而变化,智慧粒子内部温度计能够直接监测道路结构内部的真实温度情况。

图1-32为从2018年5月22日到2018年7月17日,气温较高时路面结构内部的温度数据,图1-33为2018年1月16日～2018年2月27日气温较低时路面结构内部的温度数据。从图中可以看出,1月30日～2月20日气温最低时,下面层温度比上面层温度更低;而6月22日到7月10日气温较高时,上、中、下三层温度变化趋势一致,差异不大。

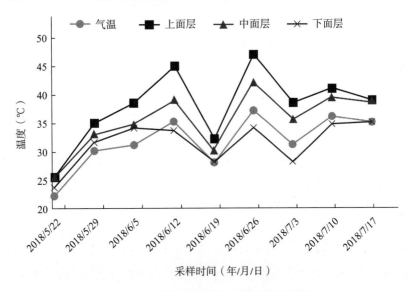

图1-32 夏季路面结构内部温度变化趋势

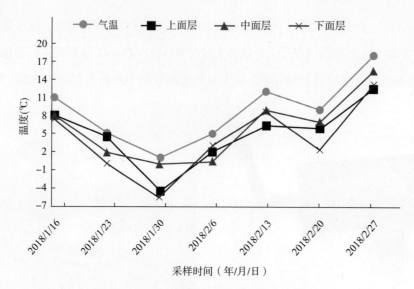

图 1-33 冬季路面结构内部温度变化趋势

表 1-5 为不同路面结构层的最高温度、最低温度和极差,从表中可以看出,上、下面层温度变化大,更容易产生温度疲劳裂缝。因此,建议路面设计时,中面层重点考虑抗车辙性能,减少车辙的产生;上、下面层重点考虑抗温度疲劳性能,减少温度疲劳裂缝的产生。

表 1-5　路面各层温度数据分析

结构层位	最高温度(℃)	最低温度(℃)	极差(℃)
上面层	42.5	-2.0	44.5
中面层	39.0	-2.5	41.5
下面层	37.0	-5.5	42.5

2)应力应变数据分析

根据智慧粒子传感采集的数据分析,对沥青面层应力、应变进行分析,做出路面应力、应变图,如图 1-34、图 1-35 所示。

从图中可以看出,路面内部的等效应变主要发生在上面层和下面层,而中面层的等效应变不明显,应变约占总应变的 26.9%。应力、应变分布图除能够为路面设计过程中路面结构组合的选用提供依据外,还可以说明路面各结构层在荷载中所起的作用:上面层应力状态最复杂,既受荷载拉、压作用也受剪切作用,中面层主要受压应力作用,下面层主要受拉应力作用,因此在路面设计过程中应当首先考虑不同结构层的作用,再进行材料设计与选用。

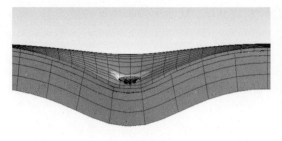 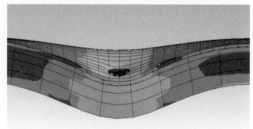

图 1-34 路面应力分布图　　　　图 1-35 路面应变分布图

从已有的研究与应用效果来看,智慧粒子监测系统可在建设和养护项目中进行应用,根据其安装位置的不同而具有多种用途:安装在面层和基层的底部,可监测结构内部的受力状态,通过模量的变化,分析路面的性能衰减情况,为养护决策提供依据;安装于道路表面,监测温度和湿度,为冬季的除冰雪作业进行预警,保证行车安全。

5　探地雷达无损检测技术

5.1　技术简介

路面内部隐性病害主要有结构层的层间不良、孔隙偏多不密实、松散及含水量偏大等,而目前针对公路内部隐性病害主要有落锤式弯沉仪(FWD)和钻孔取芯等检测方法。其中 FWD 可以达到无损检测的效果,但是根据实际工程经验发现,进行弯沉测试时往往会出现部分路面裂缝、车辙、破损等病害比较严重但路表弯沉并不是很大则检测不出病害的问题,而且检测效率低、速度慢,尤其在道路交通繁忙、无法实施封闭时,开展 FWD 检测工作十分困难;钻孔取芯虽然能够较为直观地观察结构内部的隐性病害,但工作效率极低,且容易破坏路面完整性,因此无法进行大面积检测。

探地雷达(Ground Penetration Radar,GPR)是一种针对隐性病害的无损检测手段,其基本原理是利用高频电磁波(主频为数十兆 MHz 至数百兆 MHz、数千兆 MHz),以宽频带短脉冲的形式,从地面发射天线 T 送入地下,经地下地层或目的体反射后返回地面,为地面接收天线 R 所接收。通过对接收的波场成像进行分析,获取地下目标的探测图像;通过解读波形,并结合振幅、介电常数等指标,实现对隐性病害的识别与评估,见图 1-36。

检测时,探地雷达可采用车载或手持的方式,通常以单车道的方式对轮迹带进行重点检测,而在桥头或者病害严重的位置,可进行多测线的网格化加密检测。相比传统

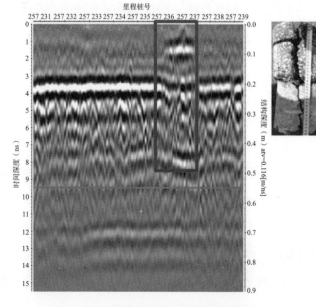

图 1-36　裂缝处的探地雷达图谱与取芯验证

的取芯等检测手段，可从整体上评估检测路段的隐性病害状况，从而为养护决策提供依据。

5.2 分析流程

为了能够快速分析路面内部的隐性病害，结合雷达数据中关键参数的特点，雷达分析可按4大关键步骤进行，为分析隐性病害提供指导。

1）异常信道的选择

所谓异常信道，即相对沥青路面正常路段内的电磁波信号，其相位、振幅、频率会出现异常的单道电磁波。由于隐性病害通常为较宏观的面积型病害，因此异常信道往往也是由无数条单一的信道组成的灰度图，因此对异常信道进行选择后，可筛除大量无用信息，从而缩减数据分析时间。

2）异常信道的振幅确认

仅仅靠判断灰度图中灰白颜色的深浅是否有异常是不够准确的，因此需要进一步对振幅幅值变化的强度进行分析，从而确认是否存在异常信号。

3）异常信道病害类型的判断

在确认路面内部存在异常信号后，需要对异常信道所代表的隐性病害类型进行确认，主要是通过同相轴的分布状况、连续情况及分布层位进行判断。

4）频率的确定

当路面内部含水量发生变化时，介电常数会出现较大改变。如当脉冲信号穿过含水量偏高的路面时，波速会明显下降，脉冲频率也会出现明显变化。因此，通过频率的变化，可以分析含水量的变化，为进一步识别与确认病害类型提供依据。

6 结语

本篇基于提升公路工程建养质量的目的，调研了目前快速无损监测与智能监管技术的研究成果，介绍了红外光谱、智能管控、智慧粒子以及探地雷达4项技术的原理及应用效果，主要得到以下研究结论：

（1）红外光谱可用于快速检测沥青的相似度以及SBS含量，若采用分波段的比对算法，可以进一步提升相似度指标的区分度。

（2）利用沥青路面施工智能管控技术，可对施工过程中的生产、运输、摊铺、碾压等关键参数进行实时监管。研究结果表明，该技术可以实现对沥青路面施工全过程的动态管控，提高施工管理效率，保证沥青路面施工质量。

（3）智慧粒子可对路面结构内部的受力和温度等参数进行智能感知，为结构材料优化、养护决策以及运营管理提供依据。

（4）探地雷达检测技术通过对雷达图谱的解析，可以实现对路面结构内部隐性病害的无损检测及对路面的整体结构状态进行有效的评估。

参考文献

[1] 胡国刚,梁天贵.红外光谱沥青快速识别检测在高速公路项目的应用[J].公路,2019,64(9):193-195.

[2] 郭小圣,郭皎河,李志军,等.红外光谱法表征SBS改性沥青研究进展[J].中国胶粘剂,2019,28(7):57-62.

[3] 韦武举,张丽丽,韩超,等.基于物联网的沥青路面施工过程智能管控技术研究[J].公路交通科技(应用技术版),2017,13(9):83-85.

[4] 冯建林,陈沛亮.智能让工程管理更精准[J].中国公路,2019(9):68-70.

[5] 姚西桐.沥青路面结构信息监测数据分析系统开发及应用[D].哈尔滨:哈尔滨工业大学,2018.

[6] 吴鹏志.基于探地雷达的路面结构隐性病害识别诊断技术研究及应用[D].北京:北京建筑大学,2019.

[7] 李存健.探地雷达在沥青路面无损检测技术中的应用分析[J].华东公路,2019(02):109-111.

作者简介

王捷,女,1972年11月生,江苏镇江人。江苏东交智控科技集团股份有限公司总经理,博士,正高级工程师。研究方向:公路工程新技术应用研究与建设管理。

张苏龙,男,1988年10月生,江苏泰兴人。江苏东交智控科技集团股份有限公司,硕士,工程师。研究方向:公路工程新材料研发、智能检测与监测技术等。电子邮箱:495219436@qq.com,通信地址:南京市栖霞区马群街道紫东路2号A2幢4层,邮编:210000。联系电话:13813985646。

王彤,男,1991年7月生,江苏省沛县人。江苏东交智控科技集团股份有限公司主任,硕士,工程师。研究方向:公路工程新技术应用与建设管理。

智慧园区管理平台的研究与构建

徐洪彬[1]，徐湖滨[1]，崔磊[1]，冯晓莉[2]

（1. 南京聚立科技股份有限公司，江苏 南京 210008；
2. 博雅慧聚科技发展有限公司，江苏 徐州 221009）

摘要：智慧园区作为高端智慧化样板工程、绿色节能样板工程，集成了不计其数的建筑技术与智能化技术、信息化技术。智慧园区项目不仅是智能建筑，而且是一座小型"智慧城市"，包括高标准办公、特色会议设施、高端配套、精品商业、文化休闲娱乐等5大功能。通过可视化的交互体验、舒适的环境服务品质，传递现代化的建筑运营管理理念，提升业主与建筑的品牌价值。

关键词：资产数据化；运维精细化；运营智慧化；服务人性化

1 绪论

1.1 现状

1）BIM应用认知有待提升

客观世界和虚拟世界通过BIM实现数字化融合，需求导向的场景化应用是BIM的最佳应用。

设计BIM传递到施工或运维阶段缺乏合适的平台和工具添加和集成施工或运维信息，难以形成支持施工及运维管理的信息模型。

项目参与方各自建模，造成数据冗余，无法形成面向建筑全生命期的完整BIM模型。

建筑数据与其他业务数据的关联程度不够，没有形成较好的应用。

2）业务系统之间仍存在孤立现象

园区内系统众多，系统之间孤立现象仍存在，缺少统一平台实现各业务系统的信息共享和联动。

缺少统一的规范标准，将智能楼控、网管安防、互联服务等不同专业子系统集成汇聚，充分实现物与物、物与人、人与人的各种互连。

3）建设、运营两阶段未统一管理

目前较为多见的是项目建设方、运营方由两个不同的主体承担。因此，在建设期，并未站在运营角度上综合考虑，建设、运营两阶段未统一管理，对后期运营造成不利的影响。

1.2 以需求为导向，做好平台的顶层规划设计

目前智慧园区的建设特点表现为以下几点：对外销售和自持物业；投资、建设、运营一体化；设

计、施工一体化；创建高端智慧化样板工程；创建绿色、节能样板工程。

在智慧园区的整个运营过程中，管理者是以收益、效果为导向来看待运营的。总收益是由总收入与总成本的差额确定的，总收入主要包括办公场所的销售、租赁的收入所得；总成本主要包括建设成本、运营成本。因此，一方面，要为入驻企业提供高效、全方位、智能化、人性化的服务，通过提升园区的服务品质，提升园区核心竞争力，发展园区招商引资能力，这样才能提高园区的总收入。另一方面，整个园区要从精细化建设和精细化运营入手，建设阶段把控好工程质量，运营阶段控制好运维成本，通过智能化运行实现建筑智慧、绿色的综合管理需求，从而节省运维成本。

1.3 项目价值分析

1）运维更高效更安全

基于 BIM 的管理平台可以极大地方便建筑运维数据与经验的积累。将数据同 BIM 模型相结合，将数据与空间、设备信息相结合，有效提高了数据与经验管理的效率，使复杂的历史信息视觉化。BIM 作为建筑信息模型在设计、施工阶段承载了大量的信息，在建筑落成后的运维期间内又会承载大量的运维信息。因此，BIM 运维管理平台在整合设计、施工、运维三者的基础之上，能够有效地综合运用建筑信息，因而能够有效地提高建筑运维管理的品质，创造出远远大于"1+1+1"的价值。

2）节能省人减少浪费

节能省人是智慧运维的核心价值之一。在设计之初充分考虑节能减排的管理需求，提升可视化水平、节省能源成本，从而提高项目的商业价值。平台通过整合园区楼宇的信息模型和能源管理系统，结合能源专家咨询服务，帮助用户降低能源成本，增强园区楼宇的运维效率。

同时，平台覆盖楼控、安防、网管等多个智能化系统，实现了建筑统一可视化管理，可查看建筑内设备运行数据及能耗情况。智慧运维不仅实现了空间与数据信息绑定、可视化管理度高、空间数据追踪，还可以大大降低项目的运维工程师的工作量，从而在一定程度上节省人力资源成本。智慧运维可将有限的运营费用投入到产出更多的地方，减少能源和人力成本的投入，从而减少浪费。

3）提高服务品质

将 BIM 技术的应用向运维或运营阶段延伸，充分利用 BIM 的建筑模型优势，与 5G、AI 等技术结合，让物与物、物与人的连接更智能，在环保、安全等多领域构建 BIM+智慧应用。

5G 为移动物联网提供了可能性，让服务于设备边缘侧的计算能力显得更加重要。通过 5G 实验应用，如无人机巡逻、4 kB/8 kB 高清视频传送、VR 等，可以进一步提高服务品质和效率。

2 平台建设思路

2.1 资产数据化

资产数字化的关键是建立核心数据库，将建筑数据与其他业务数据（设备数据、电气数据、企业数据、人员数据等）进行关联，并将静态数据（属性库）、业务流程数据、动态监测数据（状态库）与BIM模型进行关联，通过BIM模型可调取某一设备当前的监测数据以及关联的其他数据，为多维度数据管理和联动响应提供数据支撑。

资产数字化主要包涵：建筑、设备等资产数字化、位置空间化；建筑、设备、人员、企业等信息的逻辑关联；信息关联制定的统一编码体系。

2.2 管理可视化

借助BIM技术，使项目在规划、设计、施工和运营维护的全过程中能够实现信息充分共享、无损传递，使工程技术和管理人员能够对各种信息做出高效、正确地理解和应对，为多方协同参与的工作提供坚实基础，并为项目从概念到运营全生命期中各参与方的决策提供可靠依据。

建筑中包含空调系统、给排水系统、照明系统、安防系统、消防系统、电梯系统、网络设备等。相关设备设施在BIM模型中以3D模型形式展现，从中可以直观地查看它们分布的位置，方便管理者对这些设施设备进行定位管理。

总控平台通过集成3大分控平台，打通各个专业间的信息孤岛，形成完善的数据分析及共享模式。

总控平台实行可视化管理，构建了全面且精细的运维服务体系，包括多样的数据可视化、完备的模型信息展示、实时的数据采集及报警系统、灵活的动态视角定位、系统结构展示等功能。3D环境下的BIM数据可视化交互展示将BIM与建筑运维、园区运营相结合，为日常运营、运维作业提供数据服务，为经营管理决策提供可视化数据。

2.3 运维精细化

精细化运维管理是对数字资产的全生命周期管理。运维期间，精细化主要体现在可见、可控、可预测、可联动控制上。精细化运维管理以绿色建筑和以人为本为目标，与物联网、移动互联网、大数据、人工智能（AI）等高新技术融合，通过3D可视化、建筑数字化、运维自动化，实现智慧园区的精细化运维和管控。

精细化运维以园区核心数据库为数据支撑，同时将BIM管理、楼控管理、网络管理、安防、公共服务等平台集成后产生的新多项业务功能模块（BIM模型管理、运行管理、资产管理、维保管理、能耗管理、物业管理、消防管理、应急管理等）叠加在BIM模型上，通过三维可视化的方式向管理人员和运维人员提供直观的管理和操作手段，通常有2种操作模式：

（1）根据物业之前的管理经验，由物业提出一套可行的运维体系，包括业务流程、管理流程等，结合这套方案再进行定制。

（2）物业公司在已使用的成熟运维系统基础上提出建议，再根据系统进行调整。

通过智慧化运维可实现以下功能：

（1）节能管理

通过精细化感知手段、节能模型计算，精确控制设备运行状态，实现精确能耗管理，达到节能效果。

（2）全生命周期管理

维、修兼备，降低设备、备品备件的消耗、损耗。数字化运维流程，提高运维团队工作效率。节省大楼运行费用。

2.4 运营智慧化

对核心数据库形成的海量数据进行智能数据采集和分析，建立智慧园区运营的全息画像，为园区运营"数据把脉"，可以在公共服务、政策扶持、产业匹配、资源配套、招商推广等领域帮助运营者制定策略，助力园区运营更加智能。

通过高层次智慧化应用构建全面、精准、多维的用户画像体系；基于用户特征的个性化推荐，实现营销目标精准化；提供完整的营销解决方案；精准匹配，提高园区智慧化运营水平。

2.5 服务人性化

通过对核心数据库形成的海量数据进行智能数据采集和分析，建立智慧园区的全息服务画像（企业画像、人员画像、其他信息），为园区企业和员工提供个性化服务，涵盖信息互联、安全防范、生活服务、公共服务、智能服务等领域，满足企业的差异化办公需求，以及员工的生活文化娱乐需求。

通过高层次智慧化应用，为园区各类群体提供精准服务；提供舒适、便捷、安全、绿色等办公生活环境；提高园区智慧化服务水平。

2.6 5G应用场景

为打造5G科技应用示范园区，开展了以下5G典型示范应用：

1）智慧树

应用于特定场合，集环境监测、无线通信、视频监控、智能照明、广播、智能充电桩、信息互动等功能于一体，实现万物广泛互联、人机深度交互。此项目主要于室外智慧路灯杆、智能停车等小范围试点。

2）智能环境监测

包括温湿度监测、水质监测、土壤监测、PM 2.5监测等，主要是对园区楼顶平台的露天绿化以及绿色种植进行实时环境监测，尽一切可能创造出更大的绿化空间和更高的经济价值。

3 平台框架设计

3.1 平台框架设计

见图 1-37。

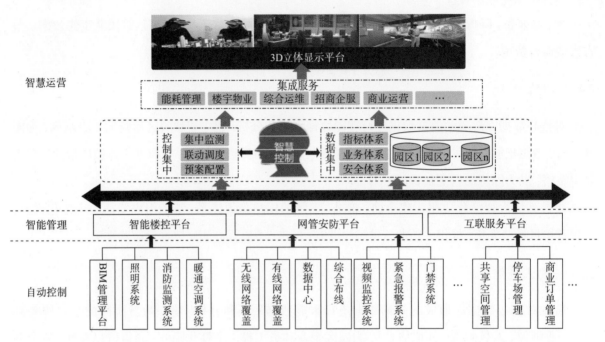

图 1-37 平台框架设计

3.2 平台功能设计

1）运营管理平台

基于 BIM 的运营管理平台涵盖建设和运营两阶段的管理。

首先，在项目规划、设计、施工等各建设阶段，为项目建设提供技术支撑、数据支撑和协同支撑，有效提升项目在进度管理、成本管控、安全管理等方面的质量和效率；实现全过程精细化管理、动态管理。

其次，在运营阶段，为园区规划、招商、资产管理等业务需求提供内部一体化管理；有效结合 BIM、自动化、智能化、信息化系统实现人、物、设备设施等全方位管理与实时监控；整合多方资源为园区管理者、园区运营者、园区企业、园区人员提供优质服务。

2）楼控平台

智慧园区楼宇自控系统是一个高起点、面向未来发展的自控系统，主要对大楼内机电设备，包括冷热源机组系统、空调系统、送排风系统、给排水系统、变配电系统、电梯系统、电力系统、室外景观照明等实施控制和管理。

3）智能化平台

园区智能化平台包括园区信息网、私有云、安防管理以及一体化调度指挥中心。

主要功能有信息网络覆盖、私有云、安防管理。

关键技术有柔性网络、SDN 应用、虚拟化（计算、存储、网络）、云计算等。

4）信息化平台

信息化平台主要面向企业、员工、物业。根据管委会、企业、员工、物业、配套服务商等的需求和相互关系，利用物联网、移动互联、大数据、AI 等技术手段，通过管理系统集成和服务系统集成，实现流程优化、资源整合，为管理方提供一体化服务、为企业提供伙伴式服务、为员工提供多元化服务。

通过互联网联接园区企业发展的全要素，建立各环节、部门、人员之间的互相连接。借助互联网高效、便捷的特点，让生态中各要素彼此协同，提升工作和管理效率，以服务促进企业发展。

4 总结和展望

智慧园区的顶层设计应以满足政府、园区管理委员会、入驻企业、公众的需求为目标，确定智慧园区顶层设计的业务范围，运用相互联系的多种技术形成所需的业务功能和应用，按需进行个性化定制，充分满足各方需要，在更高视野上发现机会与问题，制订相适应的策略，更好地满足各方需求。

同时，借鉴国际先进案例，与互联网思维深度渗透融合，用大数据思维提高"智慧"层次，挖掘出大数据背后的潜在价值，为园区各层次管理者提供决策支撑，为各维度用户提供智能和便利的信息服务。

作者简介

徐洪彬，男，1965 年 10 月生，江苏启东人。南京聚立科技股份有限公司，高级工程师，董事长。研究方向：智能建筑、人工智能。电子邮箱：xhbjs@163.com。

徐湖滨，男，1983 年 8 月生，江苏丹阳人。南京聚立科技股份有限公司，本科，副总工程师，高级工程师。研究方向：建筑智能化工程、智慧园区、智慧酒店工程等。电子邮箱：13813965623@163.com。

崔磊，男，1984 年 7 月生，江苏徐州人。南京聚立科技股份有限公司，本科。研究方向：建筑智能化工程、智慧园区、智慧商业工程等。电子邮箱：429201219@qq.com。

基于停车普查和信息系统的城市停车供需特征研究
——以西宁市为例

吴才锐,李铭,汪益纯

(江苏省城市规划设计研究院,江苏 南京 210096)

摘要:停车普查是城市停车设施规划的基础,是量化分析停车供需的依据。《城市停车设施规划导则》(2015)明确要求城市开展停车普查工作,注重发挥停车的交通需求管理作用,同时也要优先保障基本车位的供应。传统的抽样调查数据,难以满足《导则》的要求。本篇以西宁市为例,首先介绍了停车基础数据调查;其次,详细分析了城市基本停车和出行停车的供需规模和结构、缺口成因;最后,进行了其他辅助分析。旨在探索基于新的数据维度和信息手段的停车供需分析思路和方法。

关键词:停车普查;基本停车;出行停车

1 引言

停车普查是城市停车设施规划的基础,是量化分析停车供需的依据。传统的城市停车系统规划往往因为对停车现状数据把握不全面,针对基本停车和出行停车的供需总量、解决方式、供给缺口、缺口成因等方面的分析不够细化,进而对于方案阶段的定量分析支撑不足。2015年,住房和城乡建设部印发《城市停车设施规划导则》,要求各城市应每5年进行1次全市性普查,重点普查城市集中建设区,每年可根据需要进行局部地区的专项调查。停车普查主要内容包括停车设施调查、停车特征调查、相关资料收集、规划实施评估等。停车普查结果应纳入统一的城市停车泊位信息数据库进行存档管理,为建立停车泊位备案登记制度提供基础资料,并定期更新新增或调整的停车泊位,实现对停车设施资源的动态管理。

2015年,为加强对西宁市现状停车设施位置、数量等基础信息的掌握,了解停车设施的使用和管理情况,进一步对西宁市现状停车供需矛盾及其他停车问题进行细化分析,西宁市开展了针对中心城区停车基础设施的普查。结合西宁市停车设施普查结果,通过引入GIS技术,建立停车设施信息系统,为停车资源调查与规划项目提供了强大的空间数据处理、分析、管理能力以及强大的检索查询功能和数据维护能力,为在公共停车资源管理过程中及时获取信息和进行决策分析提供了一个有效的工作平台。利用GIS软件可极大地提高数据管理、数据质检、查询统计、输出打印等工作的效率,并便于后期数据的持续更新,帮助政府彻底摸清西宁中心城区现状停车泊位的数量及分布,辅助其停车规划编制以及规划决策。

2 基础数据调查

2.1 调查要求

《城市停车设施规划导则》明确了停车设施调查的要求。停车设施调查的内容应包括：现状停车场的分布、现状停车场的规模（每个停车场的车位数和占地面积）、现状停车场的形式及构成、停车场的收费情况、建筑物配建停车位的标准及使用情况、停车场的建设方式及经营管理主体、停车场附近的交通状况、停车场附近的环境条件、停车场的服务对象及范围等。停车普查结果应统一纳入城市停车泊位信息数据库进行存档管理。

西宁市在《城市停车设施规划导则》对停车设施调查的指导要求下，利用现有资料和现场实地问询、踏勘的方法，开展了针对集中建成区即中心城区范围内的停车设施现状基本情况的普查。根据停车设施的普查结果数据，利用 ArcGIS 建立了停车设施信息管理系统，便于后续进行数据的存储、发布、统计分析以及更新维护管理。同时在中心城区范围内，利用抽样调查开展了分片区、分类型的停车设施使用特征调查。

2.2 调查对象

根据西宁市停车设施的供给特点，结合现有国内外对停车设施类型划分的基本情况，将停车设施分为五种基本类型，分门别类地进行基本信息普查。具体包括建筑物配建、路外公共、建筑后退（路侧）、路内公共停车设施；根据主要是满足基本车位需求还是出行车位需求这一前提条件，将建筑物配建停车进一步细分为居住建筑物配建停车设施和公建建筑物配建停车设施。

1）居住建筑物配建停车设施

建筑物配建停车设施指建筑物依据建筑物配建停车位标准所附设的、面向本建筑物使用者和公众服务的、供机动车停放的停车场。一般设置在居住小区的建筑或地块内部，利用围墙与外界区分，采用地下或地面形式。

2）公建建筑物配建停车设施

公建建筑物配建停车设施是指设置在居住小区以外的其他各种类型的建筑或地块内部的停车场，如商场、办公、医院、学校等类型建筑物的停车场。通过围墙与外界区分，采用地下或地面形式。

3）路外公共停车设施

路外公共停车设施指位于道路红线以外的、面向公众服务的、供机动车停放的停车场。通常是有独立用地的专门停车场地，主要采用地面或地上立体停车形式。

4）建筑后退（路侧）停车设施

是指在道路红线以外、利用建筑后退设置的停车场地，一般为地面形式。

5）路内公共停车设施

是指在道路红线以内划设的、面向公众服务的、供机动车停放的停车空间。通常是在机动车道或人行道上划定的，一般为地面形式。

2.3 调查方法及内容

基础数据调查采用资料收集和问卷调查两种方式进行。

1）资料收集

资料收集主要收集两部分的资料：一是收集作为停车调查工作开展基础的底图资料，包括地形图、航拍影像图、现状用地图、现状道路网络图等多种城市地理基础资料；二是按照停车设施管辖部门，收集不同类型停车设施的备案资料，如收集规划局的地块建筑设计总图，获取建筑物的停车配建信息；收集交警部门路内停车的资料，获取路内停车的空间分布、数量及收费等信息。对于资料收集之后尚未得到的停车设施数据，主要包括路侧停车设施和2010年以前的建筑停车配建、2010年以后尚有缺失的建筑物配建信息，开展整个中心城区范围内的普查，以保证获取完整的停车设施数据。

2）实地踏勘及问卷调查

通过调查员实地踏勘的方法获取停车设施数据。调查员利用事先设计好的调查表格，对建筑配建、路外公共、路侧、路内停车设施的管理员进行询问，完成表格问卷的填写。

居住小区停车调查内容主要包括小区基本情况、夜间停车状况、停车收费状况等，调查数据有物业小区通过询问物业管理人员获得，无物业的小区通过现场踏勘获得。

公共建筑停车调查内容包括建筑物基本信息、白天高峰时段及夜间停车数、停车收费状况等，调查数据一般通过询问建筑管理人员获得。将路外公共停车设施并入公共建筑内交通设施用地。

路侧与路内停车调查合并进行，主要调查施划泊位数、实际停放数、停车收费标准、管理主体等内容，调查数据通过现场踏勘获得。

3）调查结果

西宁市停车基础数据调查时间为期15天，调查人员达60余人。经后期数据录入及处理后，共收集到3 055条停车设施数据。其中，居住建筑配建停车设施数据849条，公建建筑配建停车设施数据1 151条，路外公共停车设施数据31条，路侧停车设施数据863条，路内停车设施数据161条。调查数据覆盖了整个西宁市中心城区现状建设的用地范围，实现了对现状西宁市中心城区停车设施数据的全面普查，对于了解西宁市中心城区停车设施供需现状以及停车信息系统基础数据均起到了极大的基础性支撑作用。

3 供需特征分析

3.1 供给总量与结构

1）供给总量

中心城区共有各类停车泊位2 412处，总计221 111个。其中，现状路侧停车220处，泊位

12 257 个；路内公共停车 154 处，泊位 5 795 个；路外公共停车 36 处，泊位 12 846 个；建筑配建停车 2 002 处，泊位 190 213 个，见表 1-6。

表 1-6 西宁市中心城区现状停车总量

	路侧停车	路内停车	路外停车	配建停车	合计
个数（处）	220	154	36	2 002	2 412
泊位数（个）	12 257	5 795	12 846	190 213	221 111

2）供应结构

从供应结构来看，中心城区现状路侧停车泊位 12 257 个，路内公共停车泊位 5 795 个，路外公共泊位 12 846 个，配建车位 190 213 个，分别占到总泊位数的 5.5%、2.6%、5.8% 和 86.1%，如图 1-38 所示。

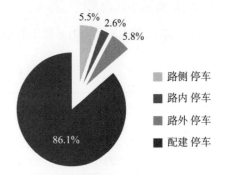

图 1-38 西宁市中心城区现状停车供应结构分布情况

3.2 基本停车分析

1）解决方式

西宁市中心城区私人汽车基本停车需求约 20 万个，居住小区内部解决 15.6 万个，其中居住小区配建解决 11.2 万个，居住小区内部挖潜 4.4 万个，见图 1-39。公共建筑共享 1.5 万个，路内停车 1.1 万个，路侧停车 1.3 万个，路外公共停车 0.5 万个。

依据停车系统调查数据可知，城市总体基本停车需求解决方式结构为路内停车 5.5%，路侧停车 6.5%，路外公共停车 2.5%，公共建筑配建共享停车 7.62%，居住小区划线停车 56.13%，居住小区内部挖潜 21.76%。基本停车需求主要通过小区内部空间解决，见图 1-40。

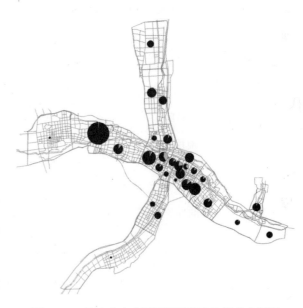

图 1-39 西宁市中心城区现状停车比例分小区图

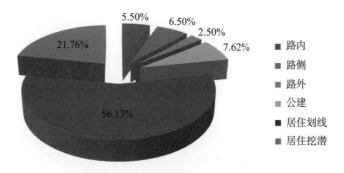

图 1-40 基本停车解决方式结构图

2）规范设置缺口分析

梳理现状分方式停车情况，剔除路内违章停车、规范设置路侧停车（剔除7 m以下路侧空间内停车）、折减小区内部挖潜停车，西宁市基本停车供给缺口约2万个。其中十字街商业中心片区和海湖新区缺口较大，分别为8 625个和6 098个，见表1-7。

表1-7 分片区基本停车规范设置缺口分析表

大区名称	基本需求（个）	缺口（个）
西川新城中心	221	0
西钢片区	6 406	0
海湖新区	33 581	6 098
城西核心区	30 458	3 065
十字街商业中心片区	69 491	8 625
东川工业园	5 796	194
火车站片区	7 552	1 980
城北商贸综合区	19 595	2 190
生物产业科技园	6 398	179
青海教育园区	229	0
南川片区	11 820	1 365
城南片区	8 453	769
总计	200 000	24 465

依据十字街商业中心片区基本车位缺口分析可知，十字街商业中心片区基本车位规范设置后缺口较大的原因在于：路内违停较多、路侧不规范停车较多、居住区内部挖潜不规范停车较多，见表1-8。

表1-8 十字街商业中心片区基本车位解决方式一览表

方式	路内	路侧	公建共享	路外	居住划线	居住挖潜
停放数（辆）	4 538	6 304	7 500	2 043	34 900	14 206

海湖新区基本车位供给约3.5万个，基本车位需求3.36万个，供给略大于需求，但海湖新区多数新建居住小区车位"只售不租"，停放率较低，约45%。较低的小区内部停车率是海湖新区基本车位缺口大的主要原因。

3.3 出行停车分析

1）解决方式

出行车位包括办公、商业等公共建筑配建的车位，以及路外、路内公共停车位，主要满足车辆使用引起的停车需求。中心城区出行停车需求约6.9万个，公共建筑解决约3.2万个。其中，公建划线2.5万个，公建挖潜0.7万个，路内停车0.9万个，路侧停车2.3万个，路外公共0.5万个。

中心城区总体出行车位解决方式结构为：路内停车13.53%，路侧停车32.58%，公共建筑配建划线停车37.04%，公共配建内部挖潜9.59%，路外公共停车7.25%，见表1-9。

表1-9 中心城区出行停车需求解决方式一览表

方式	路内	路侧	公建划线	公建挖潜	路外公共
车位（个）	9 341	22 488	25 569	6 620	5 005
结构	13.53%	32.58%	37.04%	9.59%	7.25%

2）规范设置缺口分析

梳理现状分方式出行停车情况，剔除路内违章停车、规范设置路侧停车（剔除7m以下路侧空间内停车）、折减公共建筑内部挖潜停车，中心城区出行停车供给缺口约2.2万个。其中十字街商业中心片区、城西核心区缺口较大，见表1-10。

表1-10 分片区出行停车规范设置缺口分析表

大区名称	出行需求（个）	缺口（个）
西川新城中心	51	51
西钢片区	699	91
海湖新区	5 475	2 808
城西核心区	16 446	5 899
十字街商业中心片区	28 910	8 538
东川工业园	2 700	480
火车站片区	4 484	1 292
城北商贸综合区	4 410	1 485
生物产业科技园	2 853	765
青海教育园区	20	20
南川片区	1 654	330
城南片区	1 299	666
总计	69 023	22 425

核心区出行车位缺口较大的原因在于路侧不规范停车过多，其中城西核心区4 402辆，十字街商业中心片区6 106辆；存在路内违停现象，城西核心区690辆，十字街商业中心片区1 373辆；公建停车场停放率不高，核心区平均停车率约65%，见表1-11。

表 1-11 核心区出行停车解决方式一览表

片区	出行车位划分（辆）				
	路内划线	路侧规范	路外公共	公建划线	公建折减
城西核心区	2 581	7 125	335	4 881	1 027
十字街商业中心片区	3 915	9 009	1 724	10 970	3 191

3）供需总量分析

从供需总量上看，出行车位总供给约 8.1 万个，总需求约 6.9 万个，总体供大于需。但十字街商业中心片区出行车位供给缺口较大，约为 3 000 个，见表 1-12。

表 1-12 分片区出行停车供需一览表

大区名称	出行供给（个）	出行需求（个）	差额（个）
西川新城中心	813	51	-762
西钢片区	5 586	699	-4 887
海湖新区	8 065	5 475	-2 590
城西核心区	17 113	16 446	-667
十字街商业中心片区	25 811	28 910	3 099
东川工业园	4 544	2 700	-1 844
火车站片区	5 025	4 484	-541
城北商贸综合区	3 854	4 410	556
生物产业科技园	6 108	2 853	-3 255
青海教育园区	60	20	-40
南川片区	2 605	1 654	-951
城南片区	1 354	1 299	-55
总计	80 931	69 023	-11 908

4）覆盖率分析

公建停车场覆盖率为公共建筑停车场每 200 m² 覆盖面积与商业、公共建筑、工业等用地的比值，分为对外开放覆盖率和全部覆盖率 2 种类型，见表 1-13。中心城区对外开放公建配建停车场平均覆盖率 71%，全部公建配建停车场平均覆盖率 86%。对外开放部分，核心区覆盖率较高，外围片区总体上覆盖率相对较低。

表 1-13 分片区出行停车覆盖率一览表

片区	对外开放覆盖率	全部覆盖率
西川新城中心	3.67%	81.00%
西钢片区	53.21%	90.27%

（续表）

片区	对外开放覆盖率	全部覆盖率
海湖新区	94.69%	95.63%
城西核心区	97.02%	98.26%
十字街商业中心片区	74.91%	88.40%
东川工业园	36.02%	88.89%
火车站片区	78.57%	81.46%
城北商贸综合区	92.78%	95.33%
生物产业科技园	81.77%	85.23%
青海教育园区	99.55%	99.55%
南川片区	22.45%	67.69%
城南片区	8.90%	67.64%

5）停车场规模分析

部分停车场规模偏大，有12个500个泊位以上的公建停车场，总计车位数1.7万个，占公建配建停车场的31%，见表1-14。

表1-14 中心城区500个泊位以上的公共建筑停车场一览表

建筑名称	车位数（个）	小区（个）
青海国际会展中心	528	14
新千房产	3 037	26
泰阳国际商贸中心	500	24
青海华联	800	20
华德大厦	580	20
西宁市体育馆	1 260	20
金座大酒店	1 440	3
西宁市大剧院	1 200	3
青海省体育馆	934	3
青海恒业焊接技术培训中心	2 000	5
西宁新华联购物中心	980	3
新宁广场	910	11
佳豪国际	600	11
西宁万达广场	2 000	3
合计	16 769	

4 结束语

《城市停车设施规划导则》明确要求注重发挥停车的交通需求管理作用，同时又要优先保障基本车位的供应。传统的抽样调查数据，难以满足《城市停车设施规划导则》的要求。详细的停车普查数据和停车信息系统辅助分析使得停车系统规划的现状分析相较于传统分析更加翔实。基本停车和出行停车的供给规模和结构与现实情况一致，对基本停车和出行停车的解决方式和缺口分析突破了传统规划数据缺乏的限制，使得后期停车配建标准的制定、公共停车场的分片区功能明确和布局有了科学的定量支撑。

参考文献

[1] 住房和城乡建设部.城市停车设施规划导则[S].中国城市规划年会，2015.
[2] 江苏省城市交通规划研究中心.西宁市停车系统规划[R].2015.

作者简介

吴才锐，男，1985年01月生，江苏南京人。江苏省城市规划设计研究院，硕士，国家注册城市规划师、高级工程师。联系电话：13814116285，电子邮箱：335325430@qq.com。

李铭，男，1980年12月生，江苏南京人。江苏省城市规划设计研究院，博士，城市与交通所副所长、研究员级高级工程师。

汪益纯，女，1986年10月生，湖南张家界人。江苏省城市规划设计研究院，工程师、硕士。

车路协同发展情况、技术及产业发展研究

李子龙　周岩

（苏交科集团股份有限公司，江苏　南京　210000）

摘要：2020年4月24日，交通部公开发布了《公路工程适应自动驾驶附属设施总体技术规范（征求意见稿）》（下称《意见稿》），这是国家层面首次出台了自动驾驶相关的公路技术规范。《意见稿》强调我国自动驾驶已经进入产业化前期，为更好地支撑车辆在现有道路上部分或完全自动化运行，制定针对自动驾驶公路附属设施方面的技术规范，具有重要意义。车路协同是自动驾驶从单车智能转向车车智能、车路智能的重要技术门槛，同时也蕴含着万亿级产业市场，是我国发展交通领域新基建的战略任务。本篇从车路协同的发展现状、主要技术、产业发展几个方面进行总结和分析，为车路协同进入发展快车道献计献策。

关键词：车路协同；自动驾驶

1　车路协同的含义

车路协同主要运用的技术手段包括无线通信、物联网、传感探测、大数据等，以实现道路交通车车信息、车路信息、车人信息实时共享和交互，即把道路状况通过广播传递给车辆，车辆收到信息后触发相应指令操作，完成车辆在道路上的安全、正常驾驶。

2　车路协同的关键技术

在车路协同系统中，所有交通要素的状态信息都实施了数字化采集，同时通过移动通信技术进行快速交换。车路协同系统的关键技术包括：车用无线通信（V2X）技术、路侧全域感知技术、高精度定位技术、分级云控技术。

1）V2X技术

V2X是将车辆与一切事物相连接的新一代信息通信技术。V2X技术可以保障100 ms以内的传输时延，不依赖基站覆盖进行直连通信，提供高效的广播机制，是一种非常适合车路间通信的技术。目前，国际上主流的V2X技术有电气和电子工程师协会标准（IEEE 802.11p）和蜂窝车用无线通信（C-V2X）两条技术路线。和IEEE 802.11p相比，C-V2X有两方面的优势：用户间干扰小，支持的并发用户数更多；有效通信距离大，可以给驾驶员提供更长的刹车反应时间。

V2X基础应用的信息交互有：闯红灯预警、基于信号灯的车速引导、超速告警、公交车道预警、

限速预警、前方拥堵提醒、道路危险状况提示、车载标牌等。

V2X 其他应用的信息交互有：前向碰撞预警、交叉路口碰撞预警、左转辅助、车辆盲区/变道预警、紧急制动预警、异常车辆提醒、电单车出没预警、盲区行人穿越预警、匝道车辆汇入预警、综合信息提醒等，见图 1-41。

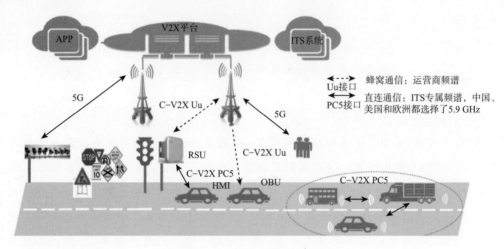

图 1-41　V2X 技术信号传输

2）路侧全域感知技术

在 V2X 技术的支持下，浮动车技术将成为路侧传感的有效补充。公共车辆（如公交车、出租车、交警车辆、道路养护车辆）上可加装感知设备，对交通状态信息进行采集并通过 V2X 技术实时汇聚到路侧，与路侧传感直接感知到的信息进行融合。此外，随着 V2X 车载设备渗透率不断提高，已安装车载设备的车辆的状态信息也可以通过 V2X 准确获取，与传感器采集的信息相互印证。

3）高精度定位技术

高精度定位技术是实现车路协同的基础，其在获取车辆准确位置的基础上，提供各种安全预警应用和个性化的交通信息服务。在高精度定位的基础上构建城市高精地图可使精度达到亚米级，更可清楚展现车道内的详细情况。目前国内主流的地图厂家、北斗等公司都在提高高精定位实力，见图 1-42。

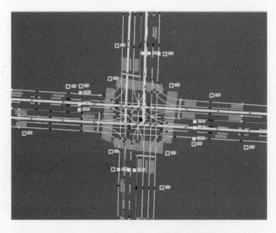

图 1-42　高精地图道路元素解析

4）分级云控技术

边缘云控利用移动边缘计算（MEC）技术将计算、决策能力向网络边缘进行迁移，实现局部交通协同的分布式、本地化部署，进而可以通过V2X技术为区域内行驶的车辆提供低延时车路协同服务。MEC移动边缘计算是一种基于移动通信网络的全新分布式计算方式，构建在无线接入网（Radio Access Network，RAN）的云服务环境中。MEC技术通过使特定网络应用服务功能脱离核心网络，实现节省成本、降低延时和往返时间（RTT）、优化流量、增强物理安全和缓存效率等目标。

5G-V2X系统需要处理海量的实时数据，安全的车辆行驶服务需要在毫秒级延时的情况下通知智能网联汽车采取措施，而传统的中心计算方式无法保证车路、车车、车人协同的时效性。分级云控技术将云端的计算负荷整合到边缘层，在边缘计算节点（ECN）完成绝大部分的计算，并通过LTE-V/5G RSU路侧单元等传输手段，将实时结果发送给安装OBU车载单元的智能网联汽车，实现车路、车车、车人协同的应用功能。

3 车路协同在国内发展情况

车路协同产业是汽车、道路交通、信息通信等行业深度融合的新型产业形态，是近几年物联网体系中最有潜力、市场需求最明确的产业之一。

国际上，下一代移动通信网（NGMN）、5G汽车联盟（5GAA）均积极推进发展C-V2X技术。NGMN于2016年成立V2X工作组，主要针对LTE-V2X的应用场景、性能分析、商业价值等内容进行研究，充分证明了C-V2X的技术先进性，同时也促进了全球的通信企业支持C-V2X技术车联网的共识，并对整个车联网的商用化部署提供了指导建议。5GAA充分吸引产业各方的支持，积极与3GPP、欧洲电信标准化协会（ETSI）等标准化组织进行技术交流，同时向欧盟委员会展示C-V2X技术的先进性，成功推动欧盟理事会否决仅使用ITS-G5技术实现车联网应用的决定，为C-V2X的应用发展赢取空间。

在国内，政府、产业各方正大力推进C-V2X技术发展，加速建立完善的端到端产业体系。在LTE-V2X方面，国内产品已覆盖芯片、模组、车载终端、路侧终端、平台、应用等端到端的全产业链产品。为推进车联网产业和应用落地，工信部、交通部、公安部设立30多个应用示范区，在北京、上海、重庆等地建立了多场景、多环境的测试场，验证C-V2X端到端的关键技术，积极开展车联网业务的规模示范应用，探索车联网可行的商业模式。在5G-V2X方面，早在2017年，中国移动等在上海实现首个5G远程遥控驾驶，并在2018年世界移动通信大会（MWC）期间演示了5G远程自动编队驾驶。随着高通等5G芯片的陆续发布，移远、LG等纷纷发布5G车载模组。我国从2018年底到2019年初陆续部署5G NReMBB网络，3大运营商已于2019年10月31日正式上线5G商用套餐。

总体来看，国内外基于LTE-V2X的车联网端到端技术、产品、应用、测试已成熟，已具备预商用条件；而基于5G-V2X的车联网技术、标准及产品仍在推进中，有待后续进一步的技术验证及测试。

4 国内自动驾驶产业市场发展情况

1) ADAS 系统市场发展分析

ADAS（Advanced Driver Assistance System），即"高级驾驶辅助系统"，是利用安装在车上的各式各样传感器（毫米波雷达、激光雷达、单/双目摄像头以及卫星导航），在汽车行驶过程中随时感应周围的环境，收集数据，进行静态、动态物体的辨识、侦测与追踪，并结合导航仪地图数据进行系统的运算与分析，从而让驾驶者预先察觉到可能发生的危险，有效增加汽车驾驶的舒适性和安全性。目前，相较于车身电子的多数产品类别已经进入成熟期和衰退期，ADAS 还处于导入期和成长期，应用并不普遍但具有较高的成长性，利润率也相应较高。由于成本较高，现阶段 ADAS 系统在中国的装配率较低，一般仅限于 40 万元以上的豪华车和某些高档车，整体渗透率在 6% 左右，未来有较大的提升空间。

ADAS 是无人驾驶的必经之路。据国家统计局的数据显示，2017 年我国汽车保有量为 2.17 亿辆，但其中超过 80% 的车型为 20 万元以下的中低端车型，这部分汽车几乎都未安装 ADAS 设备，市场空间巨大。无人驾驶系统由传感器、处理器、执行器组成，其中信息处理算法最为关键。ADAS 国内渗透率低，成长空间大。随着汽车从被动安全到主动安全，ADAS 系统需求有望迎来快速发展。

2) 传感器市场发展分析

传感层作为自动驾驶汽车的眼睛，是决定自动驾驶汽车智能性高低的关键因素。多种传感器构成自动驾驶车辆的感知系统，卫星高精度定位系统为其中之一。卫星自动驾驶的传感器主要有卫星高精度定位系统、激光雷达、视觉摄像头、毫米波雷达、超声波雷达、高精度惯导等，其各具备不同的优势和缺陷，因此通常采取多种传感器结合使用的方法。其中，激光雷达为目前自动驾驶系统中最常用的传感器之一，其相对探测精度可达到毫米级，探测距离能达到百米级。虽然目前设备的价格逐渐下降，但其成本依然较为昂贵，不适用于未来自动驾驶车辆大规模生产见图 1-43。

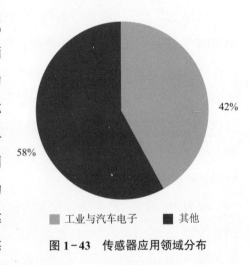

图 1-43 传感器应用领域分布

3) 高精地图市场发展分析

高精地图是无人驾驶的必备组件，高精地图主要有 3 大功能：地图匹配、辅助环境感知和路径规划。高精地图可以将车辆位置精准地定位于车道之上，帮助车辆获取更为准确、有效、全面地获取当前位置交通状况并为无人车规划制定最优路线。对 L3/L4 甚至更高级别的自动驾驶汽车而言，高精地图已成刚需。

高精地图在无人驾驶领域具有不可替代性，且最近几年国家开始逐步放宽对地图产业发展的政策限制，地图产业的发展备受重视。地图产业涉及国家机密，因此各类国外地图商被拒之门外，为国内高精地图企业创造了稳定发展的契机。未来，高精地图产业有望快速发展，为中国发展无人驾驶汽车领域打下厚实的基础。

5 结束语

2020年开始，长沙、上海、北京、广州都已经落地开放场地自动驾驶相关项目和示范应用，将封闭场测试逐步转向开放场。车路协同的成熟应用是真正实现开放自动驾驶的根本前提，但目前在延迟性、信息传输安全性等方面还存在一定差距，需要相关政策和技术的进一步支持和升级。可以预见，车路协同将推动自动驾驶市场化，全面带动技术、产业、资本的聚集。

参考文献

[1] 中国公路学会自动驾驶工作委员会.车路协同自动驾驶发展报告[R].世界交通运输大会协同自动驶国际论坛，2019.

[2] 张小俊，郭剑锐，郭蓬，等.面向智能驾驶的V2X测试方法研究[J].汽车电器，2020(5)：1-5.

[3] 周桥立，李睿硕.基于车路协同的开放道路应用场景落地研究[J].信息通信，2020，33(2)：19-31.

[4] 张杰.C-V2X与智能车路协同技术的深度融合[J].中兴通讯技术，2020，26(1)：19-24.

[5] 前瞻产业研究院.2019年中国自动驾驶行业发展研究报告[R].2019.

作者简介

李子龙，男，1992年10月生，山东日照人。苏交科集团股份有限公司，信息工程学士学位，三级工程师，智慧城市高级咨询顾问。有5年IT大数据咨询设计和解决方案工作经验，近年一直致力于智能交通、车路协同技术及产业落地发展研究和市场推广工作。通信地址：江苏省南京市建邺区富春江东街8号。联系电话：18795985292，电子邮箱：lzl885@jsti.com。

周岩，女，1995年11月生，河南洛阳人。苏交科集团股份有限公司，交通运输规划与管理硕士学位，四级工程师。主要从事智慧交通、交通大数据等领域相关咨询设计工作。通信地址：江苏省南京市建邺区富春江东街8号。联系电话：18694987224，电子邮箱：zy952@jsti.com。

现代化智慧港口建设探索

王仁国，刘志

（苏交科集团股份有限公司，江苏 南京 210019）

摘要： 在中国外贸经济飞速发展的大时代背景下，港口作为对外贸易的物流中转站，其传统的作业方式已经很难满足发展的需要。本篇以打造"绿色、环保、高效"的智慧港口为建设目标，利用当今"5G通信""互联网+""大数据""云计算"新技术，探索实现港口自动化、智能化的持续产业升级方案。

关键词： 自动化；智能化；5G；港口智慧运营平台；港口大数据

1 引言

港口是国家对外经贸往来的门户，是国际船舶安全进出和停泊的运输枢纽，承载国际贸易交往中各类产品和资源物资的集散运营，在促进国际贸易交流和地区经济发展中起着举足轻重的作用。传统港口高度依赖企业工人实地操作，进行港口集装箱起重装卸、港口货物物流运输等；港口现场工作环境恶劣、劳动强度大，繁重的工作常常导致港口人力资源短缺，很难满足全球海运快速发展的需求。港口的自动化、智能化已成为全球港口的共同诉求。

在当今"5G通信""互联网+""大数据""云计算"新技术浪潮席卷而来的时代背景下，港口正依托这些新技术进行数字化、自动化转型升级。5G作为第五代通信技术具有超高的可靠性、极低的时延、超高的网络承载力，是港口智慧化升级的利器，国内相关科技企业均在积极利用5G技术打造"绿色、环保、高效"的智慧港口，以实现港口自动化、智能化的持续产业升级。

2 国内港口现状

在当前全球经济一体化发展的背景下，国内港口也正飞速发展，但是国内港口也存在不少问题，难以支撑现有港口业务的发展，主要表现为港口自动化程度不高、作业效率低、港口运营操作流程数字化和信息化程度低以及港口货物仓储管理、物流管理信息化程度低，其现状如图1-44所示。

（a）自动化程度低　　　　　　　（b）信息化操作程度低

图 1-44　国内港口现有问题

2.1　作业效率低

因港口机械、货物、船的种类较多，当前港口现场作业方式各异。作为港口业务核心的集装箱业务，其卸载和运输主要以工人现场作业为主，企业人员素质水平参差不齐，环境现场变化大且错综复杂，港口作业的安全要求高，这就使港口的管理与业务运营变得十分复杂，很多资源无法协调利用，造成了港口作业效率相对较低。

2.2　信息化程度低

运营信息数字化程度低表现在当前港口企业作业流动分散、操作多样、劳动密集度高、露天工作、人机共有、昼夜连续作业等问题上，这就造成了港口企业对工作数据统计困难的现状，港口精细化管理对港口作业信息精确数字化提出了更多迫切需要改进的需求。

港口仓储物流信息化管理程度低主要表现在当前多数港口采用一般的管理方式出入库。基于此因，仓库管理的物资种类数量在不断增加、出入库频率剧增，而仓库管理作业已十分复杂和多样化。因此，为应对港口仓储物流的即时和内部信息共享管理，对仓储物流信息化管理提出了更多的新的技术需求。

2.3　基础设施落后

当前国内港口运营的基础设施比较落后，例如基础通信网络存在着信号干扰、覆盖盲区、频点资源稀缺、传输带宽不够等缺点；AGV 引导技术存在落后、磨损等缺点，能量消耗高。

2.4　环保建设落后

当前国内港口业务吞吐量巨大，船舶装卸作业繁忙，集装箱运转、车辆运输产生大量粉尘和相关运转废水、废料导致严重污染，再加上港口作业繁忙和管理滞后，港口环保在日常作业运营中并未受到相应的重视，港口环保建设落后。

3　5G 智慧港口建设展望

随着"5G 通信""云平台""大数据""人工智能"等新技术的发展成熟与应用，港口的现代化发展也正利用这些新技术对应地进行智能化、网联化、自动化产业升级。依托5G终端网络基础建设，实现终端操作设备的全面自组网高速实时通信；构建智慧港口运营平台，形成智慧港口运营系统；实现港口终端的预测性维护、质量智能分析预测、作业设备实时控制/决策支持等应用，从而实现港口智能化、网联化、自动化、节能环保产业升级。

3.1　5G助力港口终端设施通信和系统网络升级

港口5G终端网络建设升级后，港口终端设备包括RFID终端设备、监控摄像头、控制箱、AGV设备通信、传感器、智能网联驾驶集卡、巡检无人机等，这将无须绕行公网，全面替代现有的Wi-Fi等无线及部分IP有线网络，实现港口内自组网实时、高效通信。港口5G终端网络建设方案如图1-45所示。

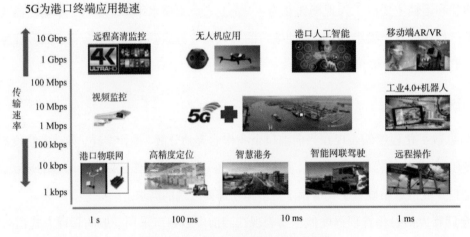

图1-45　港口5G终端网络建设方案

3.2　智慧港口5G通信建设

在完成港口终端设施5G网络通信建设升级后，依托5G通信技术支撑，搭建以适应和符合现代化港口运营的从"终端"到"信息平台"的智慧港口平台，包括：(1)高清视频监控，(2)自动化控制，(3)自动驾驶作业，(4)港口大数据，(5)港口运营等基础应用，打造出具有"卓越运营""创新业务拓展""开放生态圈"品质的高度信息化智慧港口运营平台。

3.3　智慧港口典型应用场景

构建5G基础网络和智慧港口云平台，实现多种港口作业场景和业务运营的实际应用，提升港口的自动化作业和日常运营效率，可从以下场景功能开展业务。

1）高清视频监控

港口数字化程度越来越高，通过"5G+阵列相机"，实现集装箱图形条码识别和存储到数据库，识别集装箱的位置信息，识别巡查人员是否按规定时间巡查危化品集装箱的信息；全流程信息监控，对危险信息进行判断并告警推送。

2) 5G港口无人安防巡检

利用无人巡检车、无人机，实现港口无人巡检。

（1）无人巡检车：地面5G无人巡检车，配备高清摄像头、红外摄像头、导航或定位设备，实时把监控信息传输到监控平台，实现巡检无人化、监控全天化、视频高清化、分析智能化。

（2）无人机：配备5G通信模块和高清摄像头的无人机，可应用于沿海区域、堆场区域的专有场景，包括设备设施巡检、船舶水尺监测、水质监测、航道巡检、入港文件传送、无人机救援等。

3) 5G岸桥远控

依托5G网络的低延时性能，改造远程控制中心，在AGV设备上安装高清摄像头和远控设备，便于操作员在远程控制室可根据实时高清视频监控页面，完成AGV所有作业（如吊车吊具精准移动、抓举集装箱等）。AGV实现远程控制，可大幅提升工作效率，同时降低港口人力成本，降低工人现场工作的安全风险，降低员工操作门槛。其建设方案如图1-46所示。

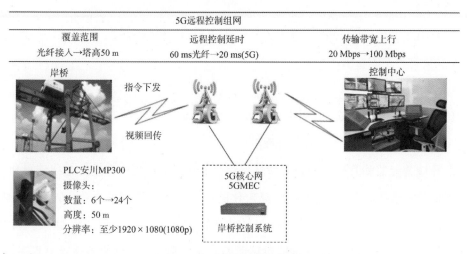

图1-46 5G岸桥远控方案

4）港口车路协同自动驾驶

通过建立自动驾驶基础设施以及建设自动驾驶云平台和应用场景，构建智慧港口云平台控制中心，远程控制智能驾驶车辆，实现港口物流自动化运营，可提升智能驾驶车辆的安全水平，降低港口物流运营成本。

（1）自动驾驶算法平台建设：基站收集交通参与者、信号灯、摄像头的信息，发送至大数据服务器；然后通过服务器算法优化，再次返回基站，基站再将信息发送到交通参与者，这样可使交通通行率更高，从而提高规避发生事故的可能性，完成V2X的辅助作用。

（2）自动驾驶场景建设：通过车载子系统、路侧子系统、网络传输子系统和内控平台子系统等各子系统协同设计，实现道路信息精准感知、分布式敏捷路侧设备协同认知与可靠通信、智能运载装备高效通行等智慧交通应用，协助自动驾驶进行环境感知与辅助决策。V2X测试场景需结合实际交通应用状态，提供必要的路况感知功能。如关键路口道路感知覆盖，一般路段不硬性要求感知覆盖；路口感知实现各方向全覆盖；摄像头实现路口斑马线以及较近距离道路行人、非机动车、机动车的识别与预警；雷达实现路口各方向路段、中远距离非机动车的识别与预警。

通过5G技术应用，创新码头水平运输模式，形成一套优于AGV、跨运车工艺的自动化水平运输解决方案，突破牵引车高精定位、深度感知、决策规划、智能控制、云端服务等关键技术，开发智能电动集装箱牵引车管理调度平台，优化智能车队管理输出，实现港口内无人集装箱平面运输集群、集装箱码头操作TOS系统、场桥或岸桥系统无缝对接工作。此外，利用5G技术开展全程无需人工干预的大规模车队实船作业应用示范，这不仅能降低码头运营成本，实现码头水平运输的"零排放"，还可以提升码头清洁化生产和自动化生产水平，完全适用于港口低速大扭矩的生产工况。

3.4 港口环保建设

港口环保基础建设从解决控制港口粉尘污染、污水处理入手，改善港口工作环境，提升港口企业形象，为港口员工搭建舒适安全的工作环境。

1）专用抑尘车

采用节水专用抑尘车，定期洒扫卸船机、转运带落料点、料踩、堆场等港口作业点，降低港口煤炭、矿石等大型货物产生的粉尘污染。

2）污水处理

建设港口污水处理基础设施，针对港口主要污水源，如含煤污水、含矿污水、集装箱洗箱污水、大型船舶油底污水、港口生活污水，集中处理港口污水，提升港口工作运营环境。

搭建生态环境智能监测管控系统和智慧环保综合管理平台，利用先进的现代信息化技术，建设一套符合环保部门需求的规范化、智能化、高效化的环境保护信息管理平台，全面加强内部污染源分析，突出智慧管理、精细管理、有效管理，推动构建智慧减排的"环保管家"体系。通过合理布置环境监测点，建立环境智能监测网，有效地对移动港口区域和固定污染源等环境要素进行监测分析。同时，应用大数据、云计算等技术，形成全天候、多层次的智能多源感知系统；通过模型预测演算环境要素对环境质量的影响，以更精细的方式制定管理决策，为深化港口污染防治、改善港口空气质量提供管控依据。

3.5 港口能耗高效管理

港口因为作业区域大、业务繁忙、作业设备分散、设备启停频繁等因素，能耗非常大，能量浪费也比较严重。通过建立智慧港口能耗管理系统，实现视频监控系统能耗管理、网络监控系统能耗管理、岸桥供电管理、港口智能码头照明、港口生活区用电管理等，全面提升能源利用的效率和智能化水平，提高港口的电能利用率，降低能量损耗，构建高效的绿色港口。

3.6 智慧港口云平台

基于智慧港口云管理平台的建设，可扩展联合各大港口的大数据融合应用。搜集、预处理、整理、存储、管理以及沉淀大量动态航运数据，利用大数据的方法进行大数据展现建模运算分析，衍生出具有优质大数据和创新服务的"港口船舶航运大数据生态系统",提升海运和港口对接效率。

通过位置、范围、内部区域划分、水深、航道等港口位置信息打造"港口三维分布数字空间",并与装卸货能力、引航等港口业务经营相结合,形成港口空间信息与实时运作状态的"港口空间与运营生态大数据系统",提高港口空间的利用与运营效率。

根据港口货物进港、货物卸船、海关通关等流程以及结合码头、船舶公司、客户、物流路线、物流承接公司运营信息等在内的多个节点信息,全程跟踪构建对应的港口货运大数据生态系统。

3.7 智慧港口运营

基于智慧港口云平台,实现港口的智能化集装箱码头服务、集装箱全物流链综合服务两大系统。智能化集装箱码头服务系统结合泊位计划调度、智能理货、货物陆运协同、智能闸口、智能交通的线上线下服务,实现对港口货物"装""卸""运"的智能化运营。根据港口的集港预约业务、调货预约、各码头的信息查询等功能,用户外贸提箱、内贸提箱、外贸提空、内贸提空、出口查验、进口查验、留箱作业、配额管理等业务流程,构建线上统一办理和缴费的集装箱全物流链综合服务系统。服务系统提供与各船舶公司船代、货代对接,电子数据交换,电子单证、电子商务、港口金融、增值业务、海关业务分流的全物流链线上服务。

4 结束语

港口行业作为国家对外贸易的核心交通枢纽系统,对国家的经济发展有举足轻重的影响。构建5G智慧化港口,可实现港口安全、智能、高效系统化的产业升级,提升港口综合运输服务能力,提升国家港口交通运输的国际竞争力,是经济高效、高质量发展的助力器。

参考文献

[1] 王东,张龙,程锦霞,等.基于运营商专网的5G智慧港口解决方案[J].移动通信,2019(9):53-56.

[2] 马巍巍.对我国智慧港口建设的认识与思考[J].水运管理,2018,40(1):4-6.

[3] 罗本成.智慧港口:探索实践与发展趋势[J].中国远洋海运,2018(6):32-35.

[4] 黄强,李宁.5G边缘计算演进[J].邮电设计技术,2018(11):68-73.

作者简介

王仁国,男,1982年11月生,湖北洪湖人。苏交科集团股份有限公司。主要从事物联网产品研发工作。
通信地址:南京市富春江东街8号,邮政编码:210000。联系电话:18913043062,电子邮箱:wrg069@jsti.com。

刘志,男,1982年6月生,安徽合肥人,苏交科集团股份有限公司。主要从事物联网研发及项目管理工作。
通信地址:南京市富春江东街8号,邮政编码:210000。联系电话:13062572606,电子邮箱:lz305@jsti.com。

PART 02

二、智慧交通篇

基于站点分时客流特征的南京地铁站点分类

基于网约车轨迹数据的城市道路交通状态感知方法研究

数据驱动下的精细化交通组织在城市交通治理中的实践应用

江苏省"十一"黄金周客运交通出行特征分析

数据驱动的纯电动汽车用户出行规律分析

基于手机信令数据的常住人口出行特征分析

基于交通规制的交通安全策略研究

自主巡检机器人在高铁站智能化运维中的应用

基于站点分时客流特征的南京地铁站点分类

施敏，李旭，程晓明

（南京城市与交通规划设计研究院股份有限公司，江苏 南京 210000）

摘要：研究城市轨道交通站点的分类，对站点周边的用地规划、轨道交通规划设计、轨道交通站点客流等相关研究方面有重要意义。本篇基于南京市 2019 年 4 月地铁站点工作日和周末的分时段客流数据，引入时间序列数据特征和交通特征相结合的提取方法，并采用 K-means 算法，对南京市 10 条轨道交通线路共 159 个站点进行聚类分析，最终分为城市中心型、枢纽型、商业型、就业导向型、居住导向型、职住错位型、错位偏就业型、错位偏居住型共 8 类站点。通过站点分类，可以为后续分类别的站点研究建立基础，为站点周围区域的发展提供参考信息。

关键词：轨道交通客流；分时客流；站点分类；南京地铁；聚类分析

1 引言

城市轨道交通站点是整个轨道交通线网中的关键节点，站点拥有交通可达性强的特点，使其成为城市各种社会经济活动中的集聚场所。对城市轨道交通站点进行分类，对进行城市轨道交通站点用地规划、轨道交通规划设计、轨道交通站点客流吸引特征等相关研究有着重大价值。

本篇采用南京市 2019 年 4 月地铁刷卡进出站的数据，引入时间序列数据特征和交通特征相结合的方法提取特征变量，通过时序数据的 K-means 聚类方法，对南京市 159 个站点进行聚类分析。

2 研究方法

2.1 时间序列聚类

时间序列数据存在时间维度，具有动态特征，因此相比于一般的静态数据聚类问题，时间序列数据的聚类问题属于高维空间聚类，会更加复杂。时间序列数据的聚类方法可分 3 种：基于原始信号的聚类、基于建模的聚类、基于特征提取的聚类。

基于特征提取的聚类方法先提取相关特征以表示时序某种特性，然后在此特征空间进行时序聚类。这种方法能够处理不同长度的时序，且任何时序长度都可将其压缩在一定维度的特征空间上，避免高维度聚类难题，所提取特征可表征时序的全局特性，从而避免局部特性的影响。通过提取多种类型的特征，可从不同角度描述时序，具有更广泛的运用范围。

2.2 时序特征提取

1）四分位数

四分位数（Quartile）是统计学中分位数的一种，即把所有数值由小到大排列并分成四等份，处于3个分割点位置的数值就是四分位数。

四分位数值主要选择四分位的百分比值 p，对样本总量 n 可以表示：

$$L_p = n \cdot \frac{p}{100}$$

情况 1 如果 L 是一个整数，则取第 L 和第 $L+1$ 的平均值。

情况 2 如果 L 不是一个整数，则取下一个最近的整数（比如 $L = 1.2$，则取 2）。

2）标准差

标准差（Standard Deviation），是离均差平方的算术平均数的算术平方根，用 σ 表示。标准差在概率统计中作为统计分布程度上最常使用的测量依据，反映一个数据集的离散程度。

$$\sigma = \sqrt{\sum_{i=1}^{n} \frac{(x_i - \overline{x})^2}{n-1}}$$

3）偏度

偏度（Skewness），是统计数据分布偏斜方向和程度的度量，是统计数据分布非对称程度的数字特征。偏度包括：正态分布（偏度=0），右偏分布（也叫正偏分布，其偏度>0），左偏分布（也叫负偏分布，其偏度<0）。随机变量 X 的偏度定义为随机变量的三阶标准化矩：

$$\text{Skew}(X) = E\left[\left(\frac{X-\mu}{\sigma}\right)^3\right]$$

其中 μ 和 σ 表示序列的均值和标准差，$E[\cdot]$ 表示求均值计算。

4）峰度

峰度（Kurtosis）又称峰态系数，表征概率密度分布曲线在平均值处峰值高低的特征数。直观看来，峰度反映了峰部的尖度。峰度包括：正态分布（峰度值=3），厚尾（峰度值>3），瘦尾（峰度值<3）。随机变量的峰度计算方法为随机变量的四阶中心矩与方差平方的比值：

$$\text{Kurt}(X) = E\left[\left(\frac{X-\mu}{\sigma}\right)^4\right] = \frac{E\left[(X-\mu)^4\right]}{\left\{E\left[(X-\mu)^2\right]\right\}^2}$$

式中，μ 和 σ 表示序列的均值和标准差，$E[\cdot]$ 表示求均值计算。

5）样本熵

样本熵（Sample Entropy，SampEn）是基于近似熵（Approximate Entropy，ApEn）的一种用于度量时间序列复杂性的改进方法，在评估生理时间序列的复杂性和诊断病理状态等方面均有应用，是一种非线性度量。样本熵通过度量信号中产生新模式的概率大小来衡量时间序列复杂性，新模式产生的概率越大，则序列的复杂性就越大。

算法表述如下：

① 设存在一个以等时间间隔采样获得的 N 维的时间序列 $u(1), u(2), \cdots, u(N)$。

② 定义算法相关参数 m, r，其中 m 为整数，表示比较向量的长度，r 为实数，表示"相似度"的度量值。

③ 重构 m 维向量 $X(1), X(2), \cdots, X(N-m+1)$，其中 $X(i) = [u(i), u(i+1), \cdots, u(i+m-1)]$。

④ 对于 $1 \leq i \leq N-m+1$，统计满足以下条件的向量个数：

$$B_i^m(r) = (\text{Number of } X(j) \text{ such that } d[X(i), X(j)] \leq r)/(N-m), \quad i \neq j$$

式中，$d[X, X^*]$ 定义为 $d[X, X^*] = \max_a |u(a) - u^*(a)|$，$X \neq X^*$，

$u(a)$ 为向量 X 的元素；d 表示向量 $X(i)$ 与 $X(j)$ 的距离，由对应元素的最大差值决定，j 的取值范围为 $[1, N-m+1]$，但是 $j \neq i$。

⑤ 求 $B_i^m(r)$ 对所有 i 值的平均值，记为 $B^m(r)$，即

$$B^m(r) = (N-m+1)^{-1} \sum_{i=1}^{N-m+1} B_i^m(r)$$

⑥ 令 $k = m + 1$，重复步骤③④，得 $A^k(r) = (N-k+1)^{-1} \sum_{i=1}^{N-k+1} A_i^k(r)$

式中

$$A_i^k(r) = (\text{Number of } X(j) \text{ such that } d[X(i), X(j)] \leq r)/(N-k), \quad i \neq j$$

⑦ 样本熵（SampEn）定义为

$$\text{SampEn} = \lim_{N \to \infty} \{-\ln[A^k(r)/B^m(r)]\}$$

由于在实际计算应用过程中，N 不可能为 ∞，因此当 N 取有限值时，样本熵估计为

$$\text{SampEn} = -\ln[A^k(r)/B^m(r)]$$

式中，ln 表示自然对数，m 和 r 由第②步定义。

参数选择：嵌入维数 m 一般取 1 或 2；相似容限 r 的选择在很大程度上取决于实际应用场景，通常选择 $r = 0.1 \sim 0.25 * std$，其中 std 表示原时间序列的标准差。

2.3 交通特征

1）客流高峰小时系数

高峰小时系数是指分析道路通行能力时，表示高峰小时内交通量不平衡的修正系数。高峰小时是指由于城市地区通勤与通学等出行引起的出行数量明显高于其他时间的某个小时，一般分早、晚高峰小时。高峰小时流量的水平一般通过高峰小时系数表示。

车站客流量高峰小时系数是指车站高峰小时内上客量（或下客量）占全日上客量（或下客量）的比例。

2.4 聚类方法

本领域常用的算法有 K 均值（K-means）聚类、层次聚类等。K 均值聚类算法简单、计算效率高，但需要事先指定类别个数；层次聚类可实现类别个数的自动选择，但算法复杂度较高且算法收敛的条件也需要事先指定。

本篇对于站点工作日以及周末的进站、出站时序数据，先从时序的形态特征和结构特征出发，提取时间序列的均值、最大值、第一四分位数、中位数、第三四分位数、标准差、偏度、峰度、样本熵，然后在此特征空间对时序进行聚类。聚类方法是先使用 Z-score 的方法将初始变量标准化，标准化的目的是去除数据量纲的影响，提高模型的解释性，加快模型的收敛速度。然后通过主成分分析法提取出主要因子，用 K 均值聚类方法进行类别划分。

3 研究数据

3.1 数据来源

截至 2019 年 12 月，南京地铁已开通运营的线路共有 10 条，包括 1、2、3、4、10、S1、S3、S7、S8 及 S9 号线，均采用地铁系统，共 159 座车站。本篇的数据来源为南京 2019 年 4 月 1～30 日的地铁刷卡数据，包含了加密后的用户 ID、进站日期、进站刷卡时间、进站站点、出站刷卡时间、出站站点等基本信息，如表 2-1 所示。

表 2-1 南京市地铁站点刷卡数据示意

用户 ID	进站 ID	进站时间	出站 ID	出站时间
08CFFFE59540200800	10	2019-04-01 20:09	1	2019-04-01 20:40
08153B2A9A00000000	2	2019-04-01 20:33	1	2019-04-01 20:40
081BF49FAB00000000	3	2019-04-01 20:32	1	2019-04-01 20:41
086D25B86F00000000	21	2019-04-01 20:28	1	2019-04-01 20:46
08045F220296208000	25	2019-04-01 20:21	1	2019-04-01 20:46
08045055225F2F8000	21	2019-04-01 20:29	1	2019-04-01 20:46
08CF0B2705E6200800	46	2019-04-01 20:14	1	2019-04-01 20:46
08D0D6E1C000000000	41	2019-04-01 20:25	1	2019-04-01 20:47

从南京地铁 2019 年 4 月地铁出行量统计图（图 2-1）和一周日均出行量统计图（图 2-2）可以看出，出行量呈现以周为单位的周期性波动趋势，工作日的平均出行总量高于周末的平均出行总量，且工作日和周末一些站点的客流量差距较大，因此，将工作日平均客流和周末平均客流作为对比变量进行分析。

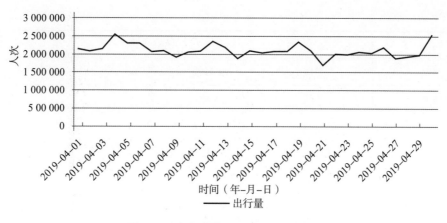

图 2-1 南京地铁 2019 年 4 月出行量

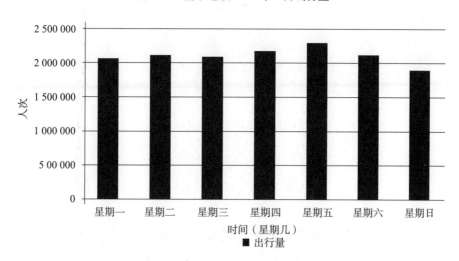

图 2-2 南京地铁 2019 年 4 月一周日均出行量

3.2 计算换乘量

南京市 10 条轨道交通线路共 13 个换乘站点，站点换乘量非常大，而站点刷卡数据只有站点的进出站数据，因此必须将站点换乘量作为换乘站点的参考因素。本篇以地铁换乘最优路径选择算法，通过计算每条刷卡记录的路径，得出了换乘站点的换乘客流。

表 2-2 南京地铁换乘站点

车站	换乘线路			
新街口站	1 号线	2 号线		
安德门站	1 号线	10 号线		
南京站	1 号线	3 号线		
南京南站	1 号线	3 号线	S1 号线	S3 号线
鼓楼站	1 号线	4 号线		
元通站	2 号线	10 号线		
大行宫站	2 号线	3 号线		

（续表）

车站	换乘线路			
金马路站	2号线	4号线		
泰冯路站	3号线	S8号线		
鸡鸣寺站	3号线	4号线		
油坊桥站	2号线	S3号线		
翔宇路南站	S1号线	S9号线		
空港新城江宁站	S1号线	S7号线		

3.3 客流量计算

根据地铁刷卡数据，将计算统计得到的南京地铁各站点工作日和周末每小时平均进站、出站、换入、换出客流量作为初始客流数据统计量（以安德门站为例），如表2-3所示。

表2-3 安德门站客流统计量

是否为工作日	时间	进站量（人次）	出站量（人次）	换入量（人次）	换出量（人次）
1	0	0	0	0	0
1	1	0	0	0	0
1	2	0	0	0	0
1	3	0	0	0	0
1	4	0	0	0	0
1	5	85	−112	431	−431
1	6	772	−925	2 969	−2 969
…	…	…	…	…	…
0	22	164	−874	3 123	−3 123
0	23	80	−76	127	−127

注："是否为工作日"栏中"1"表示"是"，"0"表示"否"。

3.4 特征计算

1）时序特征

对于站点工作日和周末的进站、出站时序数据，先使用Z-score的方法将初始变量标准化，然后从时序的形态特征和结构特征出发，提取时间序列的均值、最大值、最小值、中位数、第一四分位数、第三四分位数、标准差、偏度、峰度、样本熵，共40个特征值。表2-4展示了部分站点工作日站点出站量的特征值提取和计算结果。

表 2-4 部分站点的工作日出站量特征值

站点	均值	最大值	最小值	中位数	第一四分位数	第三四分位数	标准差	偏度	峰度	样本熵
奥体中心	0.352	0.487	−0.060	0.374	0.327	0.476	0.138	−1.325	1.105	0.549
元通	−0.406	0.487	−5.423	−0.191	−0.414	0.422	1.339	−2.543	5.641	0.277
中胜	−0.403	0.487	−6.960	0.049	−0.144	0.452	1.833	−2.881	6.661	0.185
小行	0.218	0.487	−0.802	0.279	0.160	0.465	0.294	−1.776	3.288	0.366
安德门	−0.284	0.487	−2.180	−0.157	−0.522	0.411	0.722	−0.974	0.121	0.372
中华门	−0.375	0.487	−2.180	−0.363	−0.628	0.405	0.732	−0.707	−0.051	0.482
三山街	−0.832	0.487	−3.976	−0.857	−1.232	0.403	1.227	−0.909	0.165	0.364

2）交通特征

分别计算各站点工作日、周末客流早高峰和晚高峰的进站量、出站量的高峰客流小时系数和早晚高峰客流出现的时间，共12个特征指标。表2-5展示了部分站点的工作日站点进、出站量高峰系数特征指标计算结果。同时计算换乘站点的换入量和换出量均值。

表 2-5 部分站点的工作日高峰系数特征

站点	早高峰			晚高峰		
	出现时间	进站量高峰系数	出站量高峰系数	出现时间	进站量高峰系数	出站量高峰系数
奥体中心	0.317	0.048	−0.078	0.717	0.063	−0.055
元通	0.292	0.024	−0.131	0.708	0.092	−0.029
中胜	0.333	0.014	−0.169	0.750	0.123	−0.011
小行	0.292	0.065	−0.098	0.708	0.085	−0.047
安德门	0.317	0.082	−0.057	0.708	0.047	−0.061
中华门	0.333	0.094	−0.038	0.708	0.050	−0.062
三山街	0.333	0.050	−0.072	0.708	0.055	−0.054

3）主成分分析

根据时序特征和交通特征一共提取了54个特征值，对其标准化后做主成分分析，得到了18个主要因子。

4 结果与分析

4.1 K-means 聚类

根据各类站点进、出站客流量小时分布,用 K-means 聚类方法将 159 个地铁站点分为 8 类站点。8 类站点可以总结为居住导向型、就业导向型、城市中心型、职住错位型、枢纽型、错位偏居住型、错位偏就业型、商业型。

表 2-6 展现了 K-means 聚类结果。通过 t-SNE 对原数据进行数据降维,投影到二维空间中观察分类结果。

表 2-6 K-means 聚类结果

类别	类名	站点个数	站点名称
0	就业导向型	17	奥体中心,元通,中胜,奥体东,软件大道,花神庙,绿博园,临江,正方中路,吉印大道,长芦,化工园,星火路,浮桥,苏宁总部徐庄,石碛河,团结圩
1	城市中心型	1	新街口
2	职住错位型	39	小行,安德门,中华门,经天路,河定桥,胜太路,竹山路,天印大道,龙眠大道,南医大江苏经贸学院,南京交院,中国药科大学,南京工业大学,龙华路,禄口机场,林场,东大成贤学院,上元门,五塘广场,小市,南京林业大学新庄,鸡鸣寺,常府街,武定门,卡子门,大明路,胜太西路,天元西路,诚信大道,东大九龙湖校区,秣周东路,龙江,南艺二师草场门,云南路,蒋王庙,聚宝山,春江路,铜山,空港新城江宁
3	枢纽型	2	南京站,南京南站
4	错位偏就业型	22	张府园,新模范马路,红山动物园,雨润大街,兴隆大街,集庆门大街,云锦路,莫愁湖,汉中门,西安门,明故宫,首蓿园,下马坊,孝陵卫,钟灵街,金马路,仙鹤门,学则路,仙林中心,羊山公园,南大仙林校区,百家湖
5	居住导向型	6	迈皋桥,油坊桥,马群,双龙大道,天润城,柳洲东路
6	商业型	8	三山街,珠江路,鼓楼,玄武门,上海路,大行宫,天隆寺,夫子庙
7	错位偏居住型	64	小龙湾,梦都大街,江心洲,浦口万汇城,文德路,雨山路,翔宇路南,翔宇路北,河海大学佛城西路,翠屏山,泰山新村,泰冯路,高新开发区,信息工程大学,卸甲甸,大厂,葛塘,六合开发区,龙池,雄州,凤凰山公园,方州广场,沈桥,八百桥,金牛湖,雨花门,明发广场,宏运大道,九龙湖,九华山,岗子村,王家湾,汇通路,灵山,东流,孟北,西岗桦墅,仙林湖,景明佳园,铁心桥,贾西,永初路,平良大街,吴侯街,高庙路,天保,刘村,马骡圩,兰花塘,双垄,桥林新城,林山,高家冲,高淳,明觉,石湫,无想山,莘庄,中山湖,溧水,卧龙湖,群力,空港新城溧水,柘塘

4.2 站点聚类时空特征

1) 城市中心型

新街口站位于南京的地理中心,坐落于"中华第一商圈"新街口的中心区域,是南京地铁 1 号线和2号线的换乘车站,也是南京地铁日均客流量最大的车站。新街口站进站晚高峰、出站早高峰特别明显;进站晚高峰延续时间较长,在晚8点到晚9点之间还会出现第2个晚高峰;出站有个小晚高峰。该站的客流量周末较工作日会有所增加,出站客流有多个高峰,在早高峰后,11点到12点达到一天中的最高峰,且持续时间很长。

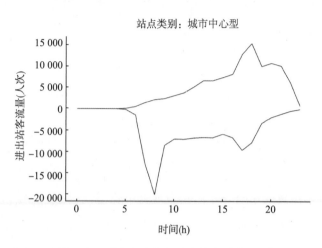

图2-3 城市中心型站点工作日进出站客流量小时分布曲线

2) 枢纽型

该类站点客流量时间分布曲线不规律,主要表现为波峰数量多。原因是此类站点中包含交通枢纽型站点,如南京站和南京南站;该类站点客流量时段分布均衡,高峰小时系数值小。周末较工作日客流差距不大。

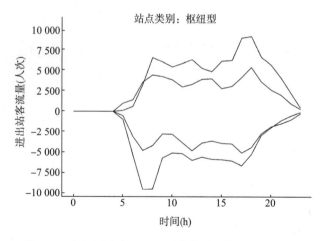

图2-4 枢纽型站点工作日进出站客流量小时分布曲线

3) 商业型

此类站点表现为单峰型,明显存在进站晚高峰和出站早高峰。相较于其他类型站点,此类站点早晚高峰小时系数值较低,周末早高峰出现时段相对工作日延后3 h,此类站点周边用地比较综合,有大型商业中心。例如三山街、夫子庙、珠江路、鼓楼,这类站点位置分布在主城中心区域。

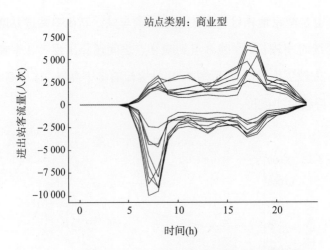

图2-5 商业型站点工作日进出站客流量小时分布曲线

4）就业导向型

这类站点的工作日客流量的小时分布曲线表现为单峰型，进站晚高峰、出站早高峰明显，是典型的就业导向型站点。这些地区行政办公场所、产业园区密集，工作岗位较多，如花神庙、软件大道、苏宁总部徐庄、吉印大道、长芦、化工园等。此类站点工作日进出站客流时段分布很不均衡，早晚高峰小时系数最高，受到通勤客流的影响很大。同时，周末与工作日客流量差异很大，周末客流量明显降低，且早晚高峰系数也明显降低。

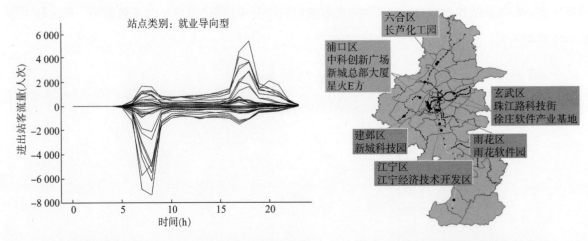

图2-6 就业导向型站点工作日进出站客流量小时分布曲线　　图2-7 就业导向型站点位置分布状况

5）居住导向型

此类站点的客流量小时分布曲线表现为单峰型，进站早高峰、出站晚高峰突出，是典型的居住导向型站点。此类站点进出站客流时段分布均衡系数的平均值较大，客流时段分布很不均衡，高峰小时系数值大，进出站有明显的早晚高峰。例如，迈皋桥、油坊桥、马群、天润城、柳洲东路等站点，这些站点周边土地利用类型较单一，分布在地铁线末端。站点的主要功能是为通勤人群提供交通便利。

这类站点工作日和周末客流量差异很大，周末进出站峰值显著降低，且分布较为均匀。这类站点和就业导向型站点类似,居住导向型站点工作日进出站客流时段分布很不均衡,早高峰小时系数很高,受到通勤客流的影响很大。周末较工作日客流量有所降低,早晚高峰系数也明显降低。

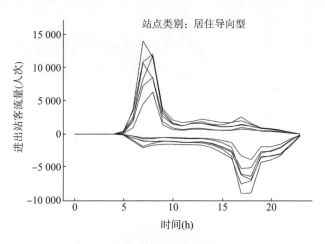

图 2-8　居住导向型站点工作日进出站客流量小时分布曲线

图 2-9　居住导向型站点位置分布状况

6）职住错位型

此类站点工作日进出站客流表现为双峰型,有明显的进出站早晚高峰,且同一时间段既有进站客流,又有出站客流。此外,进站、出站客流较均衡,表明该类站点周边既有居住地又有就业地。在此居住的居民,工作地可能在其他地点,而在此类站点附近工作人群却多居住在别处,表现出较为明显的职住错位。本篇将其归纳为职住错位型,典型站点如安德门、中华门、河定桥、胜太路等。周末进出站客流分布较为均衡,全天有多个波峰。

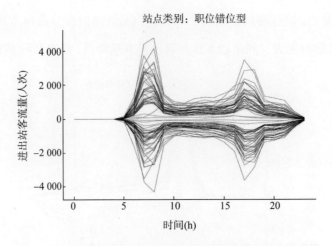

图 2-10 职住错位型站点工作日进出站客流量小时分布曲线

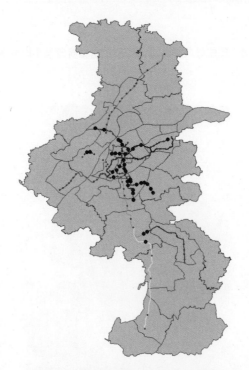

图 2-11 职住错位型站点位置分布状况

7)错位偏就业型

此类站点与职住错位型站点特点相似,也表现为双峰型,但早高峰出站客流高于进站客流,而晚高峰进站客流高于出站客流,站点类型更偏向于就业地,即错位偏就业。该类型站点大都分布在2号线上。

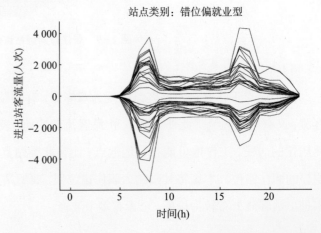

图 2-12 错位偏就业型站点工作日进出站客流量小时分布曲线

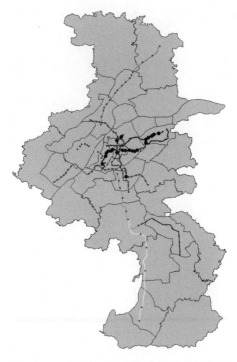

图 2-13 错位偏就业型站点位置分布状况

8）错位偏居住型

与职住错位型站点相比，错位偏居住型也表现为双峰型，也是居住与就业的错位型。但错位偏居住型两个波峰的高度存在显著差别，一波峰突出而另一波峰较平缓，进站高峰出现在早晨，而出站高峰出现在下午，站点类型更偏向于居住地，即错位偏居住型站点。此类站点客流时段分布均衡系数和高峰小时系数值较大，例如小龙湾、岗子村、文德路、明发广场等站点。

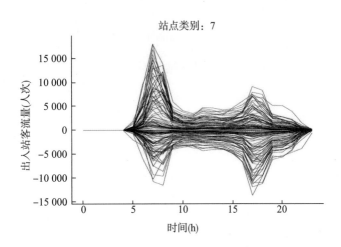

图 2-14 错位偏居住型站点工作日进出站客流量小时分布曲线

图 2-15 错位偏居住型站点位置分布状况

5 结论

本篇利用地铁 AFC 数据，引入时间序列数据特征和交通特征相结合的提取方法，对南京市的 159 个地铁站点进行分类。根据聚类分析结果，将 159 个地铁站点分为城市中心型、枢纽型、商业型、就业导向型、居住导向型、职住错位型、错位偏就业型、错位偏居住型共 8 种不同类型，并分析了每种站点类型的客流时空差异，以及早晚高峰系数特征的差异。

研究表明，地铁站点客流量存在时空差异，表明了城市不同功能分区所对应的城市生活在时空上的不平衡。站点客流时间分布特征与其周围用地性质紧密相关，用地性质决定了居民出行目的及出行特征。

根据地铁站点的客流量数据可以对城市轨道站点进行分类，结合站点周边土地利用情况等信息，可以进一步挖掘城市功能分区的时空差异及城市空间格局的演变，对城市规划、轨道交通规划等研究具有重要的参考意义。

参考文献

[1] 傅搏峰，吴娇蓉，陈小鸿. 郊区轨道站点分类方法研究[J]. 铁道学报，2008，30(6)：19-23.

[2] Warren L T W. Clustering of time series data—a survey[J]. Pattern Recognition, 2005, 38(11): 1857-1874.

[3] Wang X, Smith K, Hyndman R. Characteristic-based clustering for time series data[J]. Data Mining and Knowledge Discovery, 2006, 13(3): 335-364.

[4] Halkidi M, Batistakis Y, Vazirgiannis M. On clustering validation techniques[J]. Journal of Intelligent Information

systems, 2001, 17（2）: 107–145.

［5］ Keogh E, Lin J. Clustering of time-series subsequences is meaningless: Implications for Previous and Future Research［J］. Knowledge and Information Systems, 2005, 8（2）: 154–177.

［6］ Richman J S, Moorman J R. Physiological time-series analysis using approximate entropy and sample entropy［J］. American Journal of Physiology-Heart and Circulatory Physiology, 2000, 278（6）: H2039–H2049.

［7］《交通安全词典》编辑委员会. 交通安全词典［M］. 武汉: 武汉出版社, 1991: 76.

［8］ 马亮, 李智, 谢明隆. 轨道客流高峰小时特征分析［C］. 2015 年中国城市交通规划年会暨第 28 次学术研讨会论文集. 杭州, 2015: 234.

作者简介

施敏, 女, 1991 年 5 月生, 江苏靖江人。南京市城市与交通规划设计研究院股份有限公司, 工程师。研究方向: 交通大数据分析、交通模型。电子邮箱: 640913923@qq.com。通信地址: 南京市玄武区珠江路珠江 1 号 56 楼。邮编: 210001。联系电话: 15651666261。

李旭, 女, 1989 年 7 月生, 江苏南通人。南京市城市与交通规划设计研究院股份有限公司, 工程师。研究方向: 交通大数据分析、交通建模。电子邮箱: 654664117@qq.com。通信地址: 南京市玄武区珠江路珠江 1 号 56 楼。邮编: 210001。联系电话: 15295507696。

程晓明, 男, 1983 年 3 月生, 江苏南京人。南京市城市与交通规划设计研究院股份有限公司, 大数据中心主任, 高级城市规划师。研究方向: 交通规划设计、交通建模、交通大数据数据分析。电子邮箱: 232699227@qq.com。通信地址: 南京市玄武区珠江路珠江 1 号 56 楼。邮编: 210001。联系电话: 13851929457。

基于网约车轨迹数据的城市道路交通状态感知方法研究

李喆康

(南京市城市与交通规划设计研究院,江苏 南京 210018)

摘要:城市道路交通状态识别一方面可以在微观层面诱导交通出行,制定合理的规划路线,有效指导车辆避开拥堵路段;另一方面有助于提高城市交通整体运行效率。然而,城市交通流的动态不确定性和复杂性给感知城市道路交通状态增加了难度。因此,本篇提出了基于网约车轨迹数据的道路交通状态评价指标体系,在此基础上对实际路网的交通状态变化与分布规律进行分析,验证指标的科学性;运用聚类方法对不同等级道路上的交通状态进行合理划分,得到更加直观的结果。

关键词:智慧交通;交通状态;网约车轨迹数据;K-means

1 引言

作为智慧城市的焦点课题,城市道路交通状态感知是实现城市交通智能化的关键之一。精准的交通状态识别可以帮助车辆合理规划行驶路线,避开拥堵路段,进而提高城市交通的运行效率。城市道路交通状态体现在微观层面上就是交通流状态的变化,Greenshields 在 20 世纪 30 年代用交通量、行驶速度和车辆密度这 3 个参数来描述交通流特性。之后,德国学者 Kerner 建立了三相交通流理论,将交通流定性地划分为自由流、同步流和宽运动阻塞 3 类相态。在 40 多年的时间里,诸多学者共提出了近百个用于描述道路交通状态的指标,通过估计这些指标,对交通状态进行辨别。

在表征方法上,可以分为基于单参数的阈值划分法和基于多参数的模型算法。单参数交通状态评价方法在指标选取上具有很大的差异性,常用的有区间平均车速、出行时间、出行延误、V/C 等。Ehrlich 将交通状态评价指标基于时间和距离划分为两大类,分析了各类指标对交通状态的贡献程度,所得出的基于时间的指标更能反映出行者的感受。Washburn 从出行者主观感受的角度出发,通过采集的视频数据计算交通流密度,对道路交通拥堵状态进行评价。我国 2012 年公布的《城市交通管理评价指标体系》以平均行程速度作为衡量指标,对城市道路交通状态进行分级,如表 2-7 所示。

表 2-7 城市道路交通状态分级标准

交通状态	畅通	轻度拥挤	拥挤	严重拥挤
平均行程速度(km/h)	>30	20~30	10~20	10

由于城市道路交通是一个复杂的网络系统,其状态很难仅用一个参数概括评价,往往需要组合

多个交通流参数,通过更加系统的方法进行识别。受数据来源和采集方式限制,早期 Persaud 等提出了一种基于监测站数据,利用流量、占有率和速度对监测站周边路段进行拥堵检测的算法。达庆东等通过流量和占有率的历史数据,计算两者之间的相位角来划分交通运行状态处于畅通或不畅通的阈值,根据相邻交通状态点之间的关系将交通状态分为畅通、过渡状态、拥挤 3 类。近年来,车载 GPS、视频识别等技术的发展扩充了交通数据源与数据量,也为识别方法的突破提供了支持。Lin 等利用数据立方技术,将时空关联性考虑在内,通过车速对城市拥堵路段进行了辨识。刘聪等提出一种基于卡口系统车牌识别数据来识别交通拥堵并能准确获得拥堵持续时间、拥堵类型等交通信息的新兴方法。同时,基于聚类的无监督学习方法也被普遍用于交通状态的分类中。任其亮等根据检测器数据采集到的道路速度、交通量和事件占有率数据,对交通流数据样本进行动态模糊聚类,确定了 3 种道路交通状态。

表 2-8　城市道路交通状态参数优缺点总结

参数	数据源	优点	缺点
平均速度	检测器、浮动车 GPS	反映出行者的感受、可大范围监测	受噪声影响大
交通流密度	视频	准确描述道路上拥挤程度	难以获取、无法全范围监测
交通流量、V/C	检测器、视频	直观性强、易于获取	无法有效判断低流量下的真实交通状态
占有率	检测器	易于获取	无法全范围监测

在城市道路交通状态评价方面,由于目前缺乏统一的判别交通拥堵状态的标准阈值计算方法,大多数研究都是根据经验进行判别,在实际应用中不能够真实地反映交通拥堵状况。部分研究因交通拥堵状况参数的相似性和模糊性,通过聚类分析确定交通拥堵标准阈值,会更具有科学性和适应性。然而,大多数算法分析都是基于单个路段的速度、流量、行程时间等传统交通流参数进行,缺乏对城市大范围内交通状态特性的精细刻画。同时,对于交通流动态变化特性、相邻路段或相邻时间窗的时空特征也少有涉及。由于交通流具有非线性特征和内在的时空相关性,在大数据环境下,传统方法在交通流描述方面缺陷明显。

2　基于轨迹数据的交通状态评价指标选取

传统交通流理论利用交通量、速度和密度 3 个参数来描述交通状态的基本性质,但在实际工程应用中,考虑到数据源和采集难易度等多种因素,往往无法准确地获得其真实值。因此,需要在对数据采集机制、交通流参数和车辆行驶行为充分理解的基础上,拓展出更加实用且准确的交通状态表征方法。网约车轨迹数据具有时空覆盖率广的优点,是一类高效表征全时空范围内的城

图 2-16　南京南站周边地区路网图

市道路交通状态的数据。因此，本节在传统交通流3个参数的基础上，提出基于海量GPS轨迹数据的路段交通状态评价指标，以南京南站周边地区路网（图2-16）为例，对交通状态变化特征进行判断与分析。

2.1 浮动车交通量

由于浮动车样本数只占道路实际通行车辆的一部分，所以通过GPS数据获取到的流量值与实际流量值具有一定的差异，但不同路段之间的流量相对值却能在一定程度上反映交通流在路网中的分布情况，进而可对道路交通状态进行合理表达。路段交通量可根据某一时段路段上轨迹的数量而确定。

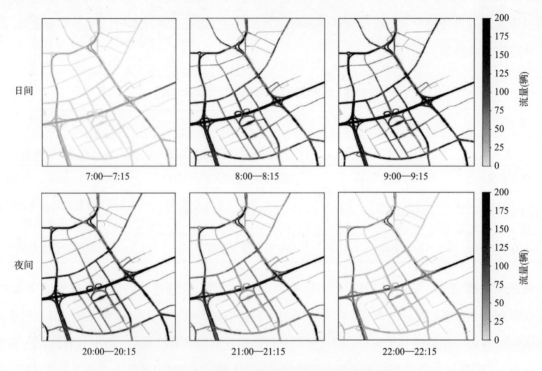

图2-17 南京南站周边地区不同时段路网流量分布

以15 min为时间间隔获得的南京南站周边地区路段交通量计算结果如图2-17所示。可以看出，在夜间时段，该区域所有路段的流量水平很低，所有路段都处于畅通的交通状态；当早高峰开始时，该区域东西方向与南北方向的两条主要高速路车流量增加明显。除此之外，流量水平较高的路段是南京南站的南北落客平台区域，但由于这些道路本身的通行能力较大，属于重要的运输通道，因此在整个日间范围内，其流量水平通常都会明显高于其他次要道路。因此，路段流量可以有效识别出可能发生拥堵风险较大的路段，但单一的流量参数无法对实际交通运行状态进行准确判断。

2.2 平均速度

路段的平均速度可以通过时空单元内所有GPS轨迹点的速度平均值来计算，其本质是路段上车辆的区间平均速度。图2-18反映的是在不同时段南京南站周边地区路段速度的分布图，可以看出，大多数低速区域出现在路段的交叉口，说明该处的停车延误较高。在高峰时段，低速区域会从交叉口呈扩大趋势地向上游路段蔓延，但这种影响会随着路段距离增加而逐渐减弱；部分非交叉口路段的速度水平长期较低，一般来说这与该路段所处位置和功能有很强的关联性，比如在南北落客平台，车辆会因为上下客流而产生大量的排队延误。因此，速度可以很好地表征大部分路段的交通状态，但对于特殊路段或者交叉口位置的间断流，不能够较好地描述。

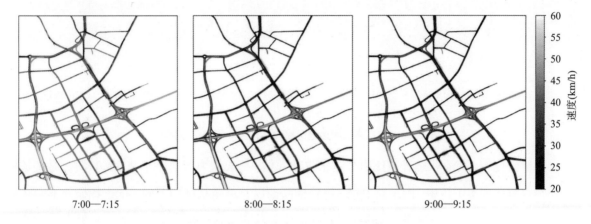

图 2-18　南京南站周边地区不同时段路段平均速度分布

2.3　速度标准差

路段平均速度可以比较直观地反映一段时间道路的整体交通状态，但缺乏对车辆微观加减速行为的描述。对于某条子轨迹来说，它所包含的所有轨迹点瞬时速度的标准差可以直接反映车辆通过该路段时车速的波动情况，因此可以通过计算不同轨迹序列里速度标准差的均值来表示路段交通状态的平稳度。

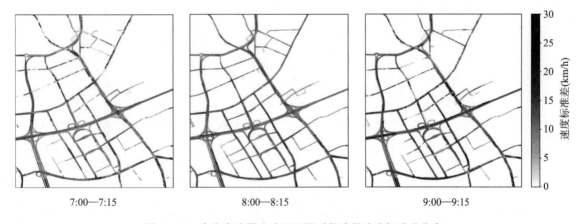

图 2-19　南京南站周边地区不同时段路段速度标准差分布

图 2-19 反映了南京南站周边地区不同时段路段速度标准差的分布图。可以看出，在非高峰时段，速度标准差水平较高的路段主要集中在交叉口或匝道出入口处，这是由该区域车辆的汇聚与停车行为导致的。而随着早高峰开始，在非交叉口和匝道的普通路段上的速度标准差水平也逐渐升高，说明该区域路段上车辆加减速行为频繁，可能存在偶发性的短暂拥堵现象。从上述分析可以看出，速度标准差在一定程度上可反映路段交通流的稳定性，可以作为表征道路交通状态的辅助参数。

2.4 车速比

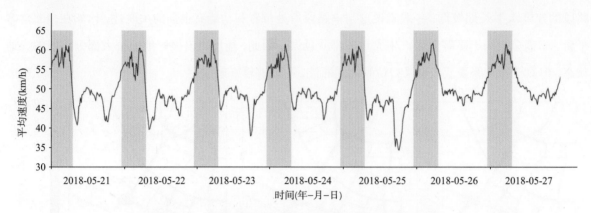

图 2-20 南京南站周边地区路网平均速度周变化示意图

在大量研究中,交通状态普遍使用车速来进行评估,一般认为车速小于 20 km/h 的交通流是拥堵车流。然而在现实生活中,因道路等级、道路横断面以及道路状况的差异,车速特征并不能客观地反映道路拥堵状况。相比之下,车速比是科学的交通状态评价指标。车速比是实时路段平均速度和路段畅通速度的比值,数值越高,表明交通拥堵状况越严重。一般来说,单日最大的行程车速可以作为路段畅通速度的标准值,但在实际应用中有 2 个因素影响其作为路段畅通速度标准值的准确性:一是单日最大行程车速受驾驶员个人行为影响较大,不具有反映大多数车辆行驶特性的能力;二是在交叉口处受信号周期的影响,车辆在不同相位的车速特征相差较大。

通过绘制研究区域整体的平均速度在一天的变化图,可以明显看出夜间(22:00 至次日 7:00)的路段速度水平时明显高于白天,可以认定车辆在夜间的行驶是自由流。因此在本研究中,路段畅通速度通过夜间路段行驶速度的平均值来确定。

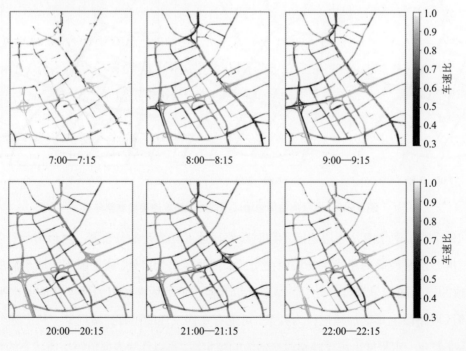

图 2-21 南京南站周边地区不同时段路段车速比分布

图 2-21 反映的是南京南站周边地区路段车速比在不同时段的分布图,可以看出,包括交叉口在内的大多数路段在大部分时段的车速比可以维持在 0.7 以上,说明南京南站周边地区整体交通状态良好;在早高峰和晚高峰时段,在南北走向的主干快速路上,存在车速比降至 0.3 左右的路段,说明该时段该区域的通行速度要显著低于其他时段,大概率发生了较严重的交通拥堵,符合现实早晚高峰该地区的拥堵情况。由此可以看出,车速比是一种比较适合表征大规模、多层级的城市道路交通状态的指标,不仅考虑了路段自身的拥堵特征,也弥补了用速度直接表征而造成误判的缺陷。

3 基于聚类的交通状态感知

3.1 聚类方法选取与改进

聚类算法的主要目的是将特征空间中的样本点按照相似性进行组织和分类。由于数据量巨大,以及城市道路交通状态的识别问题,对数据进行预分类不具有可行性,因此可采用合适的聚类方法对所获取的各类交通流参数的内在特征进行提取和学习,最终找到不同交通状态之间的阈值界限,从而对整个路网的交通状态进行识别。

K-means 算法是一种基于原型的聚类方法,它基于初始化产生的几个中心点(原型),根据样本距离各中心点的距离将样本分类。通过每个新生成的样本簇,对中心点进行更新,如此不断迭代,最终获取最优的聚类结果,它的计算复杂度不高,适合对样本级别较大的数据进行聚类分析。基于前节获得的研究区域所有路段的交通流特征数据,包括平均速度、流量、车速比和速度标准差,选取 2019 年 5 月 21 日当日的数据,以 15 min 为统计时间间隔进行实验分析。由于聚类数目和噪声依旧会对聚类效果产生很大的影响,实验首先对交通流样本进行了有效筛选,为此展开了以下工作。

(1)由于夜间车辆通行自由度较大,且样本量较小,获取的交通流参数受车辆自身驾驶行为的影响要大于道路交通状态,且在大多数时段夜间的道路交通状态可以默认为畅通。因此聚类样本将从日间数据中进行选取。

(2)研究区域中的道路存在大量的短路段,这些路段在单位时间内可采集到的 GPS 点数量较少,属于置信度较低的样本数据。因此,在进行聚类时应加以剔除。

通过绘制箱形图对不同等级和类别道路的交通流特征进行对比分析。图 2-22 中,1、2、3、4、5 分别对应城市高速、城市快速路、城市主干路、城市次干路和其他道路,可以看出,各等级道路交通流参数的数值分布具有显著差异。其中,城市高速、城市快速路与城市主干路的流量与平均速度水平较高,而城市次干路及其他类型道路的速度标准差与车速比的分布更加离散。因此,为消除不同等级道路上样本的相互影响,需对不同道路等级的路段分别进行聚类分析。

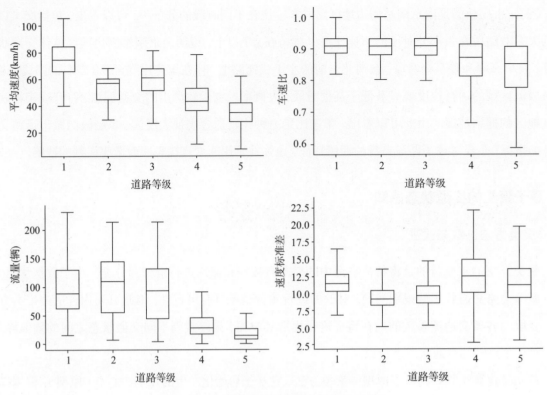

图 2-22 不同等级道路各交通状态参数分布

3.2 聚类结果分析

基于上一节的筛选方法，选取各等级道路的交通流数据样本进行聚类分析，最终目标是识别出路段交通状态为拥堵、缓行与畅通这3种模式中的哪一种。首先通过设置聚类数目分别为3、4、5、6的预实验，根据轮廓系数评判聚类结果，见表2-9。综合对比后，确定最佳聚类数目为4。

表 2-9 不同聚类数目设定下的聚类效果评价

聚类数目	3	4	5	6
轮廓系数	0.342	0.456	0.385	0.296

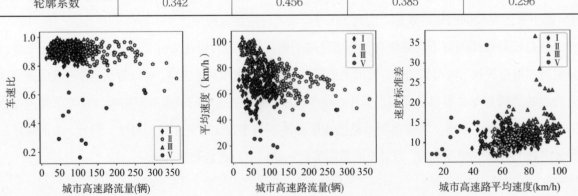

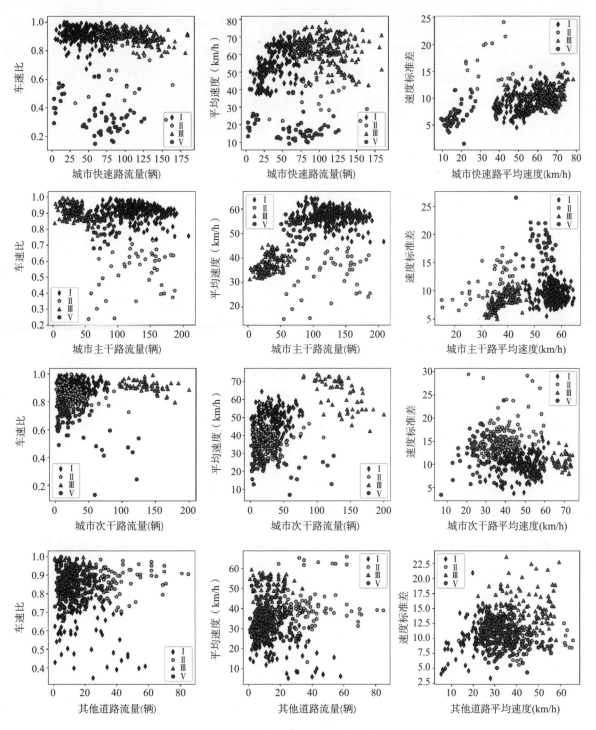

图 2-23 不同等级道路的交通状态聚类结果

图 2-23 和表 2-10 分别展示了不同等级道路的聚类结果在二维空间的投影和各项状态参数的聚类中心分布情况。从图 2-23 可以看出，不同等级道路的聚类结果呈现较大的差异，高等级道路，比如城市高速路、快速路和主干路的簇间差异较为明显，而低等级道路不同状态聚类簇间的界限相对模糊。聚类中心反映的是该类簇的全局特征，基于不同等级道路各个类别的聚类中心数值的相对水平，可以对类所属交通状态进行评判。由上一节分析可知，不同指标在描述交通状态的准确性和可靠度上具有

一定的差异。因此，在评判时需结合交通状态指标的优先级来进行综合评判。其中，车速比和平均速度将作为主要评价指标，而流量和速度标准差则作为次要评价指标。例如，在城市高速路样本中，属于Ⅳ类在平均速度与车速比2项状态参数上的聚类中心取值为29.19 km/h 和 0.44，要显著低于其他类，属于典型的拥堵流；而Ⅰ、Ⅱ、Ⅲ类的平均速度与车速比相差不大，具备畅通交通状态的基本特征。实验证明，该方法可以有效甄别出道路上的交通状态异常情况，并对不同等级道路的交通状态进行合理划分。

表 2-10 不同等级道路的聚类中心

道路类型	类别	流量（辆）	平均速度（km/h）	速度标准差（km/h）	车速比	交通状态
城市高速路	Ⅰ类	76.13	64.33	10.75	0.90	畅通
	Ⅱ类	158	68.62	10.67	0.88	畅通
	Ⅲ类	58.3	86.36	13.83	0.92	畅通
	Ⅳ类	136	29.19	11.87	0.44	拥堵
城市快速路	Ⅰ类	38.31	54.17	8.85	0.91	畅通
	Ⅱ类	70	42.43	3.65	0.659	缓行
	Ⅲ类	106	63.19	10.45	0.901	畅通
	Ⅳ类	66	17.26	7.06	0.339	拥堵
城市主干路	Ⅰ类	128.96	56.88	9.23	0.906	畅通
	Ⅱ类	43	32.63	11.32	0.520 2	拥堵
	Ⅲ类	133	37.81	8.196	0.909	畅通
	Ⅳ类	80.79	51.93	17.92	0.821	缓行
城市次干路	Ⅰ类	27.41	45.99	9.833	0.899	畅通
	Ⅱ类	26.84	38.39	15.91	0.833	缓行
	Ⅲ类	131.81	61.35	10.89	0.891	畅通
	Ⅳ类	37.32	27.551	11.83	0.655 3	拥堵
其他道路	Ⅰ类	16.18	19.759	10.544	0.604	拥堵
	Ⅱ类	41.8	30.23	9.65	0.812	缓行
	Ⅲ类	12.32	42.678	14.96	0.852	畅通
	Ⅳ类	12.03	33.40	10.03	0.862	畅通

4 结论

本篇提出了基于浮动车轨迹数据的道路交通状态表征指标提取方法,以南京市周边地区路网为例,通过计算路段浮动车流量、平均速度、速度标准差与车速比4个交通状态评估指标,验证了所提出指标能够客观反映出该地区路网交通流的变化特征及拥堵的发展过程。其中,速度标准差可以对交叉口或匝道等区域间断流的特征进行合理描述,车速比可以更直观地描述多层级的城市道路的交通状态。在此基础上采用改进后的 K-means 算法,对不同等级道路筛选后的交通状态指标分别进行聚类分析,结合交通状态分类的先验理论知识,将城市道路的交通状态较为合理地划分为畅通、缓行、拥堵3类。

参考文献

[1] Greenshields B, Channing W, Miller H. A study of traffic capacity[C]. Highway Research Board Proceedings, 1935.

[2] Kerner B S. Three-phase traffic theory and highway capacity[J]. Physica A: Statistical Mechanics and Its Applications, 2004, 333: 379-440.

[3] 吴正升,胡艳,何志新. 时空数据模型研究进展及其发展方向[J]. 测绘与空间地理信息,2009, 32(6): 15-17, 21, 24.

[4] D'abadie R R, Ehrlich T F. Contrasting time-based and distance-based measures for quantifying traffic congestion levels: Analysis of New Jersey Counties[J]. Transportation research record, 2002, 1817(1): 143-148.

[5] Washburn S, Kirschner D. Rural freeway level of service based on traveler perception[J]. Transportation Research Record: Journal of the Transportation Research Board, 2006, 1988(1): 31-37.

[6] Persaud B N, Hall F L, Hall L M. Congestion identification aspects of the McMaster incident detection algorithm[J]. Transportation Research Record, 1990(1287).

[7] 达庆东,姜学锋. 基于流量:占有率检测数据的交通状态划分[J]. 道路交通与安全,2002, 2(3): 29-31.

[8] Liu X, Yang Y, Qing Q L. Identifying urban traffic congestion pattern from historical floating car data[J]. Procedia-Social and Behavioral Sciences, 2013, 96: 2084-2095.

[9] 刘聪,李娟,马丽,等. 基于卡口系统车牌识别数据的交通状态判别方法[J]. 青岛理工大学学报,2017, 38(2): 90-99.

[10] 任其亮,谢小淞. 基于遗传动态模糊聚类的道路交通状态判定方法[D]. 2007.

作者简介

李喆康,1996年10月生,男,安徽宣城人。南京市城市与交通规划设计研究院股份有限公司,助理工程师。研究方向:大数据分析,城市公共交通。通信地址:江苏省南京市玄武区珠江路1号,邮编:210018。联系电话:15295667529。

数据驱动下的精细化交通组织在城市交通治理中的实践应用

龚彦山，周娇

（南京市城市与交通规划设计研究院股份有限公司，江苏 南京 210000）

摘要：精细化交通组织的主要任务是充分利用交通设施资源，实现交通供需平衡的优化，提高交通体系运行效率，保持交通畅通和安全。本篇以南京近年的交通组织工作实践为依托，提出大数据技术应用背景下，精细化交通组织的决策支撑机制构建思路、优化原则。

关键词：交通组织；交通设计；多源数据分析；交通建模

1 引言

近十年南京私家车年均增长率达10%以上，使南京城市交通拥堵日趋严重。中心区道路网络在高峰时段基本处于饱和状态，整体稳定性较差，一旦遇到突发情况，容易发生大面积拥堵。

传统交通组织以交通管理部门为工作主体，主要通过在道路建成后设置交通标志标线、交通信号等方式引导交通流在道路上运行均衡，实现交通运行通畅。但在实际操作中，一方面交管部门主要承担行政管理职能，并非专业从事交通系统研究的单位，因此对交通运行优化缺乏全局性的把握，往往只能就地疏导交通拥堵，难以从系统、根源上解决问题；另一方面传统交通组织一般较为粗疏，也缺乏大数据分析、优化方案仿真测试等技术辅助，对交通设施潜能的挖掘仍不足。

城市由增量发展向存量发展转变，基于全面的数据分析和仿真评估，通过精细化交通组织引导交通供需平衡优化，挖掘交通系统运行潜能，是未来城市交通治理的重要方向。

2 精细化交通组织概念阐述

2.1 精细化交通组织方法理念

道路交通组织是指道路交通管理部门根据国家有关法律、法规，采取科学手段，综合运用交通规划、交通设施和行政管理等措施，对道路上运行的交通流实施疏导、指挥和控制等工作的总称。

随着大数据技术应用逐步成熟，精细化交通组织实际是在数据驱动的交通组织决策支撑下，从宏观系统优化和中微观组织优化两个层面优化城市交通的供需平衡，是从城市交通规划、建设、运行到管理的全过程优化调整。在城市整体道路网络设计优化的基础上，对城市道路设施层面的交通问题进行细致的研究，科学地分配交通时空资源，全面挖掘交通设施潜能，消除交通冲突，保证交通有序、通畅。

2.2 精细化交通组织的研究

国外对城市道路交通组织的研究较为成熟，已经形成了标准手册、技术标准或规范。如2009年，美国联邦公路局（FHWA）发布的MLTTCD手册中有详细的交通组织方式以及配套的渠化措施、交通设施，如对设置标志标线、防撞桶等设施有明确要求。同时，由于发达国家大规模规划建设已经结束，其城市规划发展的重点放在研究精细化增长模式上，由传统的分区规划转向网格式规划，更注重个性化的街道设计，强调因地制宜地设计人行设施、道路设施和停车设施。

我国的交通组织研究已经基本规范化，国内学者也对城市交通组织进行大量研究，很多城市出台了相应的设计规范。2017年，由公安部道路交通安全中心联合同济大学编写的《城市道路交通组织管理实用手册》出版发行，从基础理论和实用方法两个角度，对道路节点、道路路段、道路网络、新理念和新技术等7个方面提出了交通组织管理对策。而各大中城市的交通组织正处在探索精细化和个性化的过程中，研究重点放在分类交通流特性与差异化治理、交叉口渠化设计、街道精细化设计等方向上。如同济大学李克平提出在交叉口对不同方向和类型的交通流进行精细化管理设计，交通设计中强调人性化导向，利用交通岛、导流线和信号控制提升交通流运行效率和出行舒适度。叶朕、李瑞敏提出"完整街道"的理念，保障各类出行均有同等道路使用权，完善城市道路对不同出行方式的服务功能，以促进绿色交通发展。

国内外精细化交通组织研究成果，主要集中在城市各维度的交通组织研究框架、交通设施设计方面，但对交通组织方案制定中的定量分析研究较少，而实际应用中多以传统的实地踏勘、调查和统计资料作为交通组织研究的数据基础，缺乏多视角、大样本、实时性的基础数据体系和基于大数据的交通仿真预测支撑。

3.1 数据驱动下的交通组织决策支撑系统

随着大数据、云计算、人工智能技术的突破，智能化、信息化发展作为国家核心发展战略已在各领域逐步落地。依托大数据及人工智能技术，构建交通信息获取、交通组织方案辅助决策、方案仿真与实施反馈的全流程决策支撑系统，是精细化交通组织工作的数据来源和定量支撑，对交通组织优化起到方案引导和效能评估作用。

系统一般分为交通机理分析、交通建模评估两大模块。首先引入手机信令、公交IC卡和GPS数据、地铁AFC数据、视频监测等多源数据，对人群出行进行画像，并对居民出行的频率、起讫点、出行方式等特征进行集计分析。结合传统调查，从个体、城市或片区多个视角分析交通出行的特征机理。基于交通机理分析成果，构建多层次的交通模型，应用于城市、交通系统宏观和交通流特性中微观评估。在交通组织改善中，明确改善对象涉及的特定交通流，利用前述模块对其进行溯源追踪,明确其起终点、路径、规模和时段等要素,从宏观路网、片区节点和微观设施多维度进行针对性的组织改善,将改善措施置入相应模型,进行改善效果的再评估。

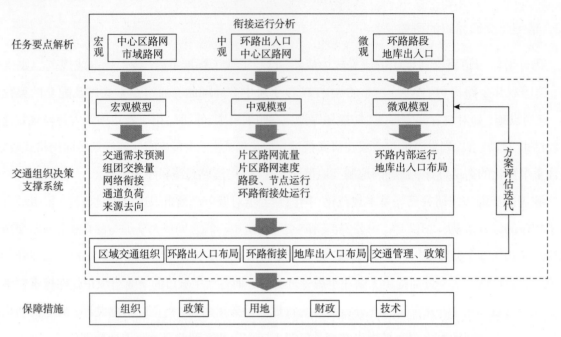

图 2-24 交通组织决策支撑系统应用流程(南京江北新区地下环路交通组织优化)

1)基于大数据技术的交通机理分析

分析手机信令、公交 IC 卡和 GPS、地铁闸机、道路视频监测等多渠道的数据,挖掘并精准还原居民交通出行的时空轨迹并分析其特征,进而构建交通机理分析体系。

从个体角度,分析个体出行频率、出行目的、出行方式和出行路径,以及习惯性和偶然性出行的差异,同时分析个体出行特征与城市区位、交通供给等外部因素之间的关系。

从城市或片区角度,分析城市交通时空分布、各关键断面、节点的交通供需平衡,核心区的影响腹地形态、支撑性客流走廊分布、组团活动圈层等指标,以此作为交通模型构建的经验依据。同时,通过对比城市之间的交通运行优势,指导后续交通组织改善的价值取向和总体思路选取。

2)多层次交通建模评估

交通组织的关键是基于交通供给的交通流均衡分布,但城市形态、自然条件等限制往往导致交通流在部分节点汇聚,引发休克性拥堵,并随着路网将拥堵扩散出去。这样的汇聚往往出现在不同等级路网连接的界面上,包括区域路网与片区内部路网的转换界面,如高等级道路与片区道路间的匝道、路口等;片区内部路网转换、片区内地块间的进出界面,如交叉口、地块出入口等;以及地块交通设施的内部转换界面,如地下车库的进出口等。因此需要构建面向多视角、立体路网的多层次交通建模评估体系,明确特定交通流在各层级路网间的转换路径、转换节点的负荷,实现问题路段、节点上的交通流追踪,从而指导后续的交通组织改善。

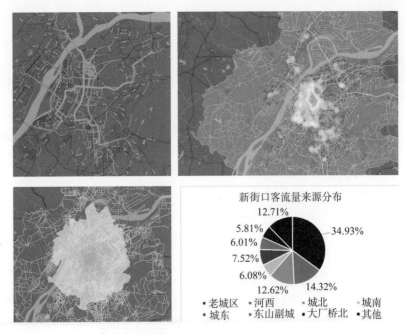

图 2-25　核心区交通特征分析（新街口）

在宏观模型层面，对城市、区域进行宏观交通运行评估，对城市或区域范围内重要的节点进行交通流转换规模、转换节点能力和转换节点负荷的评估。对作为组织对象的特定交通流，明确其在市域范围内的来源去向，以及交通流起终点之间的路径，并研判交通流对关键节点、断面的影响。

在中观和微观模型层面，针对交通组织改善对象所在区域内部的路网运行进行评估，主要分析片区路网饱和度、车速、排队和延误，以及评估作为组织对象的特定交通流在片区内部的路径及因此引发的转换节点压力。

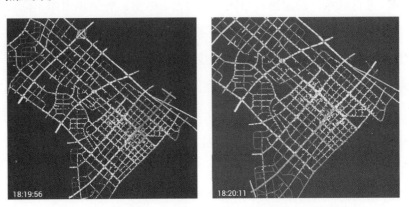

图 2-26　中观模型下断面交通流在片区路网上的路径仿真

3）溯源追踪式的交通组织改善与再评估机制

对多层次模型评估中检测出的拥堵点、事故点，追溯其交通流在区域路网、片区路网和交通设施的出行路径、转换节点，划分其影响层级，在宏观路网、片区组织和微观设施多层面针对性地改善交通组织，实现交通需求与交通供给的平衡优化。

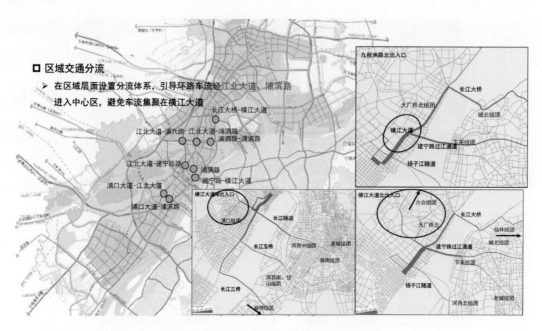

图 2-27 溯源追踪引导下的区域交通分流

最后,形成方案优化与定量评估交互进行的交通组织改善机制,在把握改善原则、理念的前提下,不断优化和评估循环,从理念原则的实现、优化效果的反馈两个方向,逐渐接近最优方案。

3.2 城市宏观交通系统优化

1)道路系统与级配优化

城市道路体系中,城市功能组团间通过快速路、主干路以及公交系统(以大中运量公交系统为主,常规公交为辅)进行联系。快速路从组团外围经过,尽量避免分隔组团,实现机动车流快速联系;主干路、大中运量公交系统贯穿组团,主要服务公交客流联系。同时构建快速路加密线,联系主要轴线方向,与组团间快速路配合,形成快速路在外围围绕组团的盒状布局。

对于中心城区的片区内部则应以"小街区、密路网"为引导,使交通流均衡分布,强化支路网建设,提高街区的可达性,尤其是慢行交通与公共交通的可达性,塑造高品质的城市空间和交通环境。同时,实现机动化与慢行交通在空间上的适当分离,通过慢行走廊与公交系统紧密结合的组织方式,引导居民通过慢行或慢行+公交出行。

经过"十三五"期间的城市道路建设,南京已形成由快速路、主干路、次干路、支路和街坊道路构成的城市道路网体系,除支路网密度仍有待提高外,道路级配、路网布局已日趋成熟与合理,这为构建精细化交通组织提供了良好的设施体系基础和外部环境。

2)交通需求管理引导

交通需求管理主要用于限制特定区域内机动车的流量,引导居民出行向慢行、公交出行等方式转移,可通过提高养路费、购车税、燃油消耗、交通拥堵收费、公交出行激励等政策手段实现。

南京交通需求管理引导以停车控制和区域通行管控为主。控制主城区范围内的停车供给,大幅提高停车费用，显著抑制了小汽车的出行需求。同时，在新街口核心商圈设置了禁停区，禁止私家车、出租车和网约车在路边上下客和停车，该举措实施后显著提高了拥堵片区的通行速度，也限制了该片区的小汽车可达性，引导大量出行需求向公共交通转移。

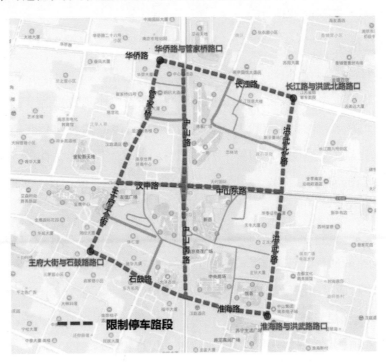

图 2-28　新街口核心田字格主次干道禁停

3.3　片区中微观交通组织优化

1）车行设施优化设计

（1）城市道路交通组织设计的总体原则

城市道路划分为快速路、主干路、次干路和支路 4 个等级。针对不同等级道路，其服务对象、交通功能有显著差异，对道路运行的要求也有相应的取舍，因此机动车道交通组织设计有两项基础原则：

首先，车流自下而上，逐级集散。即各级道路只吸引下一级道路的交通流，向上一级道路输送客流。避免出现本级道路越级承担交通功能，等级不相近的道路直接发生车流转换，而因流量、车速差异造成交通瓶颈的情况。

其次，重要节点之间的道路保持固定的基本车道数，避免瓶颈生成。相邻的路段间，一个方向的基本行车道数变动不能大于1，保持主辅路交汇处车道总数的平衡。同时，在交通组织过程中，应充分评估交通流转换需求，配置相应的车道数量。

（2）路权划分

通过物理隔离设施、单向车道、潮汐车道、公交专用道、城区货车禁行、步行街等路权划分设置，可以有效避免多方式车种的交通流混合，从而使小汽车、货车、公交和慢行各行其道，提高交通运行效率。

路权划分方式应在宏观的交通流组织设计引导之下进行，与路网结构、出行可达性需求相适应，积极采用适应交通流特征的路权划分，引导出行的时空合理分布；应降低限行、禁行、绕行等粗暴干预手段的使用，以保障交通设施使用的公平性，避免出行便捷性受到严重干扰而造成额外的出行成本。

（3）道路宽度优化

设计机动车道时，应在提高道路通行能力和减少机动车流交织之间寻求平衡。路段单车道宽度应当依据行驶车辆的车型，以及设计车速来确定。一般路段车道宽度为 3.75 m，进入路口车道宽度为 3.5 m，但在道路通行能力需求较大，而大型车辆不超过 10% 的进口车道，其宽度可压缩到 2.75 m，特殊情况下进口车道宽度可压缩到 2.5 m，同时应通过微观交通仿真对路段的通行情况进行模拟，以保障道路通行的安全和效率。

（4）道路交叉口优化

道路交叉口是交通拥堵、交通事故的多发点，在城市道路设计过程中，对交叉口进行精细化设计，可以提高道路网络的通行效率。交叉口改善分为行车空间改善和信号相位改善。

行车空间改善主要通过精细化设计，减少占用交叉口空间；利用压缩中分带宽度等偏移车道中心线的形式，来提高交叉口车道数与路段上车道数的匹配程度。根据流量重新划分车道功能，对于转向流量小的进口车道，可根据实际情况减少转向车道数或与直行车道合并。机非分离与慢行改善，在交叉口实施严格的物理分离，减少机非间的干扰；设立自行车左转等待区，减少非机动车通过交叉口的时间，提高交叉口非机动车的通行能力，增设行人过街安全岛，保障行人的过街安全等。

信号相位改善，主要是根据道路流量精细化设计信号相位数、相位时长，对重要干路的沿线交叉口进行联动控制，实现交通廊道上的绿波带，通过来车检测与放行实现公交信号优先。

（5）停车系统优化

鼓励在多点分散、小规模占地、立体建设的前提下，由政府无偿划拨，将公共停车设施用地纳入道路市政等公共设施用地范畴。结合老城出新、环境整治和城中村改造等机会，特别是为解决老旧小区和医院等停车需求较高地区的停车难问题，针对性地引进停车新技术，见缝插针地建设停车设施。地下立体机械车库，停车楼占地小，建设成本较低，库容量大，生态节能环保效果好，技术成熟可靠，可以利用区内边角绿地或拆除部分违章搭建进行建设。

例如，南京新建"摩天轮"式立体停车楼，如图 2-29 所示。

同时，严格管理停车场、楼、库周边的路内停车，取消其 300 m 范围内的路内停车位，并严格禁止路边停车，引导停车需求向

图 2-29　南京"摩天轮"式立体停车楼

既定停车设施转移，减少停车设施的空置。

2）绿色出行系统优化

（1）慢行设施

首先，按规范设置干道两侧人行道宽度。对于功能集聚、道路用地紧张的区域，可拆违破墙。利用建筑退让的距离，突破大院、小区的封闭式管理，在早晚高峰期大院、小区内部的主要道路对行人开放，释放步行交通空间，扩大步行交通容量，改善步行交通环境。

其次，结合地区景观特征构建特色步行系统，如塑造南京山城水景观特色，形成绕城（明城墙）、沿河（秦淮河）、山间（紫金山）的特色步行系统，在展现城市景观特色的同时，为居民的休闲娱乐提供场所。

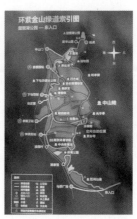

图 2-30 环紫金山绿道

（2）公交设施

首先，对公交站点进行优化。公交停靠站有2种模式：一种为直线式公交停靠站，公交停靠对道路交通通行影响较大，易引发道路拥堵；另一种为港湾式公交停靠站，公交车进站停靠，减轻了对主线交通流的干扰，可以在一定程度上缓解局部交通拥堵状况。特别是深港湾式的设计方案中设置了超车通道，使得公交车辆停靠对道路主线车辆的运行干扰极小，且对同方向运行的公交车辆运行影响微弱。

其次，对公交接驳设施进行优化，包括慢行、小汽车和公交接驳方式的优化。南京在各地铁站点和公交站点大力推行共享单车、公共自行车停车空间的划定，进行慢行无障碍化设计，并加强重要客流集散点的公交设施配置，提高居民慢行可达性和舒适性。在外围地铁站点进行"P+R（停车+换乘）"设施的规划，引导外围车流通过停车换乘进入中心城区。同时，重点加强公交与地铁的换乘衔接，减少换乘距离，推进换乘空间的人性化设计，提高城市居民对"公交+地铁"的组合出行意愿。

图 2-31　共享单车停车空间与地铁站点结合

4　结语

近年南京市交通拥堵治理中精细化交通组织的实践表明，采用精细化交通组织手段提升交通规划设计方案具有合理性，挖掘已有交通设施的潜力、改善交通出行品质是可行的。随着科学发展观逐步普及，在城市建设逐渐转向存量开发的大趋势下，精细化交通组织将是未来交通提升运行效率、服务品质的关键，对于进一步提升城市交通水平具有重要意义。

参考文献

[1] 宁乐然.道路交通安全通论[M].北京：中国人民公安大学出版社，2006：164.

[2] Federal Highway Administration（FHWA）. Manual on uniform traffic control devices[M]. Alphascript Publishing, 2010: 1-20.

[3] Walters D, Read D. Form-based zoning from theory to practice. Insider's Perspective, 2014, 39(1): 29-36.

[4] 李克平，倪颖.城市道路交叉口精细化规划设计与控制管理[J].城市交通，2014，12(05)：54-59.

[5] 叶朕，李瑞敏.完整街道政策发展综述[J].城市交通，2015，13(1)：17-24.

[6] 杨晓光，徐辉，王健，等.港湾式公交停靠站设置条件研究[J].中国公路学报，2011，24(1)：96-102.

作者简介

龚彦山，男，1991年4月生，江苏盐城人。南京市城市与交通规划设计研究院股份有限公司，工程师。研究方向：精细化交通组织设计、交通建模与数据分析。电子邮箱：bhgys@126.com，通信地址：南京市玄武区珠江路珠江1号56楼，邮编：210001，联系电话：15205151760。

周娇，女，1986年2月生，陕西潼关人。南京市城市与交通规划设计研究院股份有限公司，大数据中心副主任，高级规划师。研究方向：精细化交通组织设计、交通运输规划与管理。电子邮箱：625293699@qq.com，通信地址：南京市玄武区珠江路珠江1号56楼，邮编：210001，联系电话：15951612600。

江苏省"十一"黄金周客运交通出行特征分析

刘秀彩[1]，白桦[1]，徐逸昊[1]，汤逸飞[2]

（1. 华设设计集团股份有限公司，江苏 南京 210005；
2. 伊利诺伊大学厄巴纳-香槟分校，美国 伊利诺伊 61820）

摘要：为掌握节假日期间区域客运交通的运行特征，分析公众出行规律和需求，本篇运用数理统计方法，结合高速公路、铁路、航空三大出行方式数据，分析江苏省某年"十一"黄金周期间出行客流量变化情况，其结果可为城市"十一"假期交通预测、管理部门规划决策提供量化参考依据。

关键词：节假日；区域客运；交通运行；出行规律

1 前言

城市化进程加快和公众生活水平提高，增加了大众节假日出行的可能，但也给旅游景区、商业中心造成巨大的客流压力。同时，综合交通运输体系的网络化发展，使高速公路、铁路、航空等逐渐成为公众假期出行的主要交通方式，其交通出行量也随之增大。与工作日不同，节假日的出行目的、方式、时间等众多因素随机性较强，节假日期间客流呈现的时空分布特性与平时具有很大不同，给综合交通运输体系管理和有序运营造成巨大挑战。因此，准确掌握节假日公众出行的时空分布特性，可有效提高公众出行服务质量，对改善城市交通管理和规划具有重要指导意义。

目前，国内外研究学者对交通出行研究主要集中于交通拥堵判断、节假日短时流量预测、大型活动期间的客流特征，以及偏重于经验的节假日客运组织措施，而对节假日的高速公路、铁路、航空等不同交通方式交通出行量化分析研究较少。因此，本篇以江苏省为例，分析"十一"黄金周（某年10月1日至10月8日）不同交通出行方式的交通出行量特征，旨在为节假日交通出行量预测和交通管控提供量化依据。

2 基础数据

本次数据主要包括高速公路、铁路、航空三大交通运输方式的数据。

2.1 高速公路收费站数据

高速公路收费站数据包含江苏省430个收费站的数据，数据量6 000万条/月。信息包括运行在江苏省高速网内所有客货车辆的车牌号码、入口站点、入口时间、出口站点、出口时间等34个属性，时间精确到秒。此数据适用于区域和城市的高速公路客货车辆分析，可以准确获得高速公路网的车辆数、货运量（吨）等重要参数。

2.2 铁路票务数据

铁路票务数据包含江苏省53个铁路站点票务数据，信息范围覆盖至全国所有省份。信息包括上车车站、下车车站、铁路车次、运行区间等12个字段，时间精确到天。此数据适用于区域和城市、区县的铁路站点客运量分析。

2.3 航空数据

航空数据包含江苏省9个机场的每月行业统计数据。信息包括机场编码、起点机场、终点机场、客运量（国内客运量、港澳台客运量、国际客运量及其合计）、货运量（国内货运量、港澳台货运量、国际货运量、邮件运量及其合计）等14个属性，时间精确到月。此数据适用于分析机场起讫点及客流量等信息。

3 特征分析

3.1 总体出行状况

"十一"国庆节是公众进行度假、探亲等活动的黄金时期，特别是节假日高速公路免费放行，在一定程度上也增加了公众出行量。某年"十一"黄金周期间，江苏省高速公路每日交通量约904万人次，是平时的1.6倍。随着铁路网的不断建设完善，铁路作为大运量输送旅客的重要交通工具，"十一"黄金周每日客运总量约140万人次。与其他工具相比，航空具有舒适、安全等特点，使之成为许多游客出行首选交通工具，"十一"黄金周期间，从江苏省出发的航空每日接待客流量约6万人次。

3.2 不同交通方式交通出行特征

1）高速公路出行特征分析

（1）"十一"黄金周日交通量

结合某年江苏省高速公路收费站数据，分析高速公路"十一"黄金周期间每日交通量变化情况。由图2-32可知，高速公路交通量最高的是假期第一天，即10月1日，其次分别是10月6日、10月5日，10月8日是假期交通量最少的一天。这充分说明公众选择出行的时间日趋合理化，避峰分散出行的意识越来越明显。

（2）拥堵路段

某年江苏省"十一"黄金周期间拥堵时长高达6h，避开拥堵路段出行，是提高公众出行效率、改善出行质量的有效方法。利用TransCAD对高速公路交通量进行路段流量分配，结果显示，在排名前10的拥堵路段中，沪宁高速占80%，拥堵最严重。

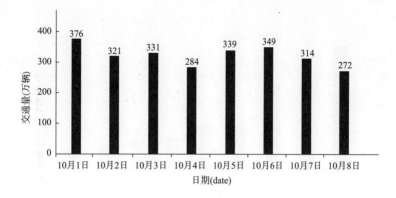

图 2-32　某年江苏省"十一"黄金周期间高速公路日交通量

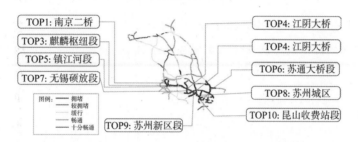

图 2-33　某年江苏省"十一"黄金周期间十大拥堵路段空间分布

2）铁路出行特征分析

（1）"十一"黄金周铁路日客流量

总体上看，与高速公路出行不同，某年江苏省铁路10月8日客流量达到高峰值，10月3日次之，见图2-34。假期前期，乘坐铁路出行客流量起伏较大，后期相对平稳。由此可推断，与出发交通方式不同，公众更侧重于乘坐铁路返程。

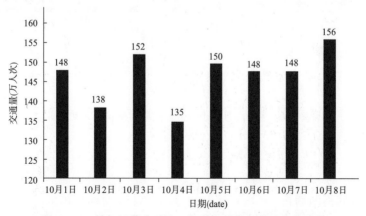

图 2-34　某年江苏省"十一"黄金周期间铁路日客流量

（2）铁路站点客流量

铁路站点是乘客集疏散的重要枢纽。某年江苏省"十一"黄金周期间，南京南站是全省客流量最大的火车站，其次分别为南京站、苏州站、徐州站、无锡站，其日均客流量依次约为16万、11万、11万、6万、6万人次。

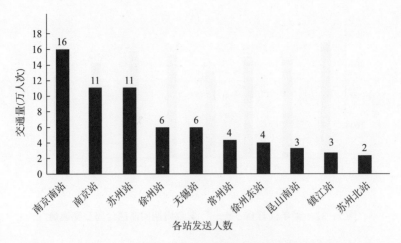

图 2-35 "十一"黄金周江苏省铁路站点日均客流量（排名前十）

3）航空出行特征分析

某年 10 月江苏省机场旅客输送量约 6 万人次 / 日，同比增长 36%，是其他月份的 1.4 倍。南京禄口机场是江苏省客流输送量最大的机场，其输送量约占省内全部机场总输送量的 60%，无锡苏南硕放机场输送客流量排名第二，见图 2-36。

某年江苏省国内客流量较高的航线主要发往经济强省（市）和旅游胜地，例如广东、北京、四川、陕西等城市；由江苏省出境的航班，主要发往日韩、东南亚等国家。

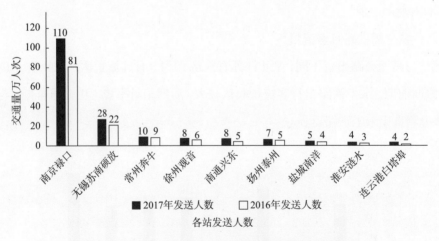

图 2-36 某年江苏省十一黄金周期间机场客流发送量

4 结论

随着节假日客流的不断增长，区域客流时空分布特性受到越来越多的关注。与工作日客流不同，节假日客流以娱乐、旅游等弹性出行为主，在时间和空间分布方面均与工作日客流有较大差异。本篇以江苏省为例，借助数理统计的方法对高速公路、铁路、航空三大交通方式数据进行挖掘和分析，总结某年"十一"黄金周区域客运的时空分布特性，为节假日不同交通方式的运营管理提供了量化依据。未来，结合节假日客流特征研究客流预测方法及不同交通方式的管理运行方案优化将成为交通领域的热点话题。

参考文献

[1] 刘若鸿, 吴海燕. 节假日城市轨道交通客流特征分析：以北京市为例[J]. 智能城市, 2017, 3(3): 343-345.

[2] D'Andrea E, Marcelloni F. Detection of traffic congestion and incidents from GPS trace analysis[J]. Expert Systems with Applications, 2017, 73: 43-56.

[3] 中华人民共和国国家质量监督检验检疫总局, 中国国家标准化管理委员会. 城市交通运行状况评价规范：GB/T 33171—2016[S]. 北京：中国标准出版社, 2016.

[4] Kong X F, Yang J W, Yang Z Y. Measuring traffic congestion with taxi GPS data and travel time index[C]. 15th COTA International Conference of Transportation Professionals. July 24-27, 2015, Beijing, China. Reston, VA, USA: American Society of Civil Engineers, 2015: 3751-3762.

[5] 卢勇, 姚仕伟, 陈永胜, 等. 高速公路交通事故短时预测及节假日交通安全特征分析[J]. 公路, 2018, 63(11): 224-227.

[6] 王兴川, 姚恩建, 刘莎莎. 基于AFC数据的大型活动期间城市轨道交通客流预测[J]. 北京：北京交通大学学报（自然科学版）, 2018, 42(1): 87-93.

[7] 龙思慧, 丁勇. 城市轨道交通车站节假日售票组织优化模型研究[J]. 铁道运输与经济, 2019, 41(1): 116-120.

[8] 陈硕. "十一"黄金周小长假旅游问题研究[J]. 旅游纵览（下半月）, 2017(8): 56.

[9] 陈荣, 梁昌勇, 葛立新. 基于SEA的AGA-SVR节假日客流量预测方法研究[J]. 旅游科学, 2016, 30(5): 12-23.

[10] 马姝宇. 交通信息影响下节假日出行选择行为研究[D]. 北京：北京交通大学, 2017.

作者简介

刘秀彩，女，1991年1月生，山东潍坊人。华设设计集团股份有限公司，硕士，助理工程师。主要研究方向：交通大数据模型及可视化。电子邮箱：787310680@qq.com，通信地址：江苏省白下高新区紫云大道9号，邮编：210005，联系电话：13770597936。

白桦，男，1983年7月生，江苏南京人。华设设计集团股份有限公司，博士，副主任工程师，高级工程师。主要研究方向：交通大数据模型及可视化、交通规划与管理、交通运输工程等。电子邮箱：47148015@qq.com，通信地址：江苏省白下高新区紫云大道9号，邮编：210005，联系电话：13770720909。

徐逸昊，男，1991年11月生，江苏南京人。华设设计集团股份有限公司，硕士，工程师。主要研究方向：交通大数据模型及可视化、城市规划等。电子邮箱：ianxuyh@foxmail.com，通信地址：江苏省白下高新区紫云大道9号，邮编：210005，联系电话：13776668717。

汤逸飞，男，1998年11月生，江苏南京人。伊利诺伊大学厄巴纳-香槟分校，学士。主要研究方向：工程力学等。电子邮箱：yifeit3@illinois.edu，通信地址：江苏省南京市，邮编：210000，联系电话：17715667006。

数据驱动的纯电动汽车用户出行规律分析

张奇[1]，杨洁[2]，刘志远[1]

（1. 东南大学交通学院，江苏 南京 211189；2. 东南大学法学院，江苏 南京 211189）

摘要：通过分析纯电动汽车（BEV）用户的出行规律，本篇提出了一种新颖的模拟优化方法，以研究适用于 BEV 用户的最佳电池容量。基于上海国际汽车城收集的实际 BEV 使用数据分析，将用户的驾驶和充电行为分别由 6 种随机分布进行表征。这 6 种分布主要包括每日出行次数、当日出行最早出发时间、单次出行行驶时间、出行平均车速、2 次连续行程之间的逗留时间以及每次充电前的 SOC，以重建 BEV 用户的每日出行链。通过蒙特卡洛模拟检查电池容量的适应性，基于该模拟找到最佳电池容量。研究结果包括：（1）各 BEV 用户的出行活动存在差异；（2）如果有工作场所可供充电，可减少电池容量高达 33.3%。

关键词：智能交通；纯电动汽车；出行行为；蒙特卡洛；电池容量

1 引言

纯电动汽车以电能为唯一动力来源，通过驱动电动机将电能转化为机械能，具有无污染、噪声小、维修方便、能源转换效率高的特点，有助于缓解日益严重的能源短缺与环境恶化问题。2010 年 6 月，我国颁布了《私人购买新能源汽车试点财政补助资金管理暂行办法》，确定在上海等 5 个城市启动对私人购买纯电动汽车补贴的试点工作；北京、上海、杭州等城市也相继出台了纯电动小客车不限牌、不限行政策。这一系列优惠措施有效提升了市民购买与使用纯电动汽车的积极性。但充电问题是当下阻碍纯电动汽车全面推广的重要障碍。相比较于传统燃油汽车，纯电动家用小客车的续驶里程较短，一般在 150～400 km 左右，同时，受充电功率影响，需要 1.5～8 h 左右的充电时间。在出行过程中，一旦电量偏低，用户易出现"里程焦虑"的心理状态，大大降低了用户驾乘纯电动汽车的舒适感和满意度。大容量的电池设计虽然能在一定程度上缓解用户的"里程焦虑"，但会提升车辆的价格，降低纯电动汽车的市场竞争力。根据用户日常出行需求设计合适的纯电动汽车电池容量，是解决上述问题较可行的途径之一，也是本论文拟突破的方向。

研究者们基于新能源汽车行驶轨迹数据对用户的出行和充电行为规律展开了系列研究。例如，Wu 等人收集了 403 辆插电混动汽车的出行数据，分析车辆每日行驶里程和 2 次充电间行驶里程对电池容量效用的影响。Li 等人针对不同用户每日出行里程的差异性，提出了一种混合分布模型用于描述每日出行里程，从而优化电池容量。Nathaniel Pearre 等人针对亚特兰大地区 470 辆且超过 50

天的出行特征数据,研究结果表明:日均出行里程分布概率最高的区间为19.2～25.6 km,并考虑了不同驾驶员的性格差异而提出了不同的纯电动汽车续驶里程。Franke 等人比较了斯德哥尔摩的电动汽车用户和传统燃油汽车用户的出行数据,发现电动汽车的每日出行次数明显要比传统汽车用户多,并且电动汽车用户在选择购买汽车时更关注汽车的续驶里程范围。然而,对于同一款纯电动汽车车型的用户,不仅用户与用户之间存在出行规律的差异性,而且同一用户每天的出行与充电行为也并不完全相同,因此获取该车型用户出行规律的分布显得尤为重要。赵书强等人基于出行链理论提出一种电动汽车充电需求分析方法,通过蒙特卡洛法探讨了电动汽车在1天出行过程中于不同区域内停驻时间的概率分布特点。温剑锋等人以美国家庭出行调查数据为基础,对出行链中的各特征量进行了分布拟合,并在此基础上运用蒙特卡洛模拟法模拟电动汽车用户的出行行为,进而对充电需求进行了分析。但上述研究所采用的并不是纯电动汽车用户的出行规律,因此难以反映车辆真实的用电与充电需求。

论文依托上海市新能源汽车公共数据采集与监测研究中心在2015年6月至2016年6月期间所采集的50辆荣威E50用户的使用数据,提取每辆车每日出行次数、当日出行最早出发时间、单次出行行驶时间、单次出行平均车速、两次相邻出行间停驻时间、充电前剩余电量6个特征量,构建用户"用电—充电"时间链,并运用分布函数对特征量进行拟合;以蒙特卡洛模拟为手段,按一定的概率对时间链中各特征量分布进行随机抽取,从而形成纯电动汽车用户的用电与充电序列;在此基础上以用户适用度指标为评判标准,确定不同充电条件下电池容量最优的设计方案。

2 用户"用电—充电"时间链模式

对于日常通勤用户,出行链描述了用户从家出发,经过多次出行和停驻过程,再返回家的过程。论文提取了纯电动汽车用户驾驶车辆的出行与停驻信息。其中,出行信息反映了车辆的用电规律,停驻信息可描述车辆的充电规律。如图2-37所示,假设某辆车每天的总出行次数为N,根据其当日出行最早出发时间T_0、第n次出行的行驶时间t_n、第n次与第$n+1$次出行间的停驻时间s_n,即可在时间轴上勾画出用户每日的出行与停驻情况。根据第n次出行的单次出行行驶时间t_n和单次出行平

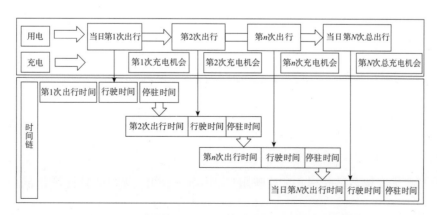

图2-37 日常通勤用户"用电—充电"时间链示意图

均车速 v_n，可估算出第 n 次出行所消耗的电能 E_n^l；根据第 n 次停驻时间 s_n、停驻状态开始时电池的荷电状态（state of charge）SOC_n^1、停驻地点充电设施功率 P（若停驻地点无充电设施，则 $P=0$），可估算出停驻状态结束时电池的荷电状态 SOC_n^2 以及充电获得的能量 E_n^c。由此，构建出纯电动汽车用户"用电—充电"的时间链模式。

3 用户"用电—充电"特征量分布

3.1 数据来源

论文分析对象荣威 E50 为一款纯电动 3 门 4 座的两厢乘用车，电池容量为 22.4 kW·h，一次充电完成后在 NEDC 工况下续航里程在 170 km 以上。通过车载数据采集终端收集了 50 辆 E50 在 2015 年 6 月至 2016 年 6 月期间的使用数据和车辆地理位置数据，采样间隔为 30～60 s。每辆车的记录时长持续 4～12 个月不等，记录时间最长为 357 天，最短为 94 天，总有效记录天数为 7 129 天。其中，车辆使用数据主要包括采集时刻、累积行驶里程、电池电量、电池总电压、车辆启动时间、熄火时间等；车辆位置信息数据主要包括车辆经度、车辆纬度、瞬时速度、GPS 方向信息等。

为提取有效的用电与充电信息，将有效单次出行定义为行程段距离不少于 5 km 且单次出行时长不少于 10 min，有效单次充电定义为充电时长大于 10 min 且充电电量不为 0。通过数据预处理剔除异常数据，提取 50 辆 E50 单次出行信息共计 11 052 条，充电信息共计 6 893 条。表 2-11 汇总了每日出行次数、当日出行最早出发时间、单次出行行驶时间、单次出行平均车速、两次相邻出行间停驻时间、充电前剩余电量 6 个特征量的描述性统计信息。

表 2-11 用电与充电特征量描述性统计分析

用电与充电特征量	样本数	平均值	中位数	最大值	最小值	标准差
每日出行次数 N	7 129	3.53	3	13	1	1.94
当日出行最早出发时间 T_0	7 129	10.38	9.46	23.59	0.06	4.45
单次出行行驶时间 t_n（h）	11 052	0.57	0.43	4.75	0.18	0.43
单次出行平均车速 v_n（km/h）	11 052	22.04	20	89.4	2.72	12.2
两次相邻出行间停驻时间 s_n（h）	11 052	2.7	1.69	22.15	0.06	2.86
充电前剩余电量 SOC_n^1（kW·h）	6 893	11.29	11.20	22.18	0.45	5.69

3.2 用户行为特征分布

拟合不同特征量的离散或连续概率分布，是应用蒙特卡洛方法模拟用户"用电—充电"行为的前提。论文按拟合优度排名后获得 6 个反映用户"用电—充电"规律的特征量分布，如图 2-38、图 2-39 所示。

1）每日总出行次数 N

对于纯电动汽车用户而言，每日出行次数不仅代表着每天的出行需求，也从侧面反映用户对于每日出行的电能消耗需求。论文采用 Poisson 分布拟合每日总出行次数 N，拟合结果如图 2-44 所示。其概率密度函数为：

$$p_1(N=k) = \frac{\lambda^k}{k!}e^{-\lambda}, \ k = 0, 1, \cdots \tag{1}$$

式中，$\lambda = 3.655$，N 为每日总出行次数。

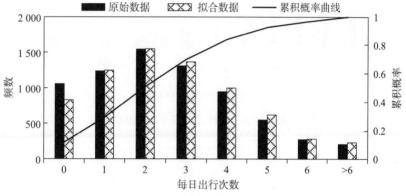

图 2-38 每日出行次数分布及模拟情况

2）当日出行最早出发时间 T_0

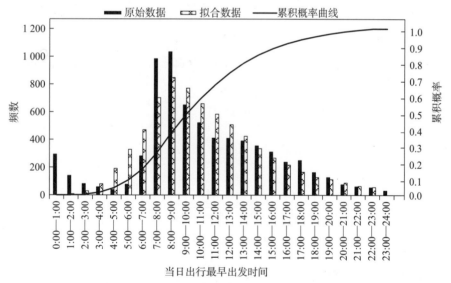

图 2-39 当日出行最早出发时间分布及模拟情况

用户当日出行最早出发时间 T_0 的分布情况如图 2-39 所示。可见，7:00—9:00 是日常通勤用户上班的高峰时间段，呈现明显的波峰，占比为 28.67%。由于 T_0 分布较为特殊，传统的分布函数无法精确拟合，论文运用 Origin 软件进行曲线拟合，拟合所得的累积分布函数如式（2）所示，服从 logistic 函数，$R^2 = 0.9969$。

$$F(T_0) = A_2 + \frac{A_1 - A_2}{[1+(\frac{x}{x_0})^p]} \tag{2}$$

式中，$A_1 = 0.045\,27$，$A_2 = 1.031\,7$，$x_0 = 10.65$，$p = 4.016\,13$，T_0 为当日出行最早出发时间。

3）单次出行行驶时间 t_n

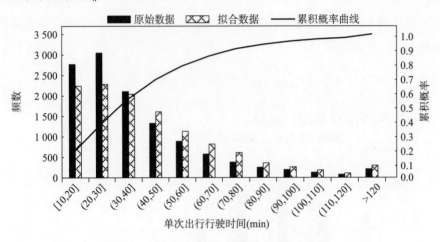

图 2-40　单次出行行驶时间分布及模拟情况

按拟合优度排名得到用户出行过程的单次出行行驶时间 t_n 服从 lognormal 分布，拟合情况如图 2-40 所示，其概率密度函数为：

$$p_2(t_n) = \frac{1}{\sqrt{2\pi}\sigma x} \exp\left[-\frac{1}{2\sigma^2}(\ln x - \mu)^2\right], x > 0 \qquad (3)$$

式中，$\mu = 2.911\,5$，$\sigma = 0.876$，t_n 为单次出行行驶时长。

4）单次出行平均车速 v_n

通过数据拟合得到单次出行平均速度服从 Beta 分布，如图 2-41 所示，其分布的概率密度函数为：

$$p_3(y) = \frac{\Gamma(\alpha + \beta)}{\Gamma(\alpha) + \Gamma(\beta)} y^{\alpha-1}(1-y)^{\beta-1} \qquad (4)$$

其中：

$$y = \frac{v_n - a}{b} \qquad (5)$$

$$\frac{\Gamma(\alpha + \beta)}{\Gamma(\alpha) + \Gamma(\beta)} = \frac{(\alpha + \beta - 1)!}{(\alpha - 1)! + (\beta - 1)!} \qquad (6)$$

式中，$\alpha = 2.933\,9$，$\beta = 3\,256\,600$，$a = 0.504\,67$，$b = 23\,993\,000$，v_n 为单次出行平均速度。

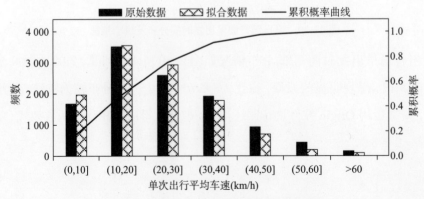

图 2-41　单次出行平均车速分布及模拟情况

5）2次相邻出行间停驻时间 s_n

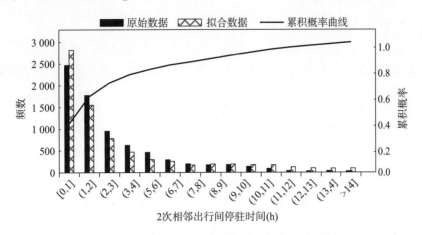

图 2-43 2次相邻出行间停驻时间分布及模拟情况

用户在到达目的地之后，会在目的地进行一定时长的停驻。停驻时间是纯电动汽车用户决定自己是否选择充电的关键因素之一。通过数据拟合得到停驻时间分布服从 lognormal 分布，如图 2-42 所示。其概率密度函数为：

$$p_4(s_n) = \frac{1}{\sqrt{2\pi}\sigma s_n} \exp\left[-\frac{1}{2\sigma^2}(\ln s_n - \mu)^2\right], x>0 \tag{7}$$

式中，$\mu = 26.4$，$\sigma = 1.0147$，s_n 为 2 次相邻出行间停驻时间。

6）充电前剩余电量 SOC_n^l

将已有数据进行拟合，论文发现充电前剩余电量服从 Johnson SB 分布，如图 2-43 所示，其概率密度函数为：

$$p_5(z) = \frac{\delta}{\sqrt{2\pi}z(1-z)} \exp\left\{-\frac{1}{2}\left[\gamma + \delta\ln\left(\frac{z}{1-z}\right)\right]^2\right\}, \zeta \leq z \leq \zeta + \lambda \tag{8}$$

其中：

$$z = \frac{SOC_n^l - \zeta}{\lambda} \tag{9}$$

式中，$\gamma = 0.081$，$\delta = 0.242$，$\zeta = 0$，$\lambda = 100$，SOC_n^l 为充电前 SOC。

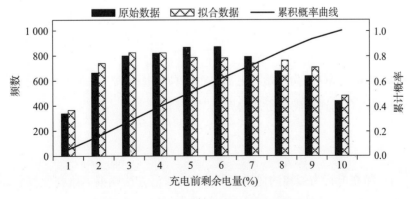

图 2-43 充电前剩余电量分布及模拟情况

4 用户"用电—充电"行为仿真

4.1 假设条件

对于日常通勤者而言，主要的活动地点为工作场所和家。为了优化适合日常通勤用户的纯电动汽车电池容量，本研究设定以下两个场景：场景一，用户只能选择回家后进行充电；场景二，用户可以同时选择在上班地点或家里充电。

参数设定：模拟天数为10 000天；白天上班可充电时间设定在09:00—12:00，13:00—16:00；由于模拟流程中当日最后一次出行为回家，所以到家充电设置为当日最后一次出行后可选择充电。

1）第n次出行用电消耗

根据以往研究表明，纯电动汽车每次出行的用电消耗主要取决于出行时间和出行距离。本篇根据实际数据，建立以下电能消耗模型：

$$SOCC(n) = \frac{R_{E50}}{R}(a \cdot t_n + b \cdot l_n + c) \qquad (10)$$

其中，
$$l_n = t_n \cdot v_n \qquad (11)$$

式中，$SOCC(n)$为第n次出行用电消耗；R_{E50}为荣威E50的电池容量，为22.4 kW·h；R为待优化的电池容量（kW·h）；t_n为第n次出行行驶时间；v_n为第n次出行平均速度；l_n为第n次出行距离；a、b、c为拟合参数：$a = 0.003\,8$，$b = 0.835\,8$，$c = 0.982\,9$。

2）第n次充电启动条件

当第n次出行结束，到达目的地后，开始进入停驻期。若停驻地点存在充电设施，则立即模拟用户进行充电判断：抽取充电前剩余电量作为用户期望值，若当前车辆SOC值小于用户期望值，则进行充电；否则，不进行充电。

3）第n次充电获得电量

第n次充电获得电量主要取决于车辆两次出行间的停驻时间。论文采用"恒功率"的充电方式，充电模型如下所示：

$$SOC(s_n) = \begin{cases} SOC_0 + \dfrac{Ps_n}{R} \times 100\%, & s_n \leq t \\ 100\%, & s_n > t \end{cases} \qquad (12)$$

其中，
$$t = \frac{(1-SOC_0) \cdot R}{P} \qquad (13)$$

式中，P为充电功率（kW）；SOC_0为开始充电前电池的荷电状态（%）；$SOC(s_n)$为充电完成时电池的荷电状态（%）；t为开始充电到充满电所需的充电时间（h）。

4.2 仿真流程

通过对用户出行和充电行为规律的建模，利用蒙特卡洛方法模拟本研究反映的荣威E50用户的出行和充电情况，对用户每日使用情况的模拟过程如图2-44所示。

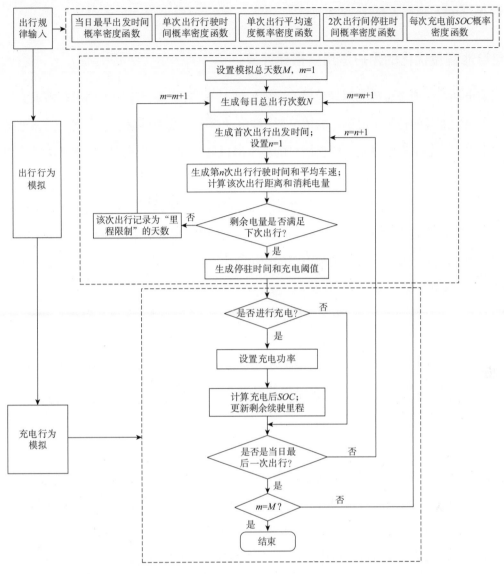

图 2-44 基于蒙特卡洛方法的纯电动汽车用户使用模拟仿真流程

步骤 0：确定总模拟天数 M，第 1 天出行电量为 100%。

步骤 1：按照每日出行次数的分布生成随机数确定当日总出行次数 N。

步骤 2：依据当日出行最早出发时间点的被选择概率，随机生成第 m 天车辆首次出行的出发时间。

步骤 3：根据单次出行行驶时间、单次出行平均速度分布，生成随机数，确定第 n 次出行的行程时间和平均速度，计算得到单次出行的行驶距离。根据式(10)、式(11)获得第 n 次出行结束后的 SOC 值。

步骤 4：按照 2 次出行间停驻时间分布生成随机数，确定第 n 次出行和第 $n+1$ 次出行间的停驻时间；根据充电启动条件判断是否充电。若启动充电，根据式(12)、式(13)更新充电后的 SOC 值；若不充电，剩余电量保持不变。

步骤 5：停驻期结束后，判断第 n 次出行是否为当日最后一次出行。若本日出行次数已满足，则结束当日模拟并返回步骤 2，循环，进入下一天模拟；若 $n<N$，返回步骤 3，循环。

步骤 6：当满足模拟天数时，结束模拟。

5 面向电池容量优化的用户适用度指标计算

在当前电动汽车充电设施的基础建设不完善的情况下，纯电动汽车用户的出行需求必然受到一定限制。当决定能耗的行驶工况确定的情况下，纯电动汽车的续驶里程很大程度上由该纯电动汽车的电池容量决定。如果充电设施不能在用户的整个出行链过程中实现全覆盖，则可能会出现用户当前 SOC 值不能满足下次出行所预计的电能消耗量。那么，用户不得不改变其出行方式，使用户使用纯电动汽车的舒适度和积极性有所下降。本研究把出现的这种情况称为"里程限制"。如果在用户使用纯电动汽车的过程中出现"里程限制"的天数过于频繁，则说明当前纯电动汽车的电池容量并不能满足该用户的使用需求。为了刻画用户的使用需求和电池容量之间的关系，本研究提出用户适用度的概念，定义如下：

$$p\left(1-\frac{\tau(R)}{D}\right) \geq \theta \tag{14}$$

式中，D 为用户使用纯电动汽车的天数；$\tau(R)$ 为在电池容量为 R 时用户使用纯电动汽车出行中出现"里程限制"的天数；θ 为用户使用舒适度的最低阈值。

6 实例分析

目前国内充电桩样式繁多，充电功率大小参差不齐。结合以往研究，设定充电功率大小如下：慢充功率为 3.5 kW、5.5 kW、7 kW，快充功率为 15 kW、30 kW。其中，场景一与场景二都可选择慢充充电。由于若长期使用快充充电会加速电池损耗，一般而言，用户只会在公共场所选择快充方式，所以本研究设定只在工作场所可选择快充充电，即快充充电只适用于场景二。

6.1 充电地点对最优电池容量的影响

对于日常通勤者而言，家和工作场所是主要的 2 个停驻活动发生地，也是潜在的充电地点。论文设置两种场景分析充电地点可获得性对电池容量的影响：场景一假设用户只能选择回家后进行充电；场景二假设工作场所也提供了充电条件，用户既可以选择在工作场所充电，也可以选择在家充电。适用度 $\theta = 95\%$，通过蒙特卡洛模拟仿真，2 个不同充电场景下的电池最优容量结果如图 2-45 所示。

由结果可见，在充电功率相同的情况下，场景一的最优电池容量平均高于场景二 5%。也就是说，一旦工作场所可以提供充电设施，用户就可以选择较小容量的电池。从图 2-45 也可看出，充电功率的大小对于电池容量也有一定影响。

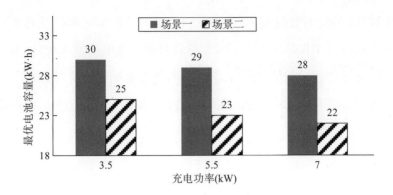

图 2-45　用户舒适度 $\theta=95\%$ 时各场景的最优电池容量

6.2　充电功率对最优电池容量的影响

为进一步分析充电功率对电池选择的影响,考虑工作场所提供快速充电设施,即用户可以选择充电平均输入功率为 15 kW 或 30 kW 的充电桩,而家庭充电仍只能选择低功率充电设施。通过仿真获得不同场景下的最优电池容量,结果如图 2-46 所示。

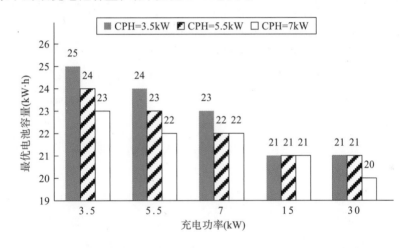

图 2-46　用户舒适度 $\theta=95\%$ 时场景二不同充电功率的最优电池容量

从图 2-46 可以看出,当在家充电功率相同时,随着用户在工作场所选择的充电功率的增加,电池容量的减小幅度趋于平缓。特别是用户在选择 15 kW、30 kW 的快充功率时,电池容量都维持在 15～16 kW·h,表明选择快充充电对于用户在工作场所进行充电的影响较小。究其原因,是由于用户最后返家与到达工作场所后的逗留时间较长,使得用户有较充裕的可充电时长。因此,充电功率大小的影响会被削弱。

7　结语

为了找出不同充电情况下的最佳电池容量,本研究利用从上海收集到的真实使用数据,提出了代表 BEV 用户驾驶和充电行为的 6 种分布模型。采用蒙特卡洛模拟重建 BEV 用户的日常出行链,并量化电池容量的适应性。收获的主要结果包括:(1) BEV 车主在每日行程次数,首次出行的出发时间、行程持续时间、行驶速度,2次连续行程之间的停留时间以及每次充电前的 SOC 方面存在差异。(2)建议进行工作场所充电,因为与只有家庭充电的情况相比,电池尺寸可以减少 16.7%～21.4%。(3)由于停留时间足够长,工作场所可不需要配置快速充电桩。

论文成果不仅能为荣威 E50 电池容量的优化提供参考依据,研究方法也可应用于为其他类别的纯电动汽车电池容量设计提供思路。

参考文献

[1] Pearre N S, Kempton W, Guensler R L, et al. Electric vehicles: How much range is required for a day's driving?[J]. Emerging Technologies, 2011, 19(6): 1171–1184.

[2] Dong J, Lin Z. Stochastic modeling of battery electric vehicle driver behavior: impact of charging infrastructure deployment on the feasibility of battery electric vehicles[C]. Transportation Research Board 93rd Annual Meeting, 2014.

[3] Wu X, Freese D, Cabrera A, et al. Electric vehicles' energy consumption measurement and estimation[J]. Transportation Research Part D: Transport and Environment, 2015, 34(34): 52–67.

[4] Li Z, Jiang S, Dong J, et al. Battery capacity design for electric vehicles considering the diversity of daily vehicles miles traveled[J]. Transportation Research Part C: Emerging Technologies, 2016, 72: 272–282.

[5] Franke T, Günther M, Trantow M, et al. Does this range suit me? Range satisfaction of battery electric vehicle users[J]. Applied Ergonomics, 2017, 65: 191–199.

[6] 赵书强,周靖仁,李志伟,等. 基于出行链理论的电动汽车充电需求分析方法[J]. 电力自动化设备, 2017, 37(8): 105–112.

[7] 温剑锋,陶顺,肖湘宁,等. 基于出行链随机模拟的电动汽车充电需求分析[J]. 电网技术, 2015, 39(6): 1477–1484.

[8] 褚浩然,郑猛,杨晓光,等. 出行链特征指标的提出及应用研究[J]. 城市交通, 2006, 4(2): 64–67.

[9] Weldon P, Morrissey P, Brady J, et al. An investigation into usage patterns of electric vehicles in Ireland[J]. Transportation Research Part D Transport & Environment, 2016, 43: 207–225.

[10] Yang J, Dong J, Hu L. A data-driven optimization-based approach for siting and sizing of electric taxi charging stations[J]. Transportation Research Part C: Emerging Technologies, 2017, 77: 462–477.

[11] Smith R, Shahidinejad S, Blair D, et al. Characterization of urban commuter driving profiles to optimize battery size in light-duty plug-in electric vehicles[J]. Transportation Research Part D, 2011, 16(3): 218–224.

[12] Qi Z, Yang J, Jia R, et al. Investigating real-world energy consumption of electric vehicles: A case study of Shanghai[J]. Procedia Computer Science, 2018, 131: 367–376.

[13] 杨冰,王丽芳,廖承林. 大规模电动汽车充电需求及影响因素[J]. 电工技术学报, 2013, 28(2): 22–27.

作者简介

张奇,男,1993年10月生,江苏苏州人。东南大学交通学院博士研究生。研究方向:交通大数据分析。通信地址:江苏省南京市江宁区东南大学,邮编:211100,联系电话:13270979820。

杨洁,男,1984年生。东南大学法学院,工学博士,法学博士后,副教授,硕士生导师。研究方向:交通运输政策与法规、司法大数据。通信地址:江苏省南京市江宁区东南大学,邮编:211100,联系电话:13912982528。

刘志远,男,1984年12月生,山东威海人。东南大学交通学院教授、博导、副院长,东南大学网络空间安全学院博导,复杂交通网络研究中心主任。研究方向:交通大数据分析与建模、交通网络规划与管理、公共交通、多模式物流网络、智能交通系统等。电子邮箱:leakeliu@163.com,通信地址:江苏省南京市江宁区东南大学,邮编:211100,联系电话:15295519667。

基于手机信令数据的常住人口出行特征分析

李兴东，侯佳

（南京市城市与交通规划设计研究院股份有限公司，江苏 南京 210000）

摘要：随着大数据技术的发展，多源数据信息挖掘越来越广泛应用于全面反映区域内的交通特性。目前，从手机信令数据中挖掘居民出行信息的手段也日益完善，手机信令数据样本量大，数据客观、全面，采样不会有明显的倾向性，且数据在时空上的延续性较强，能够完整观测交通出行的全过程。同时，手机信令数据对于城市交通的特征分析，弥补了传统交通调查周期长、工作量大、样本少和花费高的缺陷。本篇利用手机信令数据信息，对常住人口的出行特征进行分析。分析结果显示，各个时间段内的交通特征鲜明，与传统交通调查的数据有明显的差异，对于居民出行调查有较好的补充；工作日与周末以及节前的交通出行特征也互有差异，对于研究不同时期的交通出行特征有较强的指导作用。

关键词：大数据；手机信令；居民出行信息

1 引言

目前，中国城市化进程仍处于快速演变阶段，城市人口的时空出行范围扩大，城市交通网络的交通流量承载压力也越来越大，核心区交通拥堵等问题也日益严重。常住人口作为城市交通的持续产生源，以及城市交通网络的主要参与者与服务对象，分析常住人口的出行特征是了解城市居民出行幸福指数的一项重要指标。

城市居民出行特征数据在不同层次、不同类型的交通及其他项目中起着不可或缺的作用，广泛应用于城市综合交通规划、交通管理、交通基础设施投资、智能交通系统、交通影响评价等各个方面。国外学者对居民出行特征的研究较早，最开始一般采用传统的居民出行行为分析方法进行研究，建立比较简单的、含有几个参数的模型进行分析，从而预测居民出行行为。随着居民出行的多样化、复杂化，传统分析方法呈现出一定的局限性。目前运用最广泛的是非集计理论分析方法。最初，McFadden 对 Logit 模型及特性进行了全面的分析，并逐渐形成非集计理论体系；Manheim、Ben-Akiva 和 Lerman 等将非集计理论应用到实际交通预测中；随着研究的深入，运用非集计理论分析出行者的家庭、个人信息、出行等属性来预测出行行为，产生了大量显著的成果。

而国外最早于20世纪90年代开始利用手机定位技术进行交通信息采集的研究，美国马里兰大学、法国 INRETS 交通研究机构以及美国加州大学伯克利分校通过仿真或实地测试验证了手机定位技术能应用于交通数据采集，可提供交通流的大致特征。Francesco Calabrese 等提出了使用手机探测器轨迹数据进行交通需求预测的方法，通过手机定位数据进行动态 OD 矩阵的估计，并以波士顿都市圈为例，对 100 万名手机用户进行研究，分析了收集数据的间隔、手机用户的出行距离、出行次数、区域内人口密度、出行时间分布等特征。Calabrese 等使用私家车里程表的里程数来核验手机定位数据用于研究个人出行特性的可行性，研究结果表明用手机信令数据研究人口流动更具有合理性和实时性，是传统调查的良好补充。Marta C. Gonzalez 等分析了 206 人在连续 6 个月中产生的 10 万条手机定位数据来分析人的出行行为，研究发现每个个体的出行轨迹在时间、空间上都保持高度的规律性，有着相似的出行距离和停驻地点，尽管存在空间概率分布的差异性和各向异性，但大部分人口依然遵循简单、重复的模式出行。Zhang Y 从手机数据中提取时间和速度特征，并与现有道路流量和出行调查相比较，进行判别方式的参数标定，以此来推断每一个手机用户实时的交通方式，而后用 VISSIM 仿真对剔除的方法进行测试，结果表明使用手机定位数据来进行交通方式的分析具有很大潜力。Roberto Trasarti 等研究了不同区域内人口方法和某时间空间范围内手机定位数据所反映的出行轨迹方法，并以此分析两个城市间的空间联系强度。此外，Merkebe Getachew Demissie 对手机定位数据进行预处理后，基于 GIS 可视化统计分析了城市人口的运动状态，进行了人流量的估算。Mellegard 等也提出了使用手机信令数据进行 OD 估计的方法。

国内的研究大多数结合城市的特点，以城市居民出行调查数据为基础进行统计处理，从而分析出行特征，主要包括基于活动的出行行为、基于出行链的出行行为以及出发时间选择等方面的研究。徐奥林在出行调查数据的统计分析基础上，利用 Ordered Probit 模型和回归模型分析出行者特性对出行特征的影响，同时考虑了交通结构的因素，对出行方式选择、科学地制订出行计划具有实际意义。周钱、陆化普等从居民人均出行次数、出行目的分布、出行方式结构 3 个方面分析了不同城市的居民出行特征，从而把握城市居民出行特征的发展变化趋势，同时发现了出行结构的隐患并指出发展的方向。国内使用手机信令数据进行出行特征的研究相对较晚，冉斌等进行了基于手机信令数据的交通小区划分和交通 OD 提取的研究，以及基于大规模手机定位数据建立起了一套较为准确完善的出行特征提取方法。袁月明针对手机切换定位技术的特点，研究了基于手机切换定位技术的地图匹配、交通参数估计、交通状态识别以及样本量估计方法，为采集实时、准确、全面的城市交通信息提供了理论基础。董宏辉等基于手机信令数据，通过 K 阶聚类的交通小区划分方法，分析了 OD 分布和通勤出行特性。吴亦政在研究手机定位信息出发机制的基础上，利用主动与被动两种方式结合辅助的出行信息，设计了基于典型区域的动态 OD 获取方法，对 OD 矩阵进行了验证，极大地补充了居民出行调查信息。宋少飞等基于手机信令数据，通过时间阈值法、信息熵法、相对停留时间法这 3 种方法来识别手机用户居住地，并比较 3 种方法的结果，验证利用大数据进行职住分离的可信性。张啟梅等研究得出手机用户群体数量和手机使用率的不断提高，保证了手机信令数据的样本数量和随机性特征。同时利用手机信令数据对城市通勤和职住分布进行研究成为国内外许多学者关注和研究的热点。

目前居民出行调查主要采用传统的调查方式，存在明显的局限性，且人力、物力、财力等方面投入巨大，研究表明，居民出行调查统计结果因统计口径、方案设计等不同而出现数据乱象等问题。随着移动手机信令数据的研究，一方面，手机的普及率和使用率保证手机信令数据的样本量和随机性特征；另一方面，由于信号基站的全面覆盖，保证手机信令数据在出行过程中有良好的时空完整性和连续性等优点。现在国内外对于手机信令数据的挖掘处于快速发展阶段，但是由于数据的样本量等问题，国内外学者还都以研究出行者的大致出行规律为主，对于地图匹配、车速等其他交通特征的研究还处于初步阶段。本篇基于手机信令数据，分离常住人口与流动人口，重点分析常住人口在不同日期中出行次数、时间、距离等交通特征的分布情况，了解常住人口在早晚高峰的通勤特征，分析常住人口的出行时间与空间维度，为确定各区划内的交通联系打下基础。

2 手机信令数据特征

2.1 手机数据定位技术

目前我国三大移动运营通信商——中国移动、中国联通、中国电信都建立了覆盖全区域的GSM通信网络即全球移动通信系统。GSM系统是一种蜂窝网络，以每个通信基站为中心，移动电话的服务区分为一个正六边形的小区。标准的GSM系统包括基站子系统，包含了无线通信部分中几乎所有的地面基础设备，网络与交通子系统主要负责通信交换以及客户数据中的移动性关系、安全性管理所需的数据库功能，以及诸如认证的移动服务管理，移动端为用户在通信系统中使用的设备，操作支持系统负责完成移动用户管理、移动设备管理以及网络操作维护等任务。

根据实现方式的不同，手机定位可分为基于网络的定位和基于终端的定位。本篇中所应用的数据为基于网络定位中的HANDOVER（手机切换定位法），基本原理为通过测量和处理手机与基站交换的数据来估算出手机位置。为了保证信号质量，当手机所用的服务基站信号低于某一阈值时，信号自动切换至另一个信号更强的基站。通过连续跟踪手机切换的基站信息，计算得到用户所处位置。不过，由于基站密度的原因，此方法在识别短距离出行（400 m以内）的效果上有一定的偏差。

2.2 数据概述

数据来源为移动公司提供的2018年3月21日至2018年4月27日（共38天）市域内的手机移动数据。手机信令数据包含的信息（日期、基站、开始时间、间隔时间、城市、地理信息）如表2-12所示。

表2-12 手机信令数据信息

日期	基站	开始时间(s)	间隔时间(s)	城市	地理信息
2018-03-27	9470107	0	198	2100561	1376
0208-03-27	9470107	199	50	2100561	1376

2.3 数据清洗

确定数据总量较为稳定的日期用于后续出行特征的分析，同时对数据质量进行清洗，设定相应的时间与距离判定阈值。对手机信令数据中存在的基站跳跃和乒乓数据进行处理，在剔除杂质数据的同时，保证往返数据行程的准确性，取1周多个用户数据进行人工核验，结果显示出行距离在500 m以上的行程有较高的识别率（95%以上）。

3 出行识别

将各个基站的停留时间以30 min作为判断阈值，将超过30 min的点作为停驻点，将每天的停驻点应用机器学习中的空间聚类方法（Kmeans、DBSCAN等）进行聚类分析，将停驻点依据总的出行信息量分为几类主要的停驻点，结合其他非停驻点对数据打标签，将原始数据标签划为停驻点与非停驻点两类，最后通过不同停驻点之间的转换提取出行轨迹。算法过程中整体平均1天的出行数据停驻点聚类在3个左右，形成约5~8个有效数据链，最终得到3~5次真实出行。相较传统出行调查，出行的路径选择、时间等信息翔实，表征的出行特征更为明显。

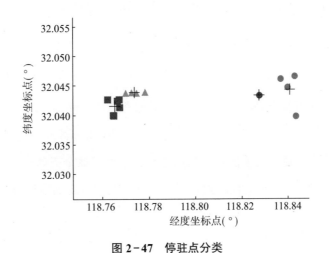

图 2-47　停驻点分类

4 出行特征分析

通过大数据技术对手机信令进行处理，得到交通出行的特征，不仅是对传统交通调查的补充，更可以深层次研究城市内交通出行的规律，细化不同日期、不同时段的交通特点，整体把握市域各个区域内的交通需求与现有交通设施的承载力，合理研判交通发展方向，对于城市交通绿色可持续发展提供科学的理论依据。

4.1 出行总量

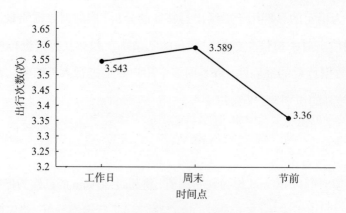

图 2-48　不同日期常住人口出行平均次数

由于各个出行方式统计口径、数据采集方式等的不同,对于整体的交通出行状况分析缺少整体性,因此采用手机信令数据分析,总体把握所有交通方式,统计每天交通运行的状况,对于之后整体预测交通需求量有较高的参考价值。通过大数据处理某大城市市域内居民的交通出行状况,以常住人口为统计基准,筛选有出行的用户进行计算,计算结果显示,由于短距离出行的存在以及出行链的切割,工作日内平均出行次数为 3.54 次,周末为 3.59 次,清明小长假前一天平均出行次数降低至 3.36 次左右。

4.2 出行次数

通过手机信令数据分析各个时段的出行次数,更加准确地判断各个时刻的出行需求量。在传统居民调查数据中,早晚高峰出行量较为明显,但是其他时段内的出行次数明显偏低,对于平峰时段内的交通需求把握不是很准确。而手机信令数据能够完整地反馈全天各个时段的交通需求,在保证早晚高峰高需求量的基础上,了解其他时段的正常需求,在调整交通资源配置、各时段内的交通管理等方面发挥着重要作用。

与出行调查数据相比,手机信令数据在弥补出行调查数据的完整性上有良好的表现。居民出行调查数据中出行主要集中在早晚高峰。在平峰阶段,传统出行调查结果显示,平均每小时出行比例在 3% 以下;而大数据分析显示,居民出行分布更加均匀,虽有同样的早晚高峰,但是在平峰阶段出行量也较高,在平峰阶段平均每小时出行比例在 5% 左右。同时,手机信令数据在傍晚至夜间(19:00~23:00)的出行比例也不低,约在 2%~5% 之间;而传统数据调查显示晚间的出行比例则低至 1% 左右。对于市域出行来说,相较于传统出行,调查大数据分析获得的数据弥补了市域总体约 30% 的出行量,补足了约 400 万人次的出行。因此,手机信令数据是具有完整性、随机性、普遍性的交通研究数据,对于此后更深入研究不同时段内的交通出行具有重要意义。

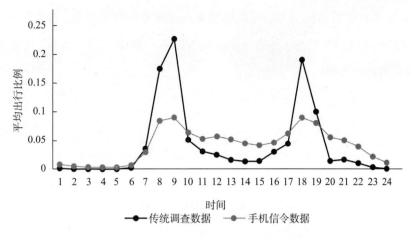

图 2-49 传统调查数据与手机信令数据

4.3 出行距离

利用大数据分析当下不同时间段的出行距离与选择出行方式，能够把握市域内居民出行的职住信息、出行方式等特征，在剖析城市出行距离规律的基础上，对城市与交通规划中各交通方式的配置、线路与站点的规划、交通的引导与管理等方面具有重要的数据价值。

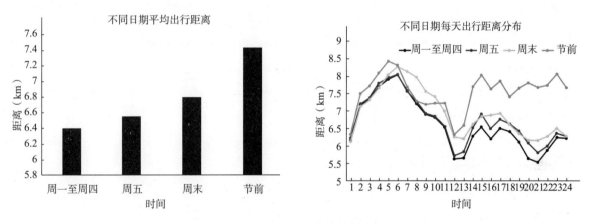

图 2-50 不同日期出行距离分布

通过大数据分析常住人口市域内出行距离分布，工作日至周末平均出行距离逐渐增大，小长假前一天出行距离最远达到 7.4 km 左右。不同日期每天不同时段内的出行距离分布中，工作日与周末出行距离规律类似，凌晨出行距离大于白天的平均出行距离，中午 12:00～13:00 与夜晚 21:00～22:00 的平均出行距离较短。小长假前一天 14:00 至凌晨，平均出行距离都在 7.5 km 以上，符合出境长距离的出行特征。

5 总结与展望

基于手机信令数据，设计较为准确的出行链分割、出入境识别、常住人口分离等算法，对总体交通出行特征进行分析，整体把握城市常住人口不同日期、不同时段的出行总量、出行次数、出行距离等。以此为基础，进一步分析常住人口的职住信息，确定各个区块的交通联系，深入研究常住人口的时空出行分布、OD客流空间分布,可获得城市人口分布的动态信息,可为城市国土空间规划、交通规划提供详细的人口分布信息,并避免交通调查的各种弊端。以人为本,考虑全面的出行,保障城市交通的绿色可持续发展。

参考文献

[1] McFadden D, Zarembka P. Conditional logit analysis of qualitative choice behavior[J]. Frontiers in Econometrics, 1974.

[2] M. Lerman, SR. Uncles M D. Discrete choice analysis-theory and application to travel demand-benakiva[J]. Journal of the Operational Research Society, 1987.

[3] Lorenzo G D, Liu L. Estimating origin-destination flows using mobile phone location data. Francesco Calabrese[J], IEEE Pervasive Computing, 2011.

[4] Francesco C, Mi D, Giusy D L, et al. Understanding individual mobility patterns from urban sensing data: A mobile phone trace example[J]. Transportation Research Part C: Emerging Technologies, 2013, 26: 301-303.

[5] González M C, Hidalgo C A, Barabási A L. Understanding individual human mobility patterns[J]. Nature, 2009, 458 (7235): 238.

[6] Zhang Y. Travel demand modeling based on cellular probe data[J]. The University of Wisconsin, 2012.

[7] Trasarti A, Olteanu-Raimond A M, Nanni M, et al. Discovering urban and country dynamics from mobile phone data with spatial correlation patterns[J]. Telecommunications Policy, 2013.

[8] Demissie M G, Correia G T, Bento C. Exploring cellular network handover information for urban mobility analysis[J]. Journal of Transport Geography, 2013.

[9] Mellegard E, Moritz S, Zahoor M. Destination-estimation using cellular network data[C]. 2011 IEEE 11th International Conference on Data Mining Workshops, 2011.

[10] 徐奥林. 基于出行者特性的出行行为研究[D]. 北京: 北京交通大学, 2014.

[11] 周钱, 陆化普, 徐薇. 城市居民出行特性比较分析[J]. 中南公路工程, 2007, 32(2): 145-149.

[12] 冉斌. 手机数据在交通调查和交通规划中的应用[J]. 城市交通, 2013, 11(1).

[13] 袁月明. 基于手机切换定位技术的交通信息提取方法研究[D]. 北京: 北京交通大学, 2012.

[14] Dong H, Ding X, Wu M C, et al. Urban traffic commuting analysis based on mobile phone data[C]. 2014 Ieee 17th International Conference On Intelligent Transportation Systems(ITSC), 2014.

[15] 吴亦政. 基于手机定位信息和出行调查的动态OD获取方法[D]. 北京: 北京交通大学, 2014.

[16] 宋少飞, 李玮峰, 杨东援. 基于移动通信数据的居民居住地识别方法研究[J]. 综合运输, 2015, 37(12): 72-76.

[17] 张啟梅, 廖玉梅, 任永成, 等. 基于大数据下的旅客流量分析[J]. 数据挖掘, 2017, 7(1): 26-36.

[18] 肖志权, 张子民, 毛曦, 等. 基于手机信令数据居民出行链提取算法[J]. 北京测绘, 2019, 33(10): 1192-1195.

[19] 罗名海, 谭波, 秦思娴, 等. 大数据视角下的武汉市人口格局探析[J]. 地理空间信息, 2019, 17(10): 1-6.

[20] 管娜娜, 田苗. 基于大数据的综合交通规划创新应用实践[J]. 智能城市, 2019, 5(15): 14-17.

[21] 黄建华, 孟伟强, 吴飞霞. 基于信令数据的人流时空分布和移动模式研究[J]. 计算机工程与应用, 2019, 55(23): 53-63.

作者简介

李兴东,男,1993年8月生,山东临沂人。南京市城市与交通规划研究院股份有限公司。研究方向:交通运输规划与管理。通信地址:江苏省南京市玄武区珠江路1号56楼,邮编:210008,联系电话:15910485390。

侯佳,女,1985年9月生,山东德州人。博士,南京市城市与交通规划研究院股份有限公司,交通大数据中心总工程师。研究方向:交通大数据挖掘分析。电子邮箱:houjiasddezhou@163.com,通信地址:江苏省南京市玄武区珠江路1号56楼,邮编:210008,联系电话:18652052918。

基于交通规制的交通安全策略研究

徐永能

（南京理工大学，江苏 南京 210094）

摘要：随着城市交通的快速发展，安全事故发生频次越来越多，其后果的影响也越来越大，如何从源头上降低安全事故的发生频次逐渐成为业界关注的问题。本篇从交通规制的角度出发，在安全事故影响因素"人、机、路、环"中融入了重新定义的"法"，以期从一个全新的角度去分析现有交通规制存在的问题和面临的挑战，并基于交通规制的优化思想提出相应的解决方法，以期建立一套健全的安全规制系统来降低事故的发生频次和影响程度。

关键词：交通规制；安全策略；安全案例

1 引言

交通安全在世界各国都是一个受到普遍重视但又非常严重的社会问题。我国人口众多、公众交通需求巨大、部分基础设施老化、管理落后，特别是在以小汽车进入家庭、驾驶员非职业化为主要标志的机动化时代到来后，我国道路交通安全的形势尤为严峻。以往对于交通安全的研究，只是针对交通系统的某一子系统进行对策研究，很少有人基于交通规制的角度，从源头上对于安全事故产生的机理进行分析。为使交通安全得到更有效的控制，本篇从交通规制的角度对交通安全策略进行研究，以期对道路交通安全进行更广泛、更深入、更本质的控制。

"规制"一词来源于英文"regulation"，是规制部门对某些危害社会环境、安全等行为的监督与管理。而交通规制是指交通管理部门为了最大限度地提高城市居民出行品质和交通安全，依据法律法规，利用行为规范和社会规约对城市交通参与者实施监督与管理。

我国对道路交通安全规制工作重视不够。同时，过去的一些交通规制标准本身已不太适合目前的交通状况，这使得道路交通安全工作不适应发展需求。

2 交通现状分析

为满足当前交通运行的需求以及缓解日益严重的城市交通拥堵和交通安全问题，促进和谐社会建设，预防与减少道路因素导致的道路交通事故，应从交通规制源头上全面落实交通安全理念，以提高城市交通的安全性。

交通是一个涉及人（参与者）、车、路和交通环境多种因素的动态系统，交通规制的科学与否将成为城市交通安全的基础。本篇先简要分析影响交通安全的4个要素：人、车、路和环。

2.1 人

"人"是交通系统的主体，客运交通的本质在于实现人的快速移动。同时，人也是交通安全事故中相对弱势的一方，一旦出现交通事故，人所受的伤害一般要高。现阶段，行人的交通安全问题在我国仍然是一个比较严峻的现实问题。

行人安全事故的发生主要在于交通规则对于行人的硬性约束力不强或约束不到位，如图2-51（a）所示的"中国式过马路"这类现象在我国较为普遍存在。虽然有明确的禁止规制，但是在我国仍然屡禁不止，这不禁让人思考问题产生的原因是设计源头上的行人安全过街设施不足或不方便，还是行人真的不遵守交通法规。

（a）中国式过马路　　　　　　　　　　（b）实线道路的变道与加塞

图2-51　我国典型的交通问题

2.2 车

"车"作为载运工具，其运行空间及其相应的安全约束条件会极大概率地导致路段的拥堵或交通安全事故的发生。在我国，与车辆驾驶相关的安全教育及投入相对较少、针对车辆的相关安全管理制度不健全以及车辆管控工作不到位等问题，在一定程度上影响着车辆的安全管理。

与人的要素不同，车辆在安全事故中常常充当主体责任方，造成这一状况的主要原因是相关车辆驾乘和安全相关的规制与管理约束力不强。例如很多驾驶员会抱有侥幸心理，忽视潜在的交通安全隐患，一如占用高速公路的应急通道，一如在市区中实线道路上的变道与频繁的加塞行为，如图2-51（b）所示。这不禁让人思考占用应急通道的行为是高速公路应急保障设施不足还是车辆不遵守交通法规，随意的变道与加塞是道路安全监控设施设置不足、不易处理还是车辆的安全意识淡漠。

2.3 路

"路"作为载运工具运行的载体，其安全设计水平及其相应的安全管理和监控策略极大地影响交通安全发展态势。在高速公路和普通公路的规划设计和运营管理上，一方面期待以安全为主体的道路线形优化设计和接入管理理念被广泛应用；另一方面期待先进的道路交通安全管理手段和技术被广泛应用，尤其是期待建立全天候安全监视和可靠疏导交通的手段，完善目前交通管理系统。近年来，我国对于高等级道路的规划和建设，以及城区道路基础设施的建设水平得到了很大的提高，但是一味地追求速度和低成本，也意味着放弃了道路的人性化和安全性设计，存在很多潜在的不安全因素。

2.4 环

"环"作为交通参与者、交通载体安全出行和管理的先验条件，其发展态势及其相应的安全管理氛围打造及监控手段，将极大程度上影响交通安全影响规模及蔓延态势。在交通安全管理过程中，仅仅关注人、车和路对交通安全的影响是片面的，环境因素也为交通安全埋下巨大的隐患，暴雪、大雾等极端天气对驾驶员视线会造成严重的干扰，拥有一套在异常环境下健全的应急预警系统以及关键道路上的安全化预警是非常重要的。

3 交通安全要素分析与策略

交通系统是一个由人、车、路和环境构成的复杂系统，要加强交通安全管理，减少交通事故的发生，就必须协调交通系统中的各个因素，提高交通系统的整体和谐性。以图2-52为例，一个交通系统中存在着多个交通隐患，如行人逆行、电动自行车横向骑行、电动自行车逆行、电动自行车行驶在机动车道、机动车未礼让行人、交叉口渠化不足。

图 2-52 国内某条路口

交通安全的保障策略需要实现人、车、路、环等各个要素间的平衡。制定交通安全策略，常常需要遵循下述原则：

（1）安全策略应切实可行；

（2）安全策略不会对出行效率产生太大的影响；

（3）安全策略需要考虑当地的条件和文化氛围；

（4）安全策略需要简洁明了；

（5）安全策略和应对措施应当充足。

在遵循这些原则基础上，本篇将交通规制的合理性以及普适性纳入影响交通安全的要素中，构成"法"的要素，使它成为完全融入交通安全内部而不是一个独立于安全之外的交通安全约束或规则，这集中表现为：

（1）从人的角度来分析，安全意识的培养要从小抓起，形成固化人的安全行为的约束标杆和道德准绳。

交通安全教育和安全意识的持续培养是解决交通事故的根本途径，只有拥有很好的交通安全知识和自我防卫意识，才能确保交通的安全。

（2）从车的角度来分析，除主动安全和被动安全装置应成为标配外，更应该关注相关车辆安全标识的应用和推广。

以国外校车安全管理为例，交通规制对于校车的保护的手段是十分充足的，任何车辆不得在STOP指示牌张开时超越校车，以此类推，车辆行驶、停车礼让和使用相关的安全规则应持续大力推行等。

（3）从路的角度来分析，重点改善城市道路安全咽喉或瓶颈部位的安全设计与监控措施，全面落实道路的相关安全监管的实效性。

对于道路安全管控手段，可靠安全的交通标志、隔离栏和线性设计尤为重要，尤其是交通标志的优化设计、机－机隔离和机－非软隔离措施的优化设计，以及以安全为基础的道路渠化和安全警示标志等方面的规制宣贯和严格执行标准。

（4）从环的角度来分析，交通安全运行环境不仅包括实际运行环境监测与安全预警策略，还应该包括安全环境打造急需资金支持、时间保障和安全文化环境。

交通设施环境是交通安全环境的基础，交通技术环境是交通安全环境的保障，交通管理环境和交通行为环境是交通安全环境的前提。在真正的交通安全管理中，要建立可靠的安全文化环境和安全责任机制。

4 交通规制下的安全挑战

一个健全的交通规制可以对城市道路安全起到很好的效果，它可以规范人们的交通行为，减少交通事故的发生；可以约束人们的交通行为，净化城市的交通环境；能够减少一些不文明的交通行为；有利于构建秩序井然的交通环境并可以保护城市的基础交通设施。虽然交通规制的作用如此，但是随着社会的不断发展，现有的交通规制也遇到了许多的挑战。

构成道路交通系统的驾驶人员、汽车和道路环境这3个因素，对道路交通安全的影响程度各不相同。各国统计数字虽然有所差异，但驾驶人员的不安全驾驶行为是引发道路交通事故的主要原因已被世界各国所公认。驾驶人员不仅是道路交通系统的信息处理者和决策者，而且也是调节者和控制者，因此对其驾驶行为的研究，尤其是如何对不安全驾驶行为进行干预就成为保障道路交通安全的核心问题，这也是从根本上预防事故、减少事故的可探索之路。

在交通事故中，重型货车的占比超过了50%，成为交通事故的主要诱发者。引发事故的原因既有重型货车操控难度大，也包含交通规制执行不严格导致驾驶人员心存侥幸。从2017年河北省高速公路交通事故小时分布图中可以看出，在车流量最大的白天，单位时间发生事故的次数远小于在凌晨时分发生事故的次数（见图2-53）。

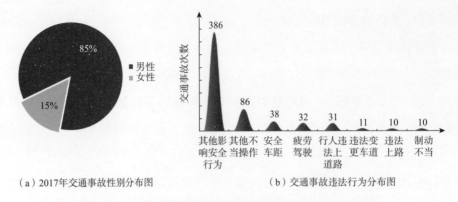

（a）2017年交通事故性别分布图　　　（b）交通事故违法行为分布图

图 2-53　2017 年河北省高速交通事故性别及违法行为分布

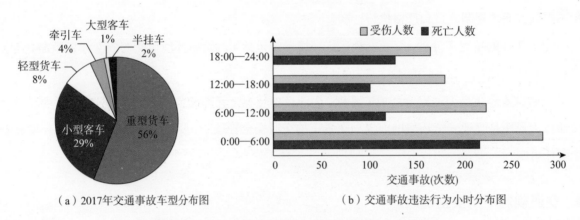

（a）2017年交通事故车型分布图　　　（b）交通事故违法行为小时分布图

图 2-54　2017 年河北省高速交通事故车型及小时分布

回溯每一起交通事故的原因和过程是不断提升改善交通规制的关键。如对事故现场行为人的处置是否需要明确要求、对事故车辆现场运动轨迹是否需要复现、对事故现场道路线形或警示标志是否需要优化、现场环境是否对事故的发生产生了影响、事故现场各方责任该如何判定、未来此类事件该如何预防等的思考，都应当成为全面认知每一起交通事故和防控策略提升所要考虑的问题。

针对此类问题，已经有很多研究学者或企业利用机器反应时间短、不允许人员存在疲惫等条件设计出安全防护措施，如利用面部识别、心率监测等设备，通过视频图像处理技术和智能方向盘的组合设计，无干扰实时监测并异常预警。它主要功能包含 3 点：

（1）基于机器视觉的疲劳监测；

（2）基于心率、面部、压力的驾驶员异常识别；

（3）因人、因境而异的自适应状态监测与识别算法。

将此类设备安置在方向盘上，实现实时无干扰监测，进行事前防护，提高了交通的安全性。

在对驾驶人进行安全预警的同时，也对驾驶车辆进行技术优化。通过构建基于机器视觉的车道偏离及追尾碰撞预警系统，基于机器视觉技术探测并跟踪车道线及前方车辆，以摄像头为主要传感器利用机器视觉的车道偏离（LDW）及追尾碰撞预警（FCW）系统，结合驾驶员特性判断车辆是否

图 2-55　车道偏离及追尾碰撞预警系统工作原理

有偏出车道及追尾的危险，危险时为驾驶员提供声音、灯光及振动警示。

对于道路而言，有机组合智能车辆、摄像头、信号机、车载雷达、大数据平台，可搭建一套全息感知的时空预警系统。在各个交通道路设置卡口雷达等设施，测量目标车辆的位置、速度、车型分类以及目标的存在信息，利用识别算法统计出交通量、平均速度、时间占有率、车头时距、排队长度、区域车辆数目等，实现对特殊事件的监测，例如监测异常停车、逆向行驶、排队超限、超速/低速行驶、违法占用车道等信息，并配合硬件设备完成联控执法。同时基于车-车、车-路、车-云通信，实现对道路信号的优化控制，使交通相位周期跟随实际道路动态调整，避免红灯排队，绿灯无车现象的发生。

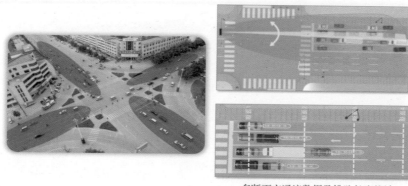

多断面交通流数据及排队长度统计

图 2-56　交叉口信息实时控制

对于环境而言，降低交通环境对安全的影响首先要构建一套环境监控系统，利用全息监测设备和气象监控技术，实现交通气象感知，例如雨雾冰雪霾的监测、区域天气预报等；利用 VSL 算法结合交通道路感知，实时对道路车辆进行诱导管控，例如生成限速方案、匝道控制等。

最终结合"人、车、路、环"生成交通智能交通云平台，组成包括智能车辆、摄像头、信号机、车载雷达、大数据平台等。其中智能车辆是一个集环境感知、规划决策、多等级辅助驾驶等功能于一体的综合系统，它集中运用了计算机、现代传感、信息融合、通信、人工智能及自动控制等技术，例如私家车、物流车、公交车、应召车等。交通边缘云则是通过路侧设备与智能车辆的实时信息交互，采集当前的道路状况、交通状况等信息，并通过新一代无线通信技术将信息传递至云端进行集中处理，对智能车辆和基础设施进行"本地+云端"协同管控，提供泛在化的交通出行信息服务。

交通中心云是资源能力开放的交通大数据云平台，是信息传递的终端，需要对发送来的交通信息进行分析和处理，保存重要信息并为车辆和路侧设备提供相关信息。智能车辆通过智能道路基础设施，如摄像头、信号机、RSU，利用 5G、Wi-Fi 和射频识别，与交通边缘云实现实时信息交互。信息在边缘云广域汇聚后传输至交通中心云，中心云进行全景交通态势监测、车路管控以及用户需求复合，将处理后的信息由高可靠、低延时的泛在无线网络传递回智能车辆与交通边缘云，充分实现人车路的有效协同，保证交通安全，提高通行效率，从而形成安全、高效和环保的道路交通系统。通过全息感知时空预警系统，实现多基协同感知、出行需求主动辨识、多模式高可靠通信、道路资源优化匹配、管控信息的端云融合、路车系统的信息安全、数据驱动全局优化控制和出行全链条过程化服务，在提高道路安全性的同时提升道路的效率。

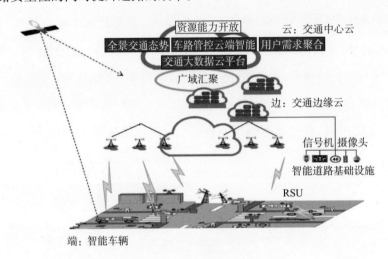

图 2-57　智能交通云平台

5　结语

在城市交通快速发展的社会背景下，提高道路交通安全性十分紧迫，安全规制成为提高交通安全的核心。首先将传统的道路构成要素"人、机、路、环"中添加了"法"的影响，使交通规制的制定不再独立于道路之外，而是融入交通安全各个构成要素中；同时分析了快速发展的城市交通对传统交通规制的挑战，并提出初步的、基于交通规制的安全管理策略；积极探索适合我国国情的道路交通安全策略管理模式，丰富和完善交通安全的理念，在积极采用先进交通安全控制技术的同时，切实重视并开展相应的交通安全规制建设，大力倡导、弘扬交通安全文化，不断提高全民的交通安全素质，应当成为未来交通安全管理努力和发展的重要方向。

参考文献

[1] 付锐. 道路交通安全保障体系研究[C]// "千百万人才工程"论坛：中国交通研究与探索. 北京：人民交通出版社，1999（10）：23-35.

[2] 王德章. 交通工效学中人的交通安全问题研究[J]. 人类工效学，1998（4）：65-67.

[3] 付锐，刘浩学，曹利亚，等. 关于中国道路交通安全政策框架的探讨[J]. 交通运输工程学报，2001，1（1）：86-89.

[4] 陈乙周. 城市道路交通安全设计规范优化案例浅析[J]. 智能城市，2019，5（15）：22-23.

[5] 周洵平. 城市交通环境影响评价研究[J]. 资源节约与环保，2015（7）：82.

[6] 庄明科，白海峰，谢晓非. 驾驶人员风险驾驶行为分析及相关因素研究[J]. 北京大学学报（自然科学版），

2008, 44（3）475-482.

[7] Lin T Y. Microsoft COCO: Common objects in context[C]. Computer Vision-Eccv, 2014, 8693: 740-755.

[8] Brostow G J, Fauqueur J, Cipolla R. Semantic object classes in video: A high-definition ground truth database[J]. Pattern Recognition Letters, 2009, 30(2): 88-97.

[9] Scharwaechter T. Efficient multi-cue scene segmentation[M]. Pattern Recognition, 2013: 435-445.

[10] Sikiric I. Image representations on a budget: traffic scene classification in a restricted bandwidth scenario[C]. Ieee Intelligent Vehicles Symposium Proceedings, 2014: 845-852.

作者简介

徐永能，男，1972年9月生，河南省信阳市人。2006年博士毕业于东南大学交通学院，现为南京理工大学交通信息融合与系统控制工信部重点实验室副主任。研究方向：交通安全、轨道交通智能运维。电子邮箱：x780906yn@163.com，通信地址：南京市玄武区孝陵卫街200号，联系电话：13655185017。

自主巡检机器人在高铁站智能化运维中的应用

王平[1]，徐洪彬[2]，王琰[2]，谈英姿[3]

（1. 中国铁路上海局信息技术所，上海 200071；2. 南京聚特机器人技术有限公司，南京 210000；3. 东南大学，南京 210096）

摘要：《交通强国建设纲要》指出，到2035年，我国基本建成交通强国。因此要强化前沿关键科技研发，大力发展智慧交通。对于铁路轨道交通大系统，除了建造智能化和装备智能化外，铁路轨道交通系统的管理养护与运营维修也是轨道智慧交通的重要保障。采用轮式自主巡检机器人进行日常/应急巡检，从而实现高铁站日常设备的智能化运维。该机器人通过可见光图像识别实现所有待检设备的智能抄表、异常泄露；采用红外成像仪测温、声音智能判断等实现设备的故障预警、报警；并对环境气体进行全面监测；具有自主路径规划、自主巡检、自主充电功能。经过一年多的试运行，运行良好，可以替代原有的人工日常巡检高铁站设备，提升了高铁站设备运维系统的智能化程度。

关键词：巡检机器人；高铁站；智能化运维

1 引言

改革开放40多年来，我国各种交通运输方式快速发展，综合交通运输体系不断完善，总体适应经济社会发展要求。建设交通强国是建设现代化经济体系的先行领域，是全面建成社会主义现代化强国的重要支撑。

2019年9月19日，中共中央、国务院印发了《交通强国建设纲要》。该纲要指出，大力发展智慧交通，推动大数据、互联网、人工智能、区块链、超级计算等新技术与交通行业深度融合。推进数据资源赋能交通发展，加速交通基础设施网、运输服务网、能源网与信息网络融合发展，构建泛在先进的交通信息基础设施。构建综合交通大数据中心体系对于实现交通强国具有重要意义。

在智慧交通大力发展的过程中，在设备运维智能化系统中对日常巡检结果的管理，目前仍以人工巡检为主，因此存在着劳动强度大、环境恶劣、作业枯燥、人力成本高等问题。随着巡检机器人在电力行业、煤炭行业等领域的探索性应用，机器人可以在智慧交通的智能化设备运维中大显身手。

上海铁路局南京南高铁枢纽站的智能设备运维系统，采用全自主运行巡检机器人进行设备巡检，巡检面积达 50 000 m^2。

2 高铁站设备管理系统现状

作为大型高铁枢纽站，上海铁路局南京南站已完成8大智能化系统的建设，如图2-67所示，该系统包括：暖通空调、电梯系统、照明系统、动环系统、消防系统、给排水系统、售检票系统、能源管理系统等。这些智能化设备管理系统的运作属于运作数据管理的范畴，将设备运行数据通过各种数据总线汇聚到数据中心，进而实现设备运维的监控管理。

目前，已投运的众多智能化系统由于无法管理设备的运维结果，因此在实际生产过程中，人工数据复核流程必不可少，依然需要投入大量的专业人员，深入设备现场记录各类表计数据，并进行视觉、听觉和嗅觉的巡视，完成人工设备巡检工作。

由于南京南站建筑面积大、设备众多，故在运维的人工巡检中就存在诸多问题：

1）劳动强度大

待检设备分布在5万 m^2 的区域内，巡检一圈需要走3km以上；在约2h的巡检过程中，必须保持注意力集中，不仅需要完成巡检、抄表查漏等工作，还需要注意躲避地面台阶、管道和管路支架等"空中障碍"。

2）环境恶劣

没有密闭的夹层区域内常年灯光昏暗，灰尘厚近1cm，各类管道、支架纵横交错，横梁台阶密布，没有一条用于人行的、贯穿东西或者南北的通道；此外，巡检人员还需要忍受严寒酷热和高铁高频噪声。

3）作业枯燥

除了会受到巡检人员生理因素、心理因素和责任心的影响以外，还存在巡检人员工作经验和技术技能水平的差异，易出现技术性的漏检、错检等问题。

4）人力成本较高

巡检班次通常2~3人一班，每天至少2次巡检，每次耗时2h以上，人力成本较高。

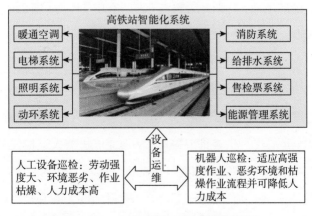

图2-58 高铁站智能化系统设备运维

综上所述，人工巡检存在着劳动强度大、环境恶劣、作业枯燥、人力成本高等问题。而随着我国机器人技术的不断提升，具有自主行走、数据采集、数据处理、自主充电功能的巡检机器人逐渐走进入们视野。在通信点得到保障的情况下,即使在恶劣的工作环境中,我们也可应对枯燥的作业流程和高强度的工作量,出色完成定时定量的巡检任务。

3 设备巡检机器人功能需求分析

机器人系统将全面接入高铁站智能化系统,通过合理制定巡检规程和巡检计划,融入设备层日常/应急巡检的工作流程中,从而有效减轻或取代巡检人员的部分日常巡检工作。

3.1 巡检机器人的功能分解

巡检机器人就像巡检员工一样,接受指令、巡检每一个待检设备、记录设备运行数据、检测异常并报障,还可以自动汇总巡检日志,形成待查巡检报表。

要实现设备的全自主巡检,就要求机器人机动性高,安全可靠地全面监测量、数据智能处理和运行。如图2-59所示,巡检机器人的功能可分解为自主运行功能、巡检功能、数据智能化处理和安全保障这4大功能。

图2-59 巡检机器人功能分解示意图

1) 自主运行功能

需要解决机器人本体类型、定位导航的可行性。通常巡检机器人的运动模式有轮式、吊轨式、履带式3种,为了应对复杂的地面,特别是管道密布的"空中"环境,南京南站运维巡检机器人将采用轮式机器人作为运动载体。

2) 巡检功能

即机器人的感知和数据采集系统。巡检机器人会利用机载传感器获取巡检目标设备的图像、视频、声音等信息,再通过智能算法"读取"相应的巡检数据,写入系统数据库,然后通过智能运维平台接口,将巡检数据传送至运维平台供查询或警示,从而完成机器人巡检任务的流程闭环。

南京南高铁站设备巡检是对静态设备和运行设备进行感观定性判断的过程,主要通过布置在夹层内的6套巡检机器人的"看、触、听、嗅"等感官,实现目标设备的巡检数据采集。

(1)视觉(摄像机):视觉检查是巡检重要内容,包括空调机组表计识别,指示灯状态识别,获取机组、凝水提升泵、污水提升泵和灭火器的静态图片,进而通过智能识别算法运算,获取巡检目标的实时参数。此外,巡检机器人还将获取实时的动态视频信息。

（2）声音（麦克风）：获取现场设备运行和巡检现场的环境声音，通过智能算法获取设备的运行状态。

（3）温度（温度传感器和热成像仪）：获取环境温度和配电柜温度。

（4）嗅觉（多种气体传感器）：环境气体检测。

除了以上日常设备巡检以外，巡检机器人还可以承担设备夹层巡检路径上的维安工作。

3) 数据智能化处理功能

包括了对机器人采集的数据进行存储、分析和应用，以及多机器人协同运作的工作机制。

4) 安全保障功能

铁路俗称国家的大动脉，对国计民生有着重大的意义。高铁的配套设施和设备也必须具备最高等级的可靠性要求。机器人的可靠性、安全性既体现在自身的安全性上，又体现在对设备、对环境的安全性要求。例如，电池充放电时的发热保护、定位导航偏离可能会导致与站内设备发生意外撞击、网络意外断线时机器人应对机制等。

3.2 巡检机器人性能指标

在自主巡检机器人性能需求分析的基础上，得到具体性能指标如下：

(1) 具备自主导航功能：前后方向和左右方向的重复导航定位误差不大于 ±50 mm，在 1 m/s 的运动速度下，最小制动距离不大于 0.5 m。

(2) 云台重复角度精度在 0.1° 以内。

(3) 具备智能避障和防碰撞功能，具有障碍物检测功能。在行走过程中如遇到障碍物，将绕行，并自动选择最佳路径。

(4) 具备越障能力：最大越障高度为 5 cm。

(5) 具备爬坡能力：爬坡能力应不小于 15°。

(6) 最小转弯直径：应不大于其本身长度的 2 倍。

(7) 电池供电：一次充电巡检续航能力不小于 3 h，在续航时间内，机器人应能稳定、可靠工作。

(8) 具备俯仰和水平 2 个旋转自由度：垂直范围 −45° ~ +35°，水平范围 0° ~ 360°。

4 巡检机器人系统构架设计及实现

4.1 系统总体构架

高铁南京南站设备巡检机器人系统是由 5 个部分组成：

1) 机器人运动本体

由机器人底盘、通信组件、运动控制模块、智能灯光控制、自主充电模块、激光及惯性导航 IMU 定位导航组件和自动充电装置等组成，构成一套既可以实现自主定位导航，也可以完成数据中心远程遥控，或者现场操控端遥控的智能机器人运动底盘系统。

2）巡检系统

由可见光高清高倍变焦摄像机、热成像仪、定向收音器、视觉分析比对识别系统、多气体浓度传感器和环境数据采集模块、现场预测预警系统等组成。巡检系统模块既可以完成人工巡检的工作内容，也可以实现人类感官无法感知的巡检内容，如温度感知、其他浓度感知等。

3）操控数据中心

数据采集、数据存储、数据分析、数据比对、智能预警或报警、机器人操控模块、多机器人协同调度系统等。

4）通信网络

构建覆盖设备夹层的无线和有线混合的通信网络，并接入南京南站主干网络，与南京南站消控室互联互通，形成消控室与巡检机器人之间沟通的桥梁。

5）操控终端

机器人系统的操控既可以通过电脑（PC）端完成系统设置、巡检监控、报警处理和报表查询等操作，还可以接入内部网络的移动端实现接收系统报警、巡检监控和数据查询等。

巡检机器人系统还可以通过数据接口，与南京南站运维综合智能管理进行数据整合，实现三维可视化的系统管理。

巡检机器人系统构架示意图如图2-60所示。

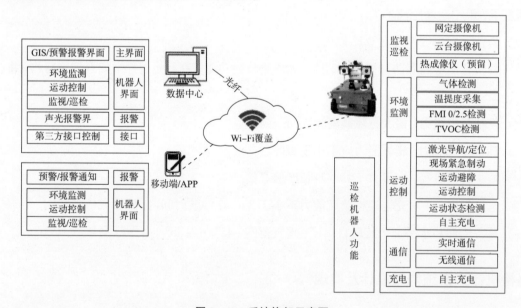

图2-60　系统构架示意图

4.2　巡检机器人关键模块实现

1）巡检机器人运动控制系统

巡检机器人系统可以实现3种运动模式，即在复杂环境下自主定位建图导航的自主巡检模式、消控室远程遥控模式和现场操控端遥控模式。

巡检机器人的运动控制子系统是运动控制的最基本单元，它是由工控机、电机驱动器和运动辅助组件(如:智能辅助灯光、应急按钮、智能避障等)组成,主要是移动控制和现场显示巡检机器人在工作过程中的运动行为,并将机器人移动数据实时上传至消控室中显示。

覆盖整个巡检区域的 WLAN 是消控室与巡检机器人之间数据交互的无线通信桥梁,用于实现实时的巡检数据上传、摄像机视频流数据上传、操控信息的交互等。

巡检机器人系统还具备了现场遥控操作功能,即巡检人员可以手持操控终端,或者用手机终端现场操作机器人,来完成应急处理工作。

如图 2-61 所示,机器人自主巡检的必要条件是环境感知,利用激光雷达的二/三维扫描,叠加惯性导航传感器 IMU,完成巡检机器人的精确定位建图导航,以此实现巡检机器人自主巡检必备的建图、精确定位和导航功能。

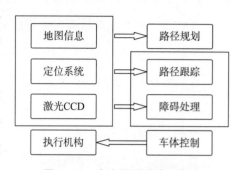

图 2-61 自主导航避障示意图

2)巡检机器人的数据采集系统

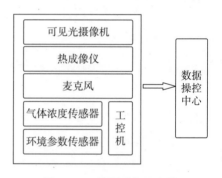

图 2-62 数据采集示意图

如图 2-62 所示,巡检机器人运动控制系统为数据采集提供了一个可靠的移动载体平台。在这个平台上可以搭建各种类型的检测系统或装置,与消控室进行数据交互,并完成巡检工作。

(1)高清高倍变焦可见光摄像机

好像人的眼睛,既可以用于现场环境视觉感知,以一个设定定位点的视角,完成现场设备装置布局信息的图像化处理;也可以用于获取设备装置局部的细节情况;还可以通过叠加智能图像识别、分析、比对系统,掌握设备表面异常、表计的读取等信息;另外,还可以通过大数据分析,完成设备漏水的报警。

(2)红外热成像仪(红外摄像机)系统

如果测温枪是检测一个"点"的温度,那么红外热成像仪可以有效感知一个"面"的实时温度。它是利用红外探测器和光学成像物镜获得投摄目标的、与物体表面的热分布场相对应红外热像图的变化,图中用不同颜色代表被测物体的不同温度。当设备温度超出设定的阈值时,巡检机器人会实时地将预警信息通过通信网络传回消控室预警。还可以将热像图与可见光图片叠加显示,进而智能判断设备的故障点和完好情况。

(3)麦克风

用于获取巡检现场的声音信息,经过滤波处理,再加以比对分析,进而判断受检设备的运行状态。

(4)环境及气体浓度传感器

用于实时获取机器人巡检区域的温湿度和环境气体浓度信息。

5 结论

随着智能移动式机器人产业的发展,巡检机器人也可根据应用场景派生出轮式、吊轨式、磁爬壁式等多种运动形式。除了形态的差异,根据应用场景和巡检内容的不同,机器人还可以搭载不同的数据采集设备,实现不同的巡检功能。

高铁设备运维巡检机器人是智慧交通应用的一个创新尝试,就像一名在编的"操作人员"一样,巡检机器人接收派工、完成巡检、出具工作报告,极大地缩减了人的劳动强度,提高了出勤率,巡检手段和巡检方式也变得多样化起来,进而提升了设备运维的巡检管理水平。

南京南站的巡检机器人正是特种机器人产业发展、我国传统行业生产和管理理念突破创新的一个缩影。在管理相对稳定、有高可靠性要求的交通领域,经过不断地技术磨合和理念碰撞,特种机器人的应用和发展必将随着现代技术和工艺水平的提高而完善,最终在传统产业升级中,担当重要角色。

参考文献

[1] 中共中央国务院印发《交通强国建设纲要》[EB/OL]. http://xxgk.mot.gov.cn/jigou/zcyjs/201909/t20190920_3273715.html.

[2] 马啸川,李庆武,刘静,等.变电站机器人自动巡检中的刀闸开合状态分析[J].电子测量与仪器学报,2018,32(6):64-71.

[3] 周明静,裴文良,岑强.一种煤矿轨道巡检机器人的研制[J].制造业自动化,2018,40(4):107-108.

[4] 黄衍标,罗广岳.一种自主巡逻智能预警的机器人系统设计[J].单片机与嵌入式系统应用,2018,18(7):39-43.

[5] 孙婷,马磊.巡检机器人中指针式仪表示数的自动识别方法[J].计算机应用,2019,39(1):287-291.

[6] 陈舟,唐松奇,石磊,等.一种隧洞探测型自主式水下机器人及其图像拼接方法[J].船舶工程,2019,41(3):115-121.

[7] 裴文良,周明静,李军伟.综合管廊智能巡检机器人的设计[J].制造业自动化,2017,39(1):91-93.

作者简介

王平,男,1965年10月生,江苏扬州人。中国铁路上海局信息技术所,博士,高级工程师、董事长。铁路运输信息化智能化应用。电子邮箱:13801583062@139.com,通信地址:上海市静安区天目中路181号兴铁大厦5楼,联系电话:13801583062。

PART 03

三、智慧材料、能源与环境篇

基于差分累加及雨流计数的支座累计位移研究

高延性水泥基复合材料喷射工艺研究

某玻璃生产企业场地土壤环境调查与污染特征分析

垃圾焚烧发电厂烟气脱酸工艺的研究及优化建议

酸洗企业关停地块土壤和地下水污染状况调查

装配式混凝土建筑工程节点连接质量检测技术研究

基于差分累加及雨流计数的支座累计位移研究

刘兴旺[1,2]，吴来义[1,2]，岳青[1,2]，王文弟[1]，陈斌[1]

(1. 中铁大桥勘测设计院集团有限公司，湖北 武汉 430050；
2. 中铁桥隧技术有限公司，江苏 南京 210061)

摘要：为了精确获取桥梁支座的纵向累计位移，本篇以铜陵公铁两用长江大桥健康监测系统为背景，提出了基于差分累加及雨流计数的支座累计位移计算方法。该方法首先利用支座位移与环境温度间显著的线性相关关系获取温度影响下的支座位移数据，采用基于健康监测系统的振动及应变数据获取过车时段列车影响下的支座位移数据。然后，采用差分累加法计算温度影响下的累计支座位移，采用基于雨流计数法获得列车荷载影响下的支座累计位移。最后，求和得到支座总累计位移。该方法不仅揭示了桥梁累计支座位移的变化机理，同时也有效排除各种噪声及设备精度对计算结果的影响。主要结论有：(1) 环境温度是影响支座累计位移的主要因素；(2) 温度影响下的支座位移具有明显的周期性，列车荷载影响下的支座位移具有一定的波动性、随机性；(3) 列车荷载影响下的支座累计位移量约占温度影响下支座累计位移量的13%；(4) 大桥1#墩上下游支座年度估测累计位移量为128.47 mm及126.52 mm。

关键词：支座；累计位移；健康监测；相关性分析；雨流计数法；铁路桥梁

1 引言

桥梁支座连接桥梁的上、下部结构，是桥梁的重要受力构件，同时，支座的运营状态直接关系到桥梁整体结构的安全性及耐久性。桥梁支座的形式众多，其运营状态及使用寿命受到施工工艺、材料老化、环境及车辆荷载等诸多因素的影响，单从支座外观及管养经验难以准确判断支座的内部损伤及老化疲劳程度，需要结合支座累计位移科学评估支座的运营状态。

支座累计位移是桥梁运营过程中衡量支座工作状态及支座使用寿命的重要指标，也是桥梁支座的管理养护及维修更换的可靠依据。目前国内外一般采用差分累加法计算支座累计位移量，对于大跨桥梁而言，支座纵向位移主要是由温度引起，其变化相对缓慢，该方法未考虑环境噪声及列车荷载对结构的影响，导致分析结果偏大。本篇以铜陵公铁两用长江大桥健康监测系统为依托，提出基于差分累加及雨流计数的支座累计位移量计算方法，可以有效消除各种噪声及设备精度问题对支座累计位移量的影响，为科学有效评估桥梁支座的工作状态及使用寿命奠定基础。

2 工程概况

铜陵公铁两用长江大桥是安徽省境内连接长江两岸的一条快速过江通道,大桥下部为四线铁路、上部为六车道高速公路,为公铁合建桥梁,如图3-1所示。大桥全长约1290 m,主跨为630 m,桥跨布置为(91.8+240+630+240+91.8)m,采用三桁三索面结构。主桁为"N"形桁架结构,3片主桁中心间距17.1 m,桁全宽34.2 m,桁高15.5 m,节间长15 m,塔、梁间竖向及边墩、辅助墩处竖向均设铸钢活动支座。由于结构受力及变形复杂,结构具有荷载重、跨度大、基础深等特点,铜陵公铁两用长江大桥安装健康监测系统于2015年7月正式运营,其中,支座位移监测是其重要组成部分。由于桥梁跨度较大,主梁在不均匀温度场及列车的荷载作用下,纵向支座位移明显。系统支座位移测点在1#、6#墩处,上、下游对称布置,如图3-1所示。健康监测系统采用磁致伸缩位移计,其采样频率为1 Hz,精度为0.05 mm。

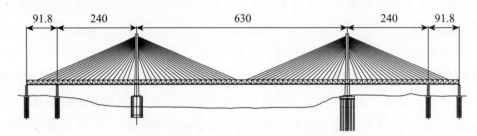

图3-1 铜陵公铁两用长江大桥立面(m)

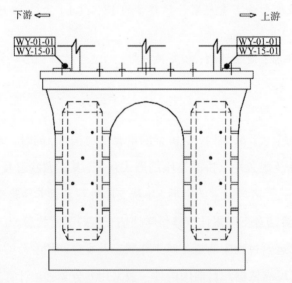

图3-2 支座位移测点布置图

3 支座累计位移分析

3.1 温度影响下支座位移

选取铜陵公铁两用长江大桥2018年全年1#墩上、下游支座位移监测数据及桥址处环境温度监测数据进行分析,图3-3(a)为桥址处环境温度时程图,图3-3(b)为1#墩下游支座位移监测时程数据图,图3-3(c)为1#墩上游支座位移监测时程数据图。图3-3(a)中桥址处环境温度年度变化特征明显,符合桥址处气候变化特征。图3-3中支座位移变化趋势和环境温度变化趋势高度一致,实测上游支座位移年度变化幅值为308.20 mm,实测下游支座位移年度变化幅值为310.07 mm,上、下游位移变化高度一致,说明在不均匀温度场及不对称荷载作用下(合福客运线即下游侧双线通车,合庐铜铁路2018年11月1号通车),上、下游位移差较小,结构刚度较大。

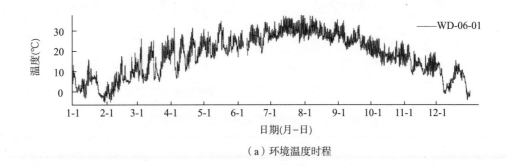

(a)环境温度时程

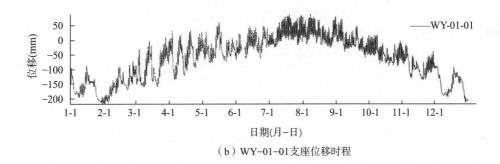

(b)WY-01-01支座位移时程

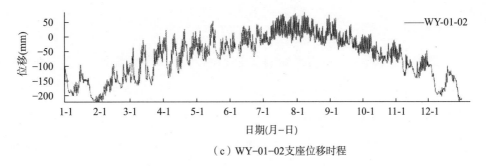

(c)WY-01-02支座位移时程

图3-3 支座环境温度时程与位移时程图

针对上述2018年监测到的支座位移及环境温度数据,采用线性最小二乘法建立环境温度和支座位移数据间的线性相关关系,如图3-4所示;线性相关关系特征参数如表3-1所示。可以看出,1#墩上、下游支座位移数据和环境温度数据间线性相关关系特征参数基本相同,相关性系数均为$r = 0.978$,支座位移数据和环境温度数据间显著相关,说明铜陵公铁两用长江大桥支座位移主要是由环境温度作用产生的,温度升高,主梁向两侧伸长,支座位移变大,反之则相反。

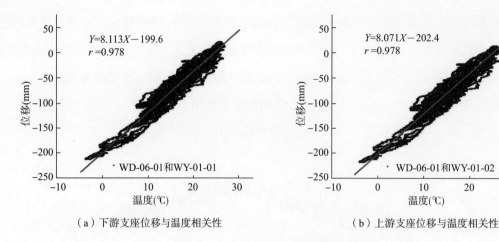

(a) 下游支座位移与温度相关性　　　　(b) 上游支座位移与温度相关性

图 3-4　支座位移与环境温度相关性

表 3-1　支座位移与温度相关性特征参数

支座位置	2018 全年			相关性描述
	k	b	r	
1# 墩下游 WY-01-01	8.113	−199.553	0.978	显著相关
1# 墩上游 WY-01-02	8.071	−202.439	0.978	显著相关

说明：线性拟合公式为 $Y = kX + b$。其中，Y 为支座位移线性拟合值，X 为环境温度。

由于在复杂荷载影响下磁致式支座位移计获得的数据波动性较大，而环境温度计获得的数据较为稳定，因此基于支座位移监测数据与环境温度监测数据间的显著相关关系，可以采用相关性分析方法分离温度影响下的支座位移信号。设支座位移和环境温度间线性相关性表达式为：

$$\begin{aligned} y_{\text{origin}} &= y_0 + kT + e_i \\ y_{\text{temp}} &= y_0 + kT \end{aligned} \quad (1)$$

其中：y_{origin} 为实测支座位移，y_{temp} 为温度影响下支座位移，T 为环境温度，y_0 为截距，k 为斜率，$e_i(0 < i \leqslant n)$ 为线性拟合差值（支座位移监测数据与理论线性拟合值间的差值）。

由于支座位移与环境温度间具有显著线性相关性，差值 $e_i(0 < i \leqslant n)$ 在一定程度上可以表示为消除温度影响下由列车及其他荷载等产生的实测支座位移数据，采用线性相关性分离的温度影响下的支座位移时程的关系，如图 3-5 所示。

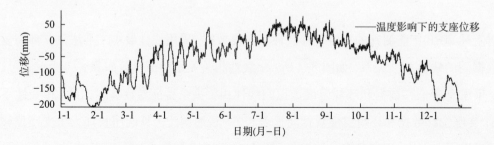

图 3-5　测点 WY-01-01 温度影响下的支座位移时程图

采用差分累加法计算支座累计位移，记实测支座位移时程数据为 $x_i, i = 1, 2, 3, \cdots, n$，相邻数据间

的一阶差分值为 $diff_i, i = 1,2,3,\cdots,n-1$，支座累计位移为 $displacement\_diff$，则有：

$$diff_i = x_{i+1} - x_i, \quad i = 1,2,3,\cdots,n-1 \quad (2)$$

$$displacement\_diff = \sum_{i=1}^{n-1} diff_i, \quad i = 1,2,3,\cdots,n-1 \quad (3)$$

对原始支座位移监测数据采用差分累加法获取累计支座位移 $displacement\_all$，对采用相关性分离出的温度影响下的支座位移进行累加法获取累计支座位移 $displacement\_temp$。$displacement\_all$ 及 $displacement\_temp$ 时程如图3-6所示，其统计信息如表3-2所示。可以看出，差分累加法下原始支座累计位移分别为666.74 mm（下游）、654.88 mm（上游）。由于2018年度支座位移实测数据有5.64 d数据缺失量，则平均每天支座累计位移为1.86 mm（下游）、1.82 mm（上游），从而预测年度支座累计位移量为677.21 mm（下游）、665.16 mm（上游）。同理，采用差分累加法计算温度影响下的支座累计位移量，110.15 mm（下游）、112.91 mm（上游），平均每天支座累计位移为0.31 mm（下游）、0.31 mm（上游），从而预测年度支座累计位移量为111.88 mm（下游）、114.69 mm（上游），原始支座位移数据采用差分累加法获得的支座累计位移量是温度影响下支座累计位移量的5.27倍。

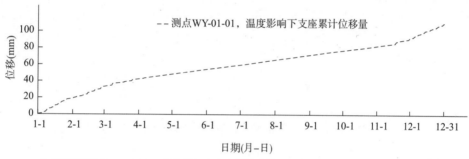

1#墩下游测点 WY-01-01 差分累加法支座累计位移及温度影响下支座累计位移时程图

图 3-6 支座累计位移时程图

表 3-2 2018年度累计位移统计表

位置	计算方法	2018 全年			
		累计位移（mm）	缺失量（d）	平均位移（mm/d）	年度估测位移（mm）
1#墩下游	原始支座位移数据位移差分累加法	666.74	5.64	1.86	677.21
1#墩上游		654.88	5.64	1.82	665.16
1#墩下游	温度影响下支座位移数据位移差分累加法	110.15	5.64	0.31	111.88
1#墩上游		112.91	5.64	0.31	114.69

3.2 列车荷载影响下支座位移

采用健康监测系统的振动及应变响应监测数据计算过车时间，然后截取对应时段的支座位移时程数据，如图3-7所示。在大部分过车时段支座位移监测数据会产生漂移，原因是温度作用下主梁伸缩变形。然而由于主梁与支座连接处存在摩擦力，因此当变形达到一定程度时，列车会扰动主梁，使静摩擦力变为动摩擦力,释放主梁因温度变形产生的力,从而显示突发性的支座位移变化情况。如图3-7所示,当列车过桥时,支座位移响应变化明显,且具有一定的波形性。对单次过桥的支座位移时程数据采用雨流计数法统计各个周期的位移变化幅值,由于只对列车过桥时段的支座位移进行统计,因而具有较强的针对性。研究表明,环境噪声对支座位移的影响远小于设备的精度,采用雨流计数法可以方便地去除设备精度范围内的雨流周期,从而克服环境噪声及设备精度的影响。同时,由于采用雨流周期幅值与采样的点数无关,排除了设备采样频率对计算结果的影响,从而可以得到列车荷载影响下精确的支座累计位移量。其基本原理如图3-8所示,其中图3-8(a)中为单次过车支座位移的时程,从图3-8(a)图中的时程数据中提取出1-4-7、2-3-2′和5-6-5′这3个支座位移循环。假定各个循环的支座位移间彼此独立,则可以将图3-8(a)中的各个循环取出转化为图3-8(b)的循环结果,从而可以得到单次列车过桥时支座位移各个循环及半循环周期下位移变化幅值及对应的雨流次数。

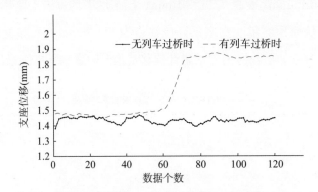

图3-7 单次列车过桥时支座位移时程

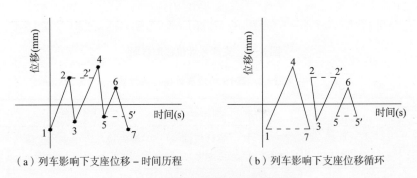

(a)列车影响下支座位移–时间历程　　　　(b)列车影响下支座位移循环

图3-8 雨流计数法的基本原理

利用雨流计数法统计2018年全年铜陵公铁两用长江大桥所有过车时段支座位移各个循环的次数及幅值,如图3-9所示。由图3-9可知,在过车时段列车荷载的影响下支座变化幅值集中在0~3mm,记列车荷载影响下的支座累计位移为$displacement\_train$,可识别的单次过车支座位移幅值变化范围为Δwy_i($i=1,2,3,\cdots,m$,i为雨流计数法支座位移各幅值对应个数),N_i为Δwy_i($i=1,2,3,\cdots,m$)对应条件下支座位移波动的循环次数,则列车影响下的累计支座位移可以表示为:

$$displacement\_train = \sum_{i=1}^{m} \Delta wy_i \times N_i, \quad i=1,2,3,\cdots,m \tag{4}$$

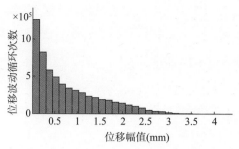
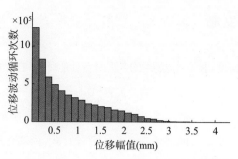

（a）测点 WY-01-01 列车荷载影响下位移幅值统计　　　　（b）测点 WY-01-02 列车荷载影响下位移幅值统计

图 3-9　列车荷载影响下的支座位移直方图

在列车影响下，1# 墩下游支座累计位移为 14.64 mm，1# 墩上游支座累计位移为 13.78 mm。列车对支座累计位移影响较小，分别占温度影响下支座累计位移的 13.09% 及 12.01%。采用差分累加计算原始数据得到的支座累计位移量是基于差分累加及雨流计数法计算得到的支座累计位移量的 5.27 倍，这部分的误差主要来自各种噪声及列车荷载对监测数据的干扰。因此采用基于差分累加及雨流计数的支座累计位移计算更加精确，对后续大跨桥梁支座定量化评估具有重要意义。

表 3-3　2018 年度累计位移统计表

位置	计算方法	2018 全年		
		温度影响下估测支座累计位移（mm）	列车荷载影响下支座累计位移（mm）	年度估测支座累计位移（mm）
1# 墩下游	基于差分累加及雨流计数法	111.88	14.64	126.52
1# 墩上游		114.69	13.78	128.47

4　结论

本篇以铜陵公铁两用长江大桥健康监测系统为例，分析结构支座位移与环境温度间的线性相关性，截取列车过桥时段的支座位移数据并分解支座位移数据，分别采用差分累加法计算温度影响下支座的累计位移、采用雨流计数法计算列车荷载影响下支座的累计位移，主要结论如下：

（1）温度与支座位移监测数据间显著相关。其中，温度影响下的支座位移具有明显的长周期特性，列车荷载影响下的支座位移具有一定的随机性和波动性。

（2）受噪声干扰及设备精度的影响，采用传统差分法直接对原始数据进行累计位移计算，会导致支座累计位移量计算值偏大，是基于差分累加及雨流计数法支座累计位移的 5.27 倍。

（3）采用基于差分累加及雨流计数法计算支座累计位移，受列车影响的支座累计位移量相对较小，仅占受温度影响的支座累计位移量的 13% 左右。

（4）差分累加及雨流计数的支座累计位移计算方法充分考虑了列车荷载对支座累计位移量的影响，同时有效消除了各种噪声及设备精度等问题对支座累计位移量的干扰，对后续大跨桥梁支座定量化评估具有重要意义。

参考文献

[1] 何维.桥梁支座结构分析及疲劳性能研究[D].成都:西南交通大学,2011.

[2] 金玉泉.桥梁的病害及灾害[D].上海:同济大学,2006.

[3] 闫科学.桥梁支座常见病害的养护维修和更换方法探讨[J].上海铁道科技,2017(1):107-109.

[4] 马万飞.桥梁支座病害成因及防治[J].西部交通科技,2017(12):56-58.

[5] 夏娟,奚勇,刘洪涛.桥梁支座典型病害分析及对策[J].华东公路,2008(3):32-34.

[6] 张强.铜陵公铁两用长江大桥主桥设计[J].桥梁建设,2014,44(3):7-12.

[7] 万田保,张强.铜陵公铁两用长江大桥主桥设计关键技术[J].桥梁建设,2014,44(3):1-5.

[8] 覃勇刚,涂满明,王东辉.合福铁路铜陵长江大桥3号墩沉井精确着床控制技术[J].桥梁建设,2013,43(1):9-14.

[9] 周外男.铜陵公铁两用长江大桥主桥施工关键技术[J].桥梁建设,2014,44(4):1-8.

[10] 周浩.线性数据拟合方法的误差分析及其改进应用[J].大学数学,2013,29(1):70-76.

[11] 赵瀚玮,丁幼亮,李爱群,等.大跨多线高速铁路钢桁拱桥车:桥振动安全预警研究[J].中国铁道科学,2018,39(2):28-36.

作者简介

刘兴旺,男,1989年12月生,江苏连云港人。东南大学土木工程学院博士生,中铁大桥勘测设计院集团有限公司。研究方向:桥梁健康监测、桥梁智慧化管养、结构防灾减灾等。通讯地址:江苏省南京市江北新区磐能路8号,邮编:210061,联系电话:15150536901。

吴来义,男,1973年10月生,安徽枞阳人。中铁桥隧道技术有限公司,副总经理,高级工程师。研究方向:桥梁健康监测、桥梁智慧化管养等。电子邮箱:15338939301@qq.com,通信地址:江苏省南京市江北新区磐能路8号,邮编:210061。

高延性水泥基复合材料喷射工艺研究

黄文聪[1,2]，阳知乾[1,2]，沙建芳[1,2]，刘加平[3]

(1. 高性能土木工程材料国家重点实验室，南京 210008；
2. 江苏苏博特新材料股份有限公司，南京 210033；
3. 东南大学，南京 211108)

摘要：高延性水泥基复合材料(High Ductility Cementitious Composites, HDCC)具有普通混凝土200～300倍的拉伸应变能力和极佳的裂缝宽度控制能力。利用HDCC进行喷射施工可以实现对既有破损结构的快速、高效修复。本篇对HDCC喷射工艺进行了研究，通过调整喷射压力、物料输送流量及喷嘴尺寸实现了HDCC立面一次最大喷射厚度8 cm，顶面一次最大喷射厚度5 cm，且喷射结构致密。此外，在实验室内模拟了现场挂网喷射，评价了钢筋间距与钢筋距基面距离对钢筋后区域填充效果的影响，指出在钢筋过于密集(间距3 cm)时可采用电动抹压工具对HDCC进行进一步的密实。喷射成型的试件1 d抗压强度为46.7 MPa，黏结劈拉强度为3.8 MPa，拉伸应变为0.77%，可满足修补工程早强高强、高黏结、高韧性的需求。

关键词：高延性水泥基复合材料；雾化；喷射厚度；钢筋后区域填充

1 引言

混凝土是现代基础设施建设用量最大的建筑材料之一，然而普通混凝土存在脆性大、易开裂的缺点，大大降低了其服役寿命。高延性水泥基复合材料(High Ductility Cementitious Composites, HDCC)是一种基于微观力学原理设计的纤维增强水泥基复合材料，于20世纪90年代由美国密歇根大学教授Victor Li设计开发，其纤维体积掺量一般小于2%，具有显著的裂后应变硬化和多缝开裂的特点，裂缝宽度一般小于0.1 mm。使用这种材料可以弥补现有修补材料动态失效严重、韧性差的缺点。目前HDCC材料已应用于桥面板的湿接缝、钢/HDCC复合桥面板、抗震结构、墙体加固、破损结构耐久性补强等，未来同样具有广阔的应用前景。

喷射施工是一种快速高效的施工工艺，可以实现对既有破损结构的快速补强。国内外对喷射混凝土、机喷砂浆抹灰以及喷射砂浆修补加固的研究较多，且工程经验丰富，而对HDCC喷射效果的研究较少。HDCC具有纤维掺量高、骨料最大粒径小、黏度大的特点，且喷射过程中通常不加入速凝剂，其适宜的喷射工艺参数不同于常规的喷射水泥基材料。周斌观察到了2种不同喷射压力下HDCC喷出状态有区别，当喷射压力为0.2 MPa时，HDCC呈柱状喷出；当喷射压力为0.6 MPa时HDCC充分雾化，喷涂流量为2.0～2.5 L/min。Yun Yong Kim采用额定泵压为4 MPa的螺杆泵，喷射压力为 0.8 MPa 时 HDCC 立面一次喷涂厚度约 50 mm、顶面一次喷涂厚度约 25 mm，但文章聚焦于 HDCC 的流变性能调控。还有文献提到采用 8 mm 的喷嘴直径，输送流量为 3.0 L/min，可使 HDCC 充分雾化，单次喷涂厚度 10 mm。

已有的射流雾化理论大多集中在流体力学领域，而且雾化物质多为黏性流体，如农药喷洒、喷雾降尘、燃油雾化燃烧。而混凝土作为一种多相非均匀屈服应力流体，国内外研究者对其雾化的理论研究甚少，大多通过观察其喷射状态来评价喷射效果。Rizk 和 Lefebvre 研究了气动参数、液体物性参数对燃油雾化均匀程度的影响，认为增大气体压力、空气速度和气液比均能够促进燃油雾化均匀，而增大液体黏性和燃油出口尺寸均会使燃油雾化均匀性变差。其结论亦可借鉴到混凝土喷射雾化研究中。综上，大部分文献提到了 HDCC 的最终喷射效果而未对 HDCC 喷射过程进行描述，对于工程中常见的挂网喷射条件下钢筋密实填充效果的研究则更少。本篇对 HDCC 的喷射工艺进行细化研究，以期为工程现场施工提供指导建议。

2 原材料与试验方法

2.1 原材料及配比

HDCC 粉料为江苏苏博特新材料股份有限公司自行研发的材料，由细骨料石英砂、胶凝材料加多种粉体小料预混而成。纤维为聚乙烯醇纤维，考虑到纤维长度对材料雾化以及喷嘴堵塞的影响，采用 6 mm 和 12 mm 这 2 种长度，按 1∶1 的比例混合而成，其主要性能指标见表 3-4，纤维体积掺量为 1.5%，水料比为 0.18。

表 3-4 聚乙烯醇纤维的物理性能指标

纤维类型	长度(mm)	直径(μm)	密度(g/cm³)	伸长率(%)	抗拉强度(MPa)	弹性模量(GPa)
聚乙烯醇	6/12	39	1.3	7	1 620	42.8

2.2 试验方法

采用浙江温工 JP90 型砂浆喷涂机进行喷射试验，喷涂机及配套的空压机主要技术参数见表 3-5。为研究喷射压力对喷射效果的影响，喷枪处单独连接的大容量空压机排气量为 480 L/min，排气压力为 0.8 MPa。试验中使用的喷枪形式见图 3-10，左为管径 38 mm 的砂浆喷枪，喷嘴直径为 11、13、15 mm；右为管径 20 mm 的真石漆喷枪，喷嘴直径为 6、8、10、12 mm。

HDCC 搅拌制度如下：先将预先混好的粉料倒入搅拌机内干搅 30 s，然后加水搅拌 3 min，最后将纤维加入继续搅拌 3 min。喷射基面采用 70 cm×70 cm×10 cm 的木模具，喷射前在木模具内浇筑一层快硬砂浆，在凝结前拉毛。坡面、立面喷射则分别采用将木模具倾斜、垂直靠墙放置的方式模拟；顶面喷射则将木模具支起，以喷射面朝下的方式模拟。挂网喷射则在木模具四周打孔，将钢筋穿孔放置后交叉部位用扎丝绑扎固定，并通过打孔的位置来控制钢筋间距和钢筋距离底模的距离。为避免喷涂过程中气压不足的情况，正式喷射前应先开启空压机，待气压稳定后再打开喷涂机电机开关输送物料。

 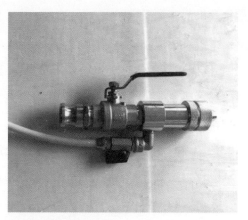

图3-10 喷枪形式

表3-5 喷涂机及空压机技术参数

排量（L/min）	输送压力（MPa）	最大颗粒尺寸（mm）	输浆管直径（mm）	空压机排气压力（MPa）	空压机排气量（L/min）
90	3	6	38	0.5	250

HDCC的抗折和抗压强度按照《水泥胶砂强度检验方法（ISO法）》（GB/T 17671—1999）进行测试。HDCC的拉伸性能测试参照《纤维混凝土试验方法标准》（CECS 13—2009），采用引伸计测试试件变形，标距为100 mm。HDCC的劈拉强度按照《混凝土物理力学性能试验方法标准》（GB/T 50081—2019）进行测试。

3 试验结果与讨论

3.1 HDCC雾化状态影响因素研究

HDCC本质上是一种纤维增强砂浆材料，利用小型螺杆式砂浆喷涂机即可完成泵送喷涂。喷射过程中主要通过观察HDCC从喷嘴处喷出的状态（雾化效果、细腻程度）以及在喷射基面上的黏附情况（是否流挂、脱落）来判断喷射效果的好坏，并由此来确定调整的方向。本小节主要考察喷射压力、喷嘴直径和喷枪形式对喷射效果的影响，最终以喷射回弹率和一次喷射的最大厚度进行定量描述。

1）喷射压力和喷嘴直径对HDCC雾化状态的影响

采用喷涂机自带排气压力为0.5 MPa的空压机，喷嘴处的气压不足时，HDCC不能雾化，直接呈柱状喷出，由于喷射动力不足则不能完全稳定黏附上墙。将喷枪处连接的空压机换为排气压力为0.8 MPa的大容量空压机，其喷射状态有所改善。但当HDCC从泵管内流出速度过大时，其雾化束半径亦较小，一次喷出料太多，容易大面积掉落，这与文献中提到的增加气液两相的相对速度有利于喷嘴雾化的结论一致。通过调整材料的流动性以及加长泵管的长度可以有效地控制HDCC在泵管内的流速,从而实现低流量喷涂。图3-11为采用2种不同喷嘴直径时HDCC的2种喷射状态,图3-11(a)为直径15 mm喷嘴,图3-11(b)为直径11 mm喷嘴。可以看到采用直径11 mm喷嘴HDCC雾化效果明显优于直径15 mm喷嘴,其雾化半径更大、雾化颗粒更小。这是因为射流变细加剧了射流表面的失稳,增大了气液混合相对比例,因此有利地促进了HDCC雾化作用。

综上所述,由于HDCC水胶比低、胶凝材料比例高、骨料粒径小且有纤维搭接粘连,其黏度远大于一般的喷射砂浆,因此其实现雾化的阻力更大。从能量角度分析,高黏度流体耗散功大,消耗了过多雾化能量,从而使HDCC雾化效果差。而增大喷射压力,降低材料在泵管内的流速以及减小喷嘴直径有利于实现HDCC的充分雾化。HDCC最佳的喷射效果如图3-12所示,其坍落度为145 mm,喷射排量为700 L/min,立面一次喷射厚度高达8 cm,且其喷射过程中基本无回弹掉落。

(a)直径15mm喷嘴

(b)直径11mm喷嘴

图3-11 喷嘴直径对HDCC雾化状态的影响

图3-12 材料坍落度及立面一次最大喷射厚度

2) 喷枪形式

在上一节成功实现材料充分雾化,坡面喷射稳定上墙且厚度约8 cm的基础上进行了顶面喷射试验,发现其喷射效果较差,喷射基面非常不均匀且产生了大量的回弹掉落,在喷射基面只黏附了一层约1~2 cm厚的HDCC。不同于立面喷射时会有堆叠效果,顶面喷射的材料附着效果主要取决于材料自身重力和材料与基面的黏附力或材料自身内聚力的相对大小。当前者大于后者时,其会发生掉落。因此,当一次喷射HDCC量过多时,HDCC自身的内聚力会不足以抵抗重力作用,发生掉落。为进一步改善喷出的 HDCC 的细腻程度，采用喷枪直径为 20 cm 的真石漆喷枪、选用直径 8 mm 的喷嘴进行了喷射，真石漆喷枪通过转接口与泵管相连。此外，还可通过喷枪上的物料输送阀门进一步对 HDCC 的流量进行调整。最终的喷射效果见图 3-13，可以看到喷出的 HDCC 十分细腻，喷射流量约为 200 L/h，保证了 HDCC 在喷射过程中可以有效黏结，最终成功实现顶面一次最大喷射厚度为 5 cm，且喷射过程中回弹掉落较少。

 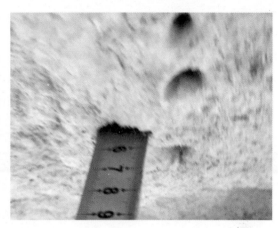

图 3-13 顶面喷射效果图

3.2 挂网喷射

在实际工程中修补加固大多采用先铺设一层钢筋网再进行喷射修复的方式，因此在实验室内评价植筋挂网的喷射效果，主要需考虑钢筋间距、钢筋距基面的距离及钢筋尺寸。

1）钢筋间距对喷射密实性的影响

采用 ϕ10 mm 的螺纹钢筋，钢筋外侧间距分别设置为 3 cm、6 cm 和 10 cm，钢筋距离底模间距为 3 cm。喷射过程中调整材料的流动状态，其挂网喷射过程中均未出现流挂，即能稳定地黏附和堆叠。材料喷射完成后，用抹子对 HDCC 表面进行抹压收面。当钢筋外侧间距为 3 cm、钢筋距离底模距离为 3 cm 时，钢筋后区域密实性较差，容易出现脱空，喷射料疏松强度也会较低。采用 ϕ10 mm 的钢筋，区域内钢筋覆盖率高达 42.7%（钢筋覆盖率 = 喷射区域内钢筋投影面积 ÷ 喷射区域面积），喷射过程中 HDCC 迅速黏附在钢筋表面，钢筋间的间隙被堵住，钢筋之下的区域密实性较难保证。此外，当钢筋距底模的距离为 3 cm 时，距离偏大会导致 HDCC 透过钢筋间隙后能量不足，无法在底模上黏附，因此也会出现脱空现象。当钢筋间距为 6 cm 和 10 cm 时，其区域内的钢筋覆盖率分别为 26.5% 和 19%，从中间切开密实性验证结果见图 3-14，断面仅有少量肉眼可见的小孔隙，无明显缺陷。喷射过程中 HDCC 能够顺利透过钢筋并在表面涂抹砂浆层的底模上黏附，密实性较好。此外，模板四周的边角区域是较难喷密实的，喷射时需要适当倾斜。

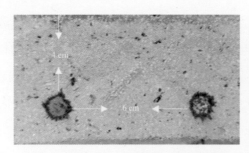

图 3-14 钢筋间距为 6 cm（左）和 10 cm（右）时中间切开密实性验证

2) 钢筋距基面的距离对喷射密实性的影响

钢筋距底模的距离设置分别为 1 cm、2 cm、3 cm，钢筋间距为 3 cm，钢筋尺寸为 $\phi 6$ mm。3 种情况下的钢筋后区域填充效果见图 3-15。从图中可以看到，将钢筋尺寸减小为 $\phi 6$ mm 后，区域内钢筋覆盖率减小至 29.9%，钢筋的阻挡面积减小，其钢筋后区域的填充效果得到明显改善。钢筋距底模的距离为 2 cm 时，其密实效果最好，但钢筋正后方仍存在可见缺陷。这是因为 HDCC 材料稳定性好且体系骨料粒径小、含量少，喷射冲击密实效果有限。当钢筋距底模的距离为 1 cm 时，由于钢筋后区域填充空间有限，材料容易形成不密实的内部缺陷。进一步增大钢筋距模板底部距离至 3 cm 时，由于物料过于细腻且较容易在钢筋上黏附，又发生了类似之前脱空不密实的情况。因此，钢筋距喷射基面的距离过大或过小均不利于钢筋后区域的密实，在实验室内控制的流动状态下（坍落度为 140～160 mm），钢筋距基面的适宜距离为 2 cm。

图 3-15 钢筋后方缺陷：距底模距离 1 cm（左）、2 cm（中）、3 cm（右）

3) 抹压工艺

为解决上述钢筋后区域填充效果差的问题，利用平板振动抹光机对挂网喷射后的 HDCC 表面进行振动抹平。HDCC 是一种高触变性材料，静置时稳定性好，而稍加外力后就容易发生流动。振动抹光的时间和力度应根据实际 HDCC 的状态进行调整，因此以不发生流挂为宜。图 3-16 为振动抹压后钢筋后区域填充的效果，可以看到钢筋后区域密实性得到了明显的改善，仅存在较少肉眼可见的细小缺陷。

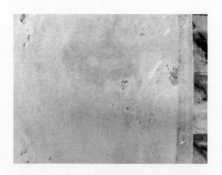

图 3-16 引入振动抹压工艺后钢筋后区域填充效果

3.3 HDCC 喷射后性能测试

HDCC 喷射后性能测试采用喷射大板切割的方式，由于喷射过程中的溅射，边缘处容易形成缺陷，故边缘12 cm直接切除，不用于制作试件。HDCC的抗折抗压、抗拉、黏结劈拉强度试件切割示意图分别如图3-17～图3-19所示，其中黏结劈拉强度混凝土基体为C60混凝土，表面采用铣刨机铣刨。经测试HDCC 1 d抗折强度为13.2 MPa，抗压强度为46.7 MPa，抗拉强度为3.6 MPa，拉应变为0.77%，其拉伸应力－应变曲线如图3-20所示，可以看到HDCC裂后拉应力仍能继续提升。不涂刷环氧界面剂时，1 d黏结劈拉强度为3.1 MPa；涂刷环氧界面剂时，1 d黏结劈拉强度为3.8 MPa。以上数据说明喷射后HDCC具有良好的性能，可满足修补工程早强高强、高韧性、高黏结的需求。

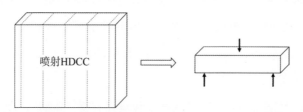

图3-17 抗折抗压强度试件（试件尺寸为40 mm×40 mm×160 mm，折断后的试件用于抗压强度测试）

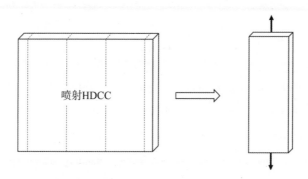

图3-18 平板抗拉强度试件（试件尺寸为400 mm×150 mm×20 mm）

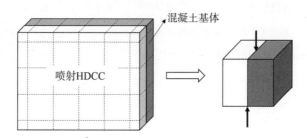

图3-19 黏结劈拉强度试件（试件尺寸100 mm×100 mm×100 mm）

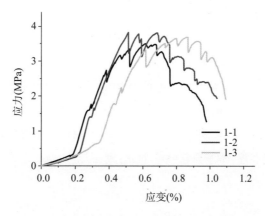

图3-20 喷射后HDCC拉伸应力－应变曲线

4 结论

(1)喷射压力、物料输送流量以及喷嘴尺寸是决定材料雾化程度的关键因素。增大喷射压力、适当减少物料输送流量以及选用合适的喷嘴尺寸以实现厚喷涂,顶面喷射物料输送流量应小于立面喷射,适宜顶面喷涂的喷射流量约 200 L/h,立面喷射约 700 L/h。顶面一次最大喷射厚度约 5 cm,立面一次最大喷射厚度约 8 cm,且喷射过程中回弹掉落较少。

(2)钢筋对喷射 HDCC 有显著的阻挡作用,采用 ϕ10 mm 的钢筋,钢筋外侧间距为 3 cm 时钢筋后区域会出现脱空,增大钢筋间距至 6 cm 和 10 cm 时喷射密实性较好。采用 ϕ6 mm 的钢筋,钢筋外侧间距为 3 cm,钢筋距离喷射基面距离为 2 cm 时钢筋后区域填充效果较好,振动抹压工具可对 HDCC 进行进一步的密实。

(3)喷射后的 HDCC 性能良好,可满足修补工程早强高强、高黏结、高韧性的需求。

参考文献

[1] Li V C. From micromechanics to structural engineering-the design of cementitious composites for civil engineering applications[J]. Structural Engineering Earthquake Engineering, 1993, 10(2): 1-34.

[2] Li V C. 高延性纤维增强水泥基复合材料的研究进展及应用[J]. 硅酸盐学报, 2007, 35(4): 531-536.

[3] Beaupré D. Rheology of high performance shotcrete[D]. Vancouver: UBC, 1994.

[4] Simon A, Robins P J. Low-volume wet-process sprayed concrete: pumping and spraying[J]. Materials & Structures, 2005, 38(2): 229-237.

[5] 周斌. 超高韧性水泥基复合材料喷射性能及其结构基本应用的研究[D]. 杭州: 浙江大学, 2015.

[6] Yoram Y Y K, Kong H J, Li V C. Design of engineered cementitious composite suitable for wet-mixture shotcreting[J]. ACI Materials Journal, 2003, 100(6): 511-518.

[7] Kim J S, Kim J K, et al. Rheological control of cement paste for applying prepackaged ECCS (Engineered Cementitious Composites) to self-consolidating and shotcreting processes[J]. KSCE Journal of Civil Engineering, 2010, 14(5): 743-751.

[8] Tetsushi K, Tadashi S, Noboru S, et al. Tensile and anti-spalling properties of direct sprayed ECC[J]. Journal of Advanced Concrete Technology, 2003, 1(3): 269-282.

[9] Rizk N K, Lefebvre A H. Influence of atomizer design features on mean drop size[J]. AIAA Journal, 1983, 21(8): 1139-1142.

[10] Rizk N K, Lefebvre A H. Spray characteristics of plain-jet airblast atomizers[J]. Journal of Engineering for Gas Turbines & Power, 1984, 106(3): 634-638.

[11] 姚康鸿, 金义, 郑妹, 等. 射流式气动雾化喷嘴雾化性能试验研究[J]. 航空发动机, 2020, 46(2): 75-80.

[12] 姚悦. 高黏度流体气力雾化机理及试验研究[D]. 杭州: 浙江大学, 2006.

作者简介

黄文聪,男,1995年10月生,江西樟树人。高性能土木工程材料国家重点实验室,助理工程师。研究方向:高延性水泥基复合材料喷射施工、湿拌砂浆机械化施工。电子邮箱:huangwencong@cnjsjk.cn,通信地址:江苏省南京市江宁区醴泉路118号,邮编:211113,联系电话:15730015371。

某玻璃生产企业场地土壤环境调查与污染特征分析

吴一亚

（江苏环保产业技术研究院股份公司，江苏 南京 210036）

摘要：对某玻璃生产厂遗留场地的土壤和地下水样品进行检测，重点关注生产区域、半地下储油罐及废油储存区，共采集土壤样品135个，地下水样品6个。监测结果表明，场地土壤中均有不同程度的重金属、半挥发性有机物及石油烃，检测浓度均低于《土壤环境质量建设用地土壤污染风险管控标准（试行）》（GB 36600—2018）中第二类用地筛选值，地下水达到Ⅳ类标准。根据监测结果可以判定场地未受到污染，无须启动详细采样调查工作和风险评估工作，可用于相应规划用地性质的开发。

关键词：土壤环境；调查；检测与分析；玻璃厂

1 引言

近年来，国务院办公厅、国家生态环境部、国土资源部等部门连续发出通知，要求关停搬迁的工业企业应组织开展原址场地的环境调查评估工作。对于未按有关规定开展场地环境调查及风险评估的、未明确治理修复责任主体的拟开发利用的关停搬迁企业场地，禁止进行土地流转。为此，场地开发再利用前的环境调查评估，既是防治土壤和地下水污染的重要举措，同时也是保障人民群众身体健康的必然要求。

本篇通过对某玻璃生产企业场地在利用过程中潜在污染源和污染物排放的分析，初步识别场地可能存在的遗留土壤和地下水污染；重点关注生产区域、半地下储油罐及废油储存区。通过现场采样分析和实验室检测，确定场地土壤及地下水中主要的污染物种类、污染水平和分布的范围与深度，为是否进一步开展详细调查提供依据。

2 场地概况与调查方案

玻璃厂主要涉及两条生产线：一条为镀膜玻璃生产线，属平板玻璃深加工；另一条为减反射光伏玻璃生产线。玻璃生产采用压延法，即熔融后的玻璃液通过压延机的辊筒间隙，在压力下延展成为玻璃的方法，并在玻璃上压出花纹，熔窑采用全氧燃烧技术，染料动力为轻质柴油。厂区内设置办公楼、食堂等生活区，镀膜生产线、浮法线、低铁玻璃线等生产区，储油罐、库房、气保、动力等辅助生产设施，以及废水处理、废油存放、生活垃圾站等环保配套设施。玻璃生产的主要原材料有石英砂、石灰石、纯碱、硝酸钠、氧化铝、白云石等，减反射镀膜液主要成分为 SiO_2（纳米级）。

依据现有信息和分析原玻璃厂调查区域的经营过程，共钻取土壤采样孔 21 个，单孔最大深度 9 m，总钻探进尺 91.2 m，共采集土壤样品 135 个。从采样孔中共选取 64 个土壤样品进行实验室检测，同时钻取 6 口地下水井，单孔最大深度 8 m，共计 46.5 m。共采集地下水样品 6 个。土壤样品检测指标为 pH 值、9 项重金属（镉、铬、砷、镍、铜、汞、铅、锌、钴）、VOCs（常测 56 项指标、SVOCs（常测 44 种指标）、TPH，地下水样品检测 pH 值、无机盐指标（硫酸盐、氨氮、硝酸盐、氯化物、氟化物、高锰酸盐指数等）、VOCs（常测 54 种指标）、SVOCs（常测 44 种指标）、9 项重金属（镉、铬、砷、镍、铜、汞、铅、锌、钴）、TPH。基于保守的污染物筛查角度考虑，该地块可能存在的污染物有重金属、酸碱、VOCs、SVOCs、总石油烃（TPH）等。

3 污染特征

3.1 土壤对照点检测结果

本次调查共设置 3 个土壤对照点，位于调查地块西侧 100 m 及附近两处居民区，检测结果见表 3-6，表中列出了主要污染物数据，其中"ND"表示未检出。

表 3-6 土壤对照点检测结果（mg/kg，pH 值无量纲）

监测项目		最大值	最小值	筛选值
pH 值		8.64	7.7	—
重金属	铜	26.6	7.04	18 000
	镍	36	24	900
	镉	0.51	0.07	65
	砷	15.2	11.4	60
	铅	66.6	34	800
	汞	0.238	0.029	38
	铬	57.4	41.1	—
TPH	石油烃	9.9	6.1	4 500
SVOCs	䓛	0.635	0.06	1 293
	苯并（α）蒽	0.173	ND	15
	苯并（b）荧蒽	0.348	ND	15
	苯并（α）芘	0.235	ND	1.5

3.2 土壤无机污染物含量分析

加油站场地的 pH 值、重金属等无机污染物含量检测结果见表 3-7。可以看出场地土壤 pH 值变动范围在 6.30～10.05 之间，跟对照点 pH 值 7.7～8.64 做比较，厂区历史经营活动对土壤酸碱度产生一定影响，土壤酸碱度在不同分区内 pH 值波动性较大。其主要原因是企业在生产过程中使用了石灰石、纯碱导致地块多处区域 pH 值呈碱性。对地块内 pH 值 >9 的范围内土壤在后期开发过程中不得开挖回用于地表绿化，避免直接于人体接触。

本次重金属土壤采样共布设 21 个点位，分层取样，采集土壤样品共计 64 个。根据表 3-7 可知，场地送检土壤检测的铜、镍、砷、铅、汞、镉重金属均未超过《土壤环境质量建设用地土壤污染风险管控标准（试行）》（GB 36600—2018）中第二类用地标准，进行对比（以下土壤筛选值均参照此标准）可知超标率为 0%，且所有检测数据均与背景点数据相近。根据监测结果判定场地未受到重金属污染，场地土壤风险可接受。

表 3-7　土壤无机污染物检测结果（mg/kg，pH 值 无量纲）

监测项目	最大值	最小值	筛选值
pH 值	10.05	6.3	—
铜	38.8	2.81	18 000
镍	39	11	900
镉	2.04	0.04	65
砷	19.8	2.64	60
铅	176	14.2	800
汞	0.836	0.018	38
铬	67.1	12.6	—

3.3 土壤有机污染物含量分析

地块内部包括对照点共采集 21 个土壤点位，采集土壤样品 135 个，其中筛选出 56 个土壤样品送检为 VOCs 类污染物。根据检测报告，送检样品均未检测出 VOCs 类污染物，无须进行污染场地 VOCs 类污染物健康风险评估。

该区域土壤中半挥发性有机物（SVOCs）的检出率排序（表 3-8）依次是：蒽检出 20 次、苯并（a）蒽检出 18 次、苯并（b）荧蒽检出 18 次、苯并（k）荧蒽检出 17 次、苯并（a）芘检出 15 次、二苯并（a,h）蒽检出 6 次、萘检出 4 次。其余有机污染物均未检出。场地内各点位及对照点各检测样品 SVOCs 均满足筛选值，说明厂区历史经营活动对土壤影响较小，无须进行污染场地 SVOCs 类污染物健康风险评估。

表 3-8 土壤 SVOCs 类有机污染物检测结果（mg/kg，无检出值的指标未列出）

检测项目		最大值	最小值	筛选值
SVOCs	萘	0.053	ND	70
	䓛	0.635	ND	1 293
	苯并（a）蒽	0.297	ND	15
	苯并（b）荧蒽	0.383	ND	15
	苯并（k）荧蒽	0.282	ND	151
	苯并（a）芘	0.285	ND	1.5
	二苯并（a,h）蒽	0.087	ND	1.5

3.4 土壤总石油烃（TPH）含量分析

本次共筛选出 21 个土壤样品送检总石油烃类污染物。检测结果表明，土壤样品中汽油烃类均未检出，C10～C16 检出率为 100%，C16～C36 在部分样品中均有检出。从表 3-9 数据可以看出总石油烃类污染物浓度较低，将土壤重金属 C10～C16、C16～C36 检测结果与筛选值进行比较，可发现：场地送检土壤检测的 C10～C16、C16～C36 均未超过筛选值，超标率为 0%；所有检测数据均与背景点数据相近。

表 3-9 土壤总石油烃（TPH）检测结果（mg/kg）

检测项目	C10～C16 最大值	C16～C36 最大值	筛选值
TPH	20.3	35.8	4 500

3.5 地下水污染影响分析

根据监测的布点原则，在地块内布设了 6 个地下水监测点，每个监测井取 1 个地下水样品，共计 6 个样品。具体检测结果见表 3-10，未列出的指标表示未检出。通过对比《地下水质量标准》（GB/T 14848—2017）可以发现，地下水中所有检测指标均达到《地下水质量标准》Ⅳ类标准，满足人体健康基准值要求。所有送检样品 TPH、VOCs 和 SVOCs 类污染物优于对照点 GW2 值。

表 3-10 地下水检测结果（mg/L）

地下水样	pH 值	高锰酸盐	氨氮	硝酸盐氮	氯化物	硫酸盐	氟化物	氰化物	铅	汞	砷	锌
GW1	7.59	—	—	—	—	—	—	—	ND	0.000 5	0.002 3	0.031
GW2（对照点）	7.18	1.6	0.14	0.27	16.9	238	0.4	ND	ND	ND	0.004 8	0.117
GW3	7.71	1.2	0.10	0.16	11.9	49.8	0.4	ND	ND	ND	0.006 0	0.008

(续表)

地下水样	pH值	高锰酸盐	氨氮	硝酸盐氮	氯化物	硫酸盐	氟化物	氰化物	铅	汞	砷	锌
GW4	7.47	3.8	1.07	ND	55.6	130	0.8	ND	0.011 6	0.000 3	0.001 6	0.136
GW5	7.50	1.1	0.40	ND	19.2	186	0.5	ND	ND	0.000 2	0.013 3	0.052
GW6	7.65	0.8	0.56	ND	19.0	120	0.4	ND	0.003 9	0.000 2	0.001	0.046
地下水Ⅳ类标准	5.5～6.5 8.5～9.0	10.0	1.50	30.0	350	350	2.0	0.1	0.10	0.002	0.05	5.0
检出限	—	—	—	0.15	—	—	—	0.002	0.020	0.000 1	—	—

4 结论及建议

4.1 场地环境调查结论

检测结果中所有检测指标均低于国家规定《土壤环境质量建设用地土壤污染风险管控标准（试行）》（GB36600—2018）中第二类用地筛选值。同时，检测结果中所有检测因子指标与对照点检测结果相近。因此，无须对以上污染物进行健康风险评估，场地土壤质量状况满足后期规划建设要求。

与《地下水质量标准》（GB/T14848—2017）Ⅳ类水标准进行对比，检测结果表明：各指标均符合相关地下水水质标准，场地地下水满足人体健康基准值要求。场地地下水环境质量满足后期土地利用规划建设要求。

4.2 建议

（1）调查场地土壤与地下水环境质量状况未超过国家相关土壤和地下水标准及筛选值，场地符合后续土地利用规划要求，建议场地调查工作结束于本阶段。

（2）由于地块在后期规划将作为居住用地开发利用，因此在下一步进行建筑施工期间，应保护场地不被外界人为环境污染。控制该地块保持现有的良好状态，杜绝场地在调查期与接下来再开发利用期间出现监管真空问题，防止出现人为倾倒固废、偷排工业废水等现象。

（3）场地处置过程中要注重质量控制。在场地再开发利用过程中，需要观察是否有在调查阶段中没有被发现的污染，例如地下埋藏物和有明显特殊气味的地方，一经发现，需要相关专业人员及时处理，并调整处置和明确是否需要修复。

（4）场地在再次开发利用过程中，要进行具有针对性的安全环保培训，特别是场地环境保护的培训，以确保施工及生产过程安全地进行。施工之前要制定完备的安全环保方案，为施工或安全生产提供指导并要求现场人员要严格遵照执行。

（5）防止在场地拆除过程出现二次污染，仔细查看污水处理池等区域是否受到污染，不能随意将场地作为建筑垃圾拆除。

（6）在场地开发建设阶段需妥善处置本场地土壤及建筑垃圾，不可随意外运倾倒；注意做好建筑工人的安全防护。

（7）对于地块内 pH 值 >9 的范围内土壤，在后期开发过程中不得开挖回用于地表绿化，避免直接与人体接触。

参考文献

[1]　沈小帅.污染与防治[J].某加油站遗留场地环境调查与污染特征分析,2019(6):66-67.

[2]　刘志海.平拉法及格法玻璃生产工艺在我国的发展历程[J].玻璃,2019(6):1-9.

[3]　李集勋.加油站环境污染及防治措施[J].能源与节能,2019(1):89-91.

[4]　李青青,李小平等.环境科学与技术[J].场地拆除和土壤治理的融合管理,2009,32(12):94-97.

作者简介

吴一亚，女，1990年9月生，江苏南京人。江苏环保产业技术研究院股份有限公司硕士，工程师。研究方向：环境水力学研究，污染场地调查及土壤、地下水修复工作。通信地址：江苏南京建邺区江东中路211号凤凰文化广场A座22楼，电子邮箱：2318615218@qq.com。

垃圾焚烧发电厂烟气脱酸工艺的研究及优化建议

吴一亚

（江苏环保产业技术研究院股份公司，江苏 南京 210019）

摘要：本篇阐述了生活垃圾焚烧发电厂焚烧炉排放尾气中污染物的主要成分，分析了目前国内生活垃圾焚烧发电厂主要的烟气脱酸净化工艺。在此基础上，指出了国内生活垃圾焚烧发电厂运营中存在的挑战，运用实际运营案例提出了对烟气脱酸处理优化的控制建议，包括NID半干法脱酸工艺和循环灰半干法工艺，旨在进一步完善国内生活垃圾无害化焚烧处理技术。

关键词：生活垃圾焚烧发电厂；尾气净化脱酸工艺；消石灰；NID工艺；循环灰半干法工艺

1 前言

生活垃圾焚烧处理及回收热量的方法是目前将城市生活垃圾减量化、无害化、资源化的最佳途径，具有良好的社会效益和经济效益。随着工业化的发展，现代化的垃圾焚烧发电厂逐步使用专业的垃圾焚烧炉，垃圾焚烧时产生的热量可用来产生蒸气，进而将蒸气通过汽轮机进行发电，达到资源化的目的。同时，为了最大限度地减少垃圾焚烧处理产生的废气、废水、固废等"三废"，防止对环境造成二次污染，垃圾焚烧炉都配套有完善的焚烧烟气处理系统、垃圾渗滤液处理系统、焚烧灰渣处理系统。

根据生态环境部等出台的相关标准、政策、规范的要求，垃圾焚烧烟气中的氟化氢、氯化氢、硫氧化物等酸性污染物，应选用干法、半干法、湿法或其组合工艺进行去除。本篇重点介绍了目前国内外生活垃圾焚烧发电厂所选择采用的焚烧尾气脱酸治理工艺，为垃圾焚烧发电厂烟气脱酸工艺设计提供了参考。

2 酸性气体净化工艺

2.1 干法脱酸工艺

目前垃圾焚烧发电厂的干法脱酸工艺有2种方式：一种是干式反应塔，首先干性碱性脱酸剂和酸性气体在干式反应塔内进行中和反应，然后一部分未反应的药剂随烟气一并进入除尘器内与酸性气体进一步反应。另一种是在进入除尘器前的水平烟道中喷入干性碱性脱酸剂，药剂随烟气一并进入除尘器内与酸性气体进行中和反应，达到去除尾气中酸性气体的目的。

药剂大多采用消石灰,即 Ca(OH)$_2$ 粉末,使 Ca(OH)$_2$ 微粒表面直接和酸性气体接触,产生化学中和反应,生成无害的固态中性盐颗粒。而后在除尘器中,反应产物连同烟气中粉尘和未参加反应的吸收剂一起被捕集下来进入飞灰,达到净化酸性气体的目的。

干法与袋式除尘器的基本组合工艺为目前国内垃圾焚烧厂典型的烟气净化工艺之一。干法脱酸工艺的优点是设备投资较少,工艺简单;缺点是该工艺由于吸附剂与烟气的接触面积小、反应时间短,造成干法脱酸的反应效率较低(50%~60%)、原料消耗较高,导致其运行成本高,同时喷入的过量吸附剂会造成下游的除尘设备系统阻力和运行负荷增加。

2.2 湿法脱酸工艺

湿法脱酸工艺主要采用洗涤塔的形式,其工艺流程为:烟气经除尘器除尘后,进入湿式洗涤塔,喷淋碱性吸收剂溶液,通过碱性吸收剂与酸性气体间发生的中和反应去除酸性气体。湿式洗涤塔所使用的碱液通常为氢氧化钠溶液(即 NaOH 溶液),而较少使用石灰浆溶液以避免结垢。

目前湿法工艺在国内应用不多,其主要应用于欧美等发达国家。湿法脱酸工艺最大的优点是技术成熟,对酸性气体的去除效率较高。正常情况下对 HCl 的去除率可达 98% 以上,对 SO$_2$ 的去除率可达 95% 以上,完全达到《生活垃圾焚烧污染控制标准》(GB 18485—2014)的排放标准。此外,湿式洗涤塔在去除酸性气体的同时,对汞等高挥发性重金属物质亦有一定的去除能力。其缺点是湿法工艺的初投资高,耗水耗电量较高,且运行过程中需处理因运行而产生的含高浓度无机盐及重金属的废水,增加了次生污染风险,也增加了企业的运行成本。

2.3 半干法脱酸工艺

半干法脱酸工艺设雾化器及半干式反应塔,半干式反应塔置于除尘器前,如图 3-21 所示。一般采用的吸收剂是以 CaO 或 Ca(OH)$_2$ 为原料制备而成的石灰浆溶液,其工艺流程为:由喷嘴或旋转喷雾器将石灰浆溶液从顶部或底部喷入半干式反应塔中,形成粒径较小的液滴以增加比表面积,

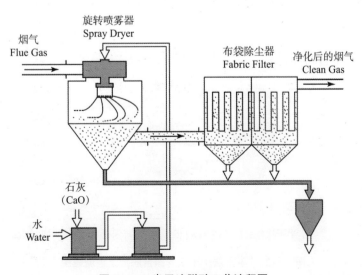

图 3-21 半干法脱酸工艺流程图

烟气与石灰浆在塔内同向或逆向流动，使得雾化的石灰浆与酸性气体充分接触并发生中和反应，从而去除烟气中的酸性气体。半干式反应塔内未反应完全的碱性吸收剂，可随反应后的烟气一并进入除尘器，在布袋除尘器中未反应物将附着于滤袋上并与酸性气体再次反应，从而提高吸收剂的利用率和脱酸效率。

半干法脱酸工艺的优点：① 脱酸效率和吸附剂的利用率均要高于干法，运行数据表明其对烟气中 HCL 的去除率可达 90% 以上，对 SO_2 去除率可达 90% 以上，满足《生活垃圾焚烧污染控制标准》（GB 18485—2014）的排放标准；② 石灰浆中水分的挥发可用来冷却高温烟气，将烟气温度从反应塔入口的 200~250℃ 降低至反应塔出口的 150~190℃，可满足布袋除尘器的入口温度要求，可不经处理直接进入除尘器，保证了布袋除尘器的安全运行；③ 半干法脱酸过程中不产生废水等次生污染物。

3 实际应用

1）工艺简介

目前国内垃圾发电行业主要选用"半干法+干法"组合脱酸工艺，该组合工艺在国内已是脱酸方式中最为领先的工艺水平。

工艺流程如下（见图 3-22）：烟气由余热锅炉出来后进入半干式反应塔，塔顶部或底部设有石灰浆喷射装置（喷嘴或旋转雾化器）。通过喷射石灰浆与烟气接触发生中和反应，初步在半干式反应塔中去除酸性气体，石灰浆的喷射量主要根据烟气出口 CEMS 在线监测系统反馈的数据进行调整。烟气经过半干式反应塔初步处理后再进入布袋除尘器，在反应塔与布袋除尘器之间的水平烟道中喷射消石灰干粉。消石灰在烟道中与酸性气体反应，反应的产物与未反应的消石灰粉附着在布袋除尘器的滤袋表面，再次与烟气中的酸性气体发生反应，去除酸性污染物。上述组合工艺协同脱酸的优点是脱酸效率较高，同时其运行方式灵活，能处理复杂多变的烟气，目前已成为国内生活垃圾焚烧处理工程中一种较为理想及应用最广泛的脱酸工艺。

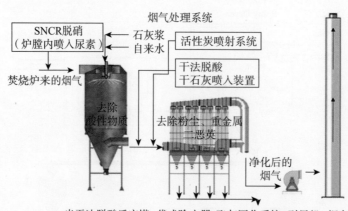

图 3-22 "半干法+干法"组合脱酸工艺流程图

2）应用案例

该工艺广泛应用于国内各个垃圾焚烧发电厂，根据已运行的项目经验，该组合工艺对 HCl、SO_2 的去除率稳定可达 90% 以上。本次引用了多个垃圾电厂尾气中 HCl、SO_2 验收监测数据，详见表 3-11。分析可知，采用上述"半干法 + 干法"组合脱酸工艺，酸性气体 HCl、SO_2 的排放远远低于《生活垃圾焚烧污染控制标准》（GB 18485—2014）的标准限值要求。

表 3-11 烟气酸性气体排放浓度（mg/m^3）

污染物	北控某项目	光大某项目	天楹某项目	GB 18485 标准		EU 2010/76/EC 标准	
				1 h 均值	日均值	半小时均值（100%）	半小时均值（97%）
SO_2	<3	19~34	18~41	100	50	200	50
HCl	0.617~3.19	0.093~1.58	6.2~13.8	60	10	60	10

3）存在问题

实际运行中，"半干法 + 干法"工艺主要通过干法对烟气进行脱酸处理，在烟气指标波动或超标情况下再使用半干法。其存在以下问题：

（1）当垃圾来源稳定时，仅通过干法工艺喷射消石灰即可满足排放标准，此时半干式反应塔主要起到烟气冷却的作用。因干法工艺消石灰的消耗量比半干法工艺更高，导致其运行费用增加。

（2）消石灰的大量喷射会造成飞灰量增多，且飞灰中的氢氧化钙含量增加，使消石灰利用率降低。

（3）国内垃圾因分类水平较低，故基本为混合垃圾。垃圾成分存在季节性差异和地区差异大等不稳定因素，导致烟气中酸性气体产生水平波动大、酸性气体偶发超标排放的概率增加。而消石灰和石灰浆的喷射主要依托烟气出口 CEMS 在线监测系统反馈的数据进行调整，对时效性要求较高，实际运行往往存在锅炉出口烟气浓度波动较大、尾气排放峰值不稳定性较高等问题。

4）改善建议

飞灰中存在较多未利用的氢氧化钙（含量 16%~18%），因此可对飞灰进行再利用，使得其中未反应的脱酸剂进一步参与脱酸，以提高脱酸剂的有效利用率。

4 推荐改善工艺

为提高脱酸剂的利用效率，本篇推荐国内外较多使用的以下 2 种脱酸工艺。

4.1 NID 半干法脱酸工艺

1）工艺简介

NID（New Integrated Desulphurization System）半干法技术是国外 ALSTOM 公司在半干法系统中发展起来的，借鉴了旋转雾半干法的脱硫原理，又克服了使用制浆系统的种种弊端，使其兼具了干法廉价、简单和湿法脱硫效率高的特点。NID 系统由反应器、消化器、增湿器以及布袋除尘器等设备组成（如图 3-23），其常用的脱酸剂为生石灰 CaO。

NID 工艺原理为利用吸收剂与酸性气体反应形成中性盐类后进入除尘器，除尘器收集未完全反应的碱性吸收剂的飞灰与新鲜补充的吸收剂混合并增湿后再次进入系统反复循环使用。具体流程如下：生石灰 CaO 在一个专利设计的消化器中加水消化成 $Ca(OH)_2$，然后与从布袋除尘器除下来的、含有未完全反应的吸收剂的飞灰混合后形成混合灰，然后进入专利设计的增湿器中。在增湿器中加水增湿使得混合灰的水分从 2% 增加至 5% 左右后，再进入脱酸反应器循环利用。

增湿器是 NID 工艺中最重要的部件，可根据反应器出口烟气温度以及脱酸效率等参数设计，按比例混合新鲜的吸收剂、飞灰和水。5% 左右水分的混合灰由于有较好的流动性，在反应器中有较大的蒸发表面，水分蒸发很快，在短时间内可以使烟气降温的同时增大烟气湿度，形成较好的脱酸工况；且水分可在循环灰表面形成一层水膜，增加酸性气体与吸收剂的接触面积，同时有利于酸性气体如 SO_2 分子溶解并离子化，保证高效反应。同时，由于大量未反应的 $Ca(OH)_2$ 和新鲜制备的 $Ca(OH)_2$ 共同参与循环脱酸，使得反应器中 $Ca(OH)_2$ 浓度很高，能够确保脱硫率大于 90%。

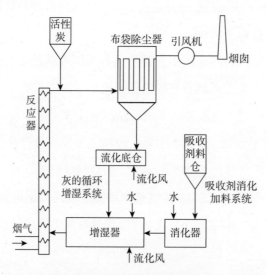

图 3-23 NID 脱酸工艺流程图

2）实际应用

目前，NID 工艺主要应用于北京的一家垃圾发电厂，垃圾焚烧规模为 800 t/d，尾气工艺采用"SNCR 脱硝 + ALSTOM 技术、NID 烟气净化工艺"。本篇引用了生态环境部网站公示的在线监测数据，详见图 3-24。经分析可知，采用 NID 烟气净化工艺后，HCl、SO_2 排放可达到《生活垃圾焚烧污染控制标准》（GB 18485—2014）的标准限值要求。

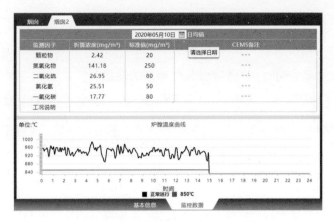

图 3-24 NID 在线监测数据

该工艺在国外也有广泛应用,如瑞典某垃圾发电厂,采用 NID 脱酸技术后,该电厂烟气中 HCl、SO_2 排放值分别为 $(0.7±0.3)$ mg/m³、$(7.9±1.5)$ mg/m³(干空气,O_2 为11%),均能满足欧盟对生活垃圾焚烧烟气污染物排放标准(EU 2010/76/EC)的排放限值要求,也远远低于《生活垃圾焚烧污染控制标准》(GB 18485—2014)标准限值要求。该电厂 HCl、SO_2 的去除效率可达 95%、92% 以上。

3)优势分析

(1)该技术整体结构简洁、布置紧凑、占地面积小、易于布置、维护费用低,对于技改工程具有明显优势。

(2)飞灰与活化的氢氧化钙混合灰在增湿器中得到均匀搅拌和增湿,具有较好的流动性和反应活性,反应器中无黏壁现象,克服了堵管问题。

(3)高比例的循环倍率解决了其他工艺脱酸剂利用率不高的问题,使得脱酸剂原料消耗和能耗都较半干式喷雾法大幅下降,降低了运行成本。

(4)低湿度的吸收剂可保证无次生污染物废水产生。

此外,需提醒的是 NID 采用垂直烟道作为脱硫反应器,高度一般为 15～20 m,烟道内流速大于 15 m/s,烟道设计一般为扁长形,且每个烟道处理风量不能大于 30 万 m³/h。如果烟气风量大于 30 万 m³/h 就必须设计多个烟道,且每个烟道配套独立的增湿器、消化器,导致设备数量增加,系统也随之变得复杂,投资也将增加。

4.2 循环灰半干法工艺

1)工艺简介

目前,国外在石灰浆半干法脱酸工艺的基础上研发了循环灰半干法工艺,其工艺与 NID 工艺类似,均对布袋除尘飞灰进行循环利用。该工艺主要由脱酸剂喷射装置、调节转子反应器和飞灰再循环装置等部件组成。烟气进入专利设计的调节转子反应器内后,利用压缩空气将消石灰喷入反应塔内,使碱性固体粉末与酸性气体在反应器内充分接触和反应,再进行脱酸。随后混合未完全反应的碱性药剂的烟气从反应塔进入除尘器内,在除尘器表面的粉饼层进一步进行脱酸反应。洁净烟气从除尘器排出,除尘器捕集下来的、含有仍未完全反应的脱酸药剂的飞灰进入中间灰仓,经螺旋转运并喷水加湿后,大部分飞灰可返回到脱酸反应塔进行循环,飞灰中未完全反应的脱酸药剂可进一步用于脱酸,在提升脱酸效率的同时,显著降低脱酸药剂的耗量。

一般飞灰循环的比例控制在一个范围内,经验值在 80%~90%,具体以实际调试为准。系统稳定运行时,飞灰循环部分可实现动态平衡。高浓度的循环平衡达到后,通过中间灰仓上的排灰螺旋将剩余飞灰从旋转阀输出系统中持续排出。

循环飞灰的喷水量是根据专利设计的称重传感器所提示的循环灰重量来调整加入的,可通过调整双螺杆加湿器顶部的喷嘴数量来控制补水量。循环的倍率是通过循环灰旋转阀的变频速率来调节。

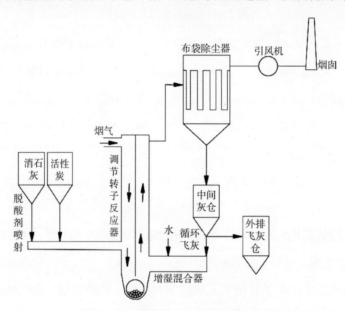

图 3-25 循环灰半干法工艺流程图

2)实际应用

目前国内尚无相关案例,该工艺主要应用于德国 EEW 公司下属的垃圾发电企业。在实际运行过程中,采用该循环灰半干法工艺进行脱酸后,HCl、SO_2 排放浓度可分别控制在 10 mg/m³、25 mg/m³,满足欧盟对生活垃圾焚烧烟气污染物排放标准(EU 2010/76/EC)排放限值要求。

3)优势分析

(1)该工艺实现动态平衡后,可以降低废气中酸性气体的峰值浓度,降低峰值波动造成的超标,使得尾气中污染物能够稳定达标排放。

(2)消石灰的耗量相对半干法耗量可降低 40% 左右,同时飞灰产生量可相对减量化。

(3)石灰浆半干法脱酸工艺因喷头堵塞问题需要经常检修,循环灰半干法工艺中反应器底部设有滚筒式转子,转子内的耐温耐磨小球,在随着滚筒均匀转动的过程中,可与循环灰不断碰撞,极大限度地避免循环灰的结块堆积,降低检修频次。

5 结论

（1）目前，国内垃圾发电普遍采用"半干法+干法"的组合工艺进行脱酸，该工艺消石灰消耗较多，不能完全利用，容易进入飞灰，导致运行费用增加，飞灰量也会相应增多。

（2）考虑飞灰中存在大量未利用的消石灰，可对飞灰进行循环使用，延长脱酸剂的停留时间，降低消石灰的耗量及飞灰的产生量。同时，可降低峰值波动造成的超标，使得尾气中污染物能够稳定达标。

（3）目前国内外相关飞灰循环利用的工艺包括NID工艺、循环灰半干法工艺等，经脱酸工艺处理后，HCl、SO_2等酸性气体的排放均能满足欧盟对生活垃圾焚烧烟气污染物排放标准（EU 2010/76/EC）的排放限值要求，其限值严于《生活垃圾焚烧污染控制标准》（GB 18485—2014），可供国内垃圾发电行业参考。

参考文献

[1] 林欢.生活垃圾焚烧发电烟气净化工艺的研究及应用[J].中国环保产业，2019（3）：42-45.

[2] 赵伟东.半干式烟气脱硫在垃圾发电厂的应用[J].今日科苑，2009（7）：148.

[3] 苗豪梅，曹作忠，何亮，等.一种新型的CFB半干法烟气处理技术在生活垃圾焚烧中的应用[J].环境卫生工程，2015，23（2）：63-65.

[4] 王轶，李瑜，韩冰，等.NID在瑞典HÄNDELÖ垃圾焚烧发电厂的应用[J].中国环保产业，2006（6）：40-41.

作者简介

吴一亚，女，1990年9月生，江苏南京人。江苏环保产业技术研究院股份公司硕士，工程师。研究方向：环境水力学研究，污染场地调查及土壤、地下水修复工作。通信地址：江苏南京建邺区江东中路211号凤凰文化广场A座22楼，电子邮箱：2318615218@qq.com。

酸洗企业关停地块土壤和地下水污染状况调查

马志盼，王艺伟

（江苏环保产业技术研究院股份公司，江苏 南京 210019）

摘要：某区域中包括若干酸洗企业的地块已停产拆除，地块的未来利用规划属于第二类用地。为了保障地块再开发利用的环境安全，对该地块开展了土壤和地下水污染状况的初步调查研究，包括对采集的土壤和地下水样品进行pH、重金属、挥发性有机物、半挥发性有机物和石油烃等指标的检测。检测结果表明：土壤样品中三氯乙烯、氟化物、六价铬、镍、铅、镉、砷指标的含量均超过《土壤环境质量建设用地土壤污染风险管控标准（试行）》（GB 36600—2018）第二类用地筛选值；地下水样品中锰、镍、铁、铝、高锰酸盐指数、硫酸盐、氯化物、氟化物、硝酸盐氮、氨氮指标检出值高于《地下水质量标准》（GB/T 14848—2017）Ⅳ类标准或其他标准限值的要求。根据地块土壤和地下水污染检测结果，该地块应进一步开展详细调查和健康风险评估工作，进一步框定风险范围和风险程度，为后续地块修复提供数据支持。

关键词：酸洗企业地块；场地环境调查；土壤污染；地下水污染

1 引言

随着我国城市化进程加快，产业结构调整深化，很多污染较严重的工业企业被关停或者搬离原来的位置，产生大量存在环境风险的场地。这些污染场地的存在，不仅带来了环境和健康风险，而且也阻碍了城市建设和经济发展。为了更加安全合理地开发利用有限的土地资源，需要对存在环境风险的场地开展污染状况调查，对原地块内的土壤及地下水等进行严格的调查与分析，这对后续提高工业污染场地的治理效果、提高居民生存质量有着积极的意义。

本调查以某区域中包括若干关停酸洗企业的某个地块为例，对地块内及周边的土壤和地下水污染状况开展调查。通过追溯地块使用历史、识别地块污染特征和分析特征污染物，依据国家及地方技术规范与标准，对地块环境质量进行调查评估，为后期保障地块再开发利用及环境安全提供科学依据。

2 调查方法

2.1 地块概况

该调查地块总面积约280 000 m²，在2004年以前大部分区域为农田，后逐渐兴建各类小型酸洗

基金项目：江苏省重点研发计划项目（项目编号：BE2019624）；国家重点研发计划项目（2019YFC1804000）

厂，并要求地块中的企业集中酸洗、集中治污。截止到调查时期，该地块原有的若干家酸洗企业及污水处理厂已全部关停，其中，污水处理厂专门处理该区域相关企业的酸洗废水。根据规划文件，该地块未来将作为二类用地规划使用。

根据现场踏勘显示，地块内所有酸洗企业均已关闭，酸洗设备已拆除，大部分企业酸洗车间地面已经硬化覆盖。通过人员访谈了解到，地块内绝大部分企业为微小企业，调查区内无重大污染泄露事件发生。

2.2 污染识别

该地块包含若干家酸洗企业及1个污水处理厂，污染识别环节需对生产工艺流程、主要原辅料特性和产污环节进行分析。其中，污水处理厂进水，采用加碱中和沉淀处理工艺，处理各个酸洗企业排入的酸洗废水，主要污染物指标为化学需氧量（COD）、氨氮、固体悬浮物（SS）和重金属离子等。地块内企业使用的主要原辅材料包括线材、板材、管型材、硫酸、硝酸、氢氟酸、氢氧化钠、醋酸、液碱等。各酸洗企业主要生产工艺为酸洗、漂洗、钝化和清洗，涉及重金属镍、铬，以及盐酸、硫酸、硝酸、氢氟酸等污染物。在酸洗及清洗过程中可能会发生跑冒滴漏，因原料堆放及转运、生产、"三废"排放的粗糙管理，各车间内的生产设备可能会因存在原辅料及中间（副）产物的泄漏而引起污染。此外，生产所得的副产物（固废、危废）若在早期处理不当也会引起污染。该地块主要污染区域为酸洗区、原辅料堆放区。

因此，经过综合评估该地块的主要特征污染指标为pH值、氟化物、六价铬、镍。

2.3 点位布设及现场采样

根据《建设用地土壤环境调查评估技术指南》、《建设用地土壤污染状况调查技术导则》（HJ 25.1—2019）等相关技术规范的要求，结合第一阶段场地环境调查（资料搜集、现场踏勘和人员访谈）获取的资料和污染识别状况，进行土壤和地下水监测点位的布设。点位的位置及分布密度应当尽可能全面、准确地反映出地块内土壤和地下水的污染状况。

本次调查按照地理位置方向共划分了6大区块，分别为A区、B区、C区、污水处理厂区（W区）、D区、E区，标识编号分别为A、B、C、W、D、E。其中每个大区块划有若干酸洗企业，每个酸洗企业按照每40 m×40 m布设不少于一个土壤点位。在土样采集过程中，A区第1家第1个采样点第1个深度样品的采样编号为A1-S1-1，其他采样编号以此类推。区域内共布设了153个土壤采样点、11个地下水采样点以及3个对照点位。

该地块调查使用Geoprobe直推式钻机进行现场土壤钻孔，钻探深度至4.5 m处。《场地环境监测技术导则》规定：场地采样深度需扣除地表土壤硬化层厚度，3 m以内深层土壤的采样间隔为0.5 m，3～6 m采样间隔为1 m，每个土壤采样点共采8个样（即0～50 cm、50～100 cm、100～150 cm、150～200 cm、200～250 cm、250～300 cm、300～400 cm、400～450 cm），具体间隔可根据实际情况进行适当调整。地下水监测点位需沿地下水的流向布设，每个地下水监测点采集1个地下水样品，共采集1 248个土壤样品和15个地下水样品（含平行样与对照样）。

2.4 检测项目及方法

根据前期资料的分析、现场踏勘情况的总结可知本地块内土壤和地下水潜在的污染情况。本次调查中土壤检测分析项目为干物质、pH值、氟化物、六价铬、铜、镍、锌、铅、镉、砷、汞、挥发性有机物（VOCs）、半挥发性有机物（SVOCs）、石油烃（C10～C40），地下水检测分析项目为pH值、浊度、色度、高锰酸盐指数、硫化物、硫酸盐、亚硝酸盐氮、氟化物、氯化物、硝酸盐氮、氨氮、六价铬、铜、锰、镍、锌、铅、铁、镉、砷、硒、汞、铝、挥发性有机物（VOCs）、半挥发性有机物（SVOCs）、总石油烃（C10～C40）。样品的检测方法需采用国家标准方法、行业标准方法，并由具有CMA和CNAS资质的实验室进行检测。除此之外，在进行样品分析时还需对各环节进行质量控制，随时检查、发现、分析测试数据是否受控（主要通过标准曲线、精密度、准确度等标准检查）。

3 调查结果与分析

3.1 评价标准

本场地未来用地规划为工业发展备用地，因此，土壤检测结果的评价标准采用《土壤环境质量 建设用地土壤污染风险管控标准（试行）》（GB 36600—2018）中的第二类用地风险筛选值，地下水检测结果的评价标准采用《地下水质量标准》（GB/T 14848—2017）Ⅳ类标准值。对于以上标准中未涉及因子使用风险的评估标准进行计算，计算参数选取《土壤环境质量 建设用地土壤污染风险管控标准（试行）》（GB 36600—2018）及《建设用地土壤污染风险评估技术导则》（HJ 25.3—2019）中推荐的参数值。

3.2 土壤检测结果与分析

土壤样品中有7种污染物超过《土壤环境质量建设用地土壤污染风险管控标准（试行）》（GB 36600—2018）第二类用地筛选值，分别为三氯乙烯、氟化物、六价铬、镍、铅、镉、砷，具体超标情况见表3-12～表3-18。由表可知，土壤超标点位主要集中在E区，其次为C区。三氯乙烯在0.5 m处检测出超标，共1个点位超标，为C区；氟化物在0.5 m、1 m、1.5 m、2.5 m、3 m深处检测出有超标，共11个点位超标，其中A区1个、B区3个、C区3个、D区2个、E区2个；六价铬在0.5 m、1 m、1.5 m、2 m、2.5 m、3 m、4 m、4.5 m深处均有检测出超标，共48个点位超标，其中A区6个、B区7个、C区11个、D区8个、E区14个、污水处理厂（W）区1个；镍在0.5 m、1 m、1.5 m、2 m、2.5 m、3 m、4 m、4.5 m深处均有检测出超标，共31个点位超标，其中A区2个、B区5个、C区7个、D区4个、E区9个、污水处理厂（W）区1个；铅在0.5 m处检测出超标，共1个点位超标，为E区；镉在0.5 m处检测出超标，共1个点位超标，为B区；砷在0.5 m处检测出超标，共4个点位超标,分别在A、B、C、E区各有1个点位超标。

表3-12 土壤三氯乙烯污染物超标点位分析

序号	超标点位	超标样品	超标深度(m)	超标污染物浓度(mg/kg)	评价标准(mg/kg)	超标倍数
1	C2-S1	C2-S1-1	0.5	4.57	2.8	1.63

表3-13 土壤氟化物污染物超标点位分析

序号	超标点位	超标样品	超标深度(m)	超标污染物浓度(mg/kg)	评价标准(mg/kg)	超标倍数
1	A6-S1	A6-S1-3	1.5	19 300	16 068	1.20
		A6-S1-6	3	39 100		2.43
2	B2-S1	B2-S1-1	0.5	27 600		1.72
3	B7-S1	B7-S1-1	0.5	24 400		1.52
4	B9-S1	B9-S1-1	0.5	20 100		1.25
5	C2-S1	C2-S1-1	0.5	35 600		2.22
6	C4-S1	C4-S1-2	1	19 700		1.23
7	C6-S1	C6-S1-1	0.5	16 500		1.03
8	D8-S3	D8-S3-1	0.5	54 400		3.39
9	D16-S1	D16-S1-3	1.5	30 800		1.92
		D16-S1-5	2.5	21 100		1.31
10	E1-S7	E1-S7-2	1	19 300		1.20
		E1-S7-3	1.5	16 700		1.04
11	E11-S2	E11-S2-1	0.5	32 700		2.04

表3-14 土壤六价铬污染物超标点位分析

序号	超标点位	超标样品	超标深度(m)	超标污染物浓度(mg/kg)	评价标准(mg/kg)	超标倍数
1	A3-S2	A3-S2-1	0.5	6.8	5.7	1.19
2	A6-S1	A6-S1-2	1	770		135.09
		A6-S1-3	1.5	2 000		350.88
		A6-S1-6	3	2 430		426.32
3	A7-S2	A7-S2-3	1.5	17.5		3.07
	A7-S4	A7-S4-1	0.5	64.4		11.3

（续表）

序号	超标点位	超标样品	超标深度（m）	超标污染物浓度（mg/kg）	评价标准（mg/kg）	超标倍数
4	A8-S2	A8-S2-2	1	8.4		1.47
5	A9-S1	A9-S1-8	4.5	27.1		4.75
6	B2-S1	B2-S1-3	1.5	7.1		1.25
7	B5-S2	B5-S2-1	0.5	23.3		4.09
		B5-S2-3	1.5	10.9		1.91
8	B6-S1	B6-S1-1	0.5	75.2		13.19
9	B7-S1	B7-S1-6	3	126		22.11
10	B8-S1	B8-S1-2	1	10		1.75
		B8-S1-3	1.5	125		21.93
11	B9-S1	B9-S1-3	1.5	38.7		6.79
		B9-S1-6	3	21.9		3.84
12	B10-S1	B10-S1-3	1.5	153		26.84
13	C3-S2	C3-S2-1	0.5	47.5		8.33
		C3-S2-3	1.5	70.4		12.35
	C3-S3	C3-S3-3	1.5	28.8		5.05
		C3-S3-6	3	40.8	5.7	7.16
14	C4-S1	C4-S1-1	0.5	64.1		11.25
		C4-S1-2	1	515		90.35
	C4-S2	C4-S2-1	0.5	265		46.49
15	C6-S1	C6-S1-1	0.5	409		71.75
		C6-S1-3	1.5	6.7		1.18
	C6-S2	C6-S2-2	1	85.8		15.05
16	C9-S1	C9-S1-1	0.5	19.1		3.35
		C9-S1-3	1.5	77.6		13.61
		C9-S1-5	2.5	35.5		6.23
17	C10-S1	C10-S1-3	1.5	18		3.16
		C10-S1-5	2.5	85.3		14.96
	C10-S2	C10-S2-4	2	352		61.75
18	C11-S1	C11-S1-6	3	1 700		298.25
		C11-S1-7	4	512		89.82
		C11-S1-8	4.5	1 930		338.6
	C11-S2	C11-S2-2	1	85.8		15.05

(续表)

序号	超标点位	超标样品	超标深度（m）	超标污染物浓度（mg/kg）	评价标准（mg/kg）	超标倍数
19	D1-S1	D1-S1-1	0.5	10.7		1.88
		D1-S1-3	1.5	156		27.37
	D1-S2	D1-S2-1	0.5	22.7		3.98
20	D5-S2	D5-S2-3	1.5	13.3		2.33
		D5-S2-6	3	9.4		1.65
21	D7-S2	D7-S2-4	2	23.2		4.07
		D7-S2-6	3	110		19.3
	D7-S3	D7-S3-1	0.5	9		1.58
22	D10-S2	D10-S2-3	1.5	407		71.4
		D10-S2-4	2	237		41.58
23	D15-S1	D15-S1-1	0.5	27.1		4.75
24	D16-S1	D16-S1-3	1.5	33.1		5.81
		D16-S1-5	2.5	41.2		7.23
		D16-S1-1	0.5	16.5		2.89
25	E1-S2	E1-S2-2	1	203	5.7	35.61
		E1-S2-3	1.5	48.6		8.53
	E1-S5	E1-S5-1	0.5	1 120		196.49
		E1-S5-3	1.5	13.2		2.32
	E1-S7	E1-S7-2	1	2 810		492.98
		E1-S7-3	1.5	2 080		364.91
	E1-S8	E1-S8-6	3	22.1		3.88
	E1-S9	E1-S9-3	1.5	468		82.11
		E1-S9-5	2.5	123		21.58
26	E2-S1	E2-S1-3	1.5	13.2		2.32
27	E3-S1	E3-S1-1	0.5	17		2.98
		E3-S1-3	1.5	21.5		3.77
		E3-S1-6	3	12.1		2.12
28	E4-S4	E4-S4-6	3	8.4		1.47
29	E8-S1	E8-S1-2	1	30.2		5.3
		E8-S1-3	1.5	19.3		3.39
	E8-S2	E8-S2-1	0.5	18.9		3.32
		E8-S2-2	1	11.3		1.98

（续表）

序号	超标点位	超标样品	超标深度（m）	超标污染物浓度（mg/kg）	评价标准（mg/kg）	超标倍数
30	E11-S2	E11-S2-1	0.5	38.3	5.7	6.72
		E11-S2-3	1.5	41.2		7.23
31	E13-S1	E13-S1-1	0.5	7.9		1.39
		E13-S1-3	1.5	31.1		5.46
	E13-S2	E13-S2-1	0.5	19.6		3.44
		E13-S2-3	1.5	14.6		2.56
32	E16-S1	E16-S1-1	0.5	22.2		3.89
33	WS12	WS12-1	0.5	33.4		5.86
		WS12-3	1.5	343		60.18
34	GWS5	GWS5-1	0.5	10.9		1.91

表 3-15 土壤镍污染物超标点位分析

序号	超标点位	超标样品	超标深度（m）	超标污染物浓度（mg/kg）	评价标准（mg/kg）	超标倍数
1	A6-S1	A6-S1-1	0.5	1 690	900	1.88
		A6-S1-3	1.5	2 260		2.51
		A6-S1-6	3	3 800		4.22
2	A7-S4	A7-S4-1	0.5	1 490		1.66
3	B1-S1	B1-S1-1	0.5	1 790		1.99
		B1-S1-4	2	990		1.1
		B1-S1-5	2.5	1 160		1.29
4	B2-S1	B2-S1-1	0.5	2 780		3.09
		B2-S1-8	4.5	1 470		1.63
5	B7-S1	B7-S1-1	0.5	972		1.08
		B7-S1-6	3	965		1.07
		B7-S1-8	4.5	1 410		1.57
6	B9-S1	B9-S1-6	3	1 650		1.83
		B9-S1-8	4	1 860		2.07
7	B10-S1	B10-S1-1	0.5	3 570		3.97
		B10-S1-3	1.5	1 590		1.77
8	C2-S2	C2-S2-6	3	1 390		1.54

(续表)

序号	超标点位	超标样品	超标深度（m）	超标污染物浓度（mg/kg）	评价标准（mg/kg）	超标倍数
9	C4-S1	C4-S1-2	1	3 760		4.18
	C4-S2	C4-S2-1	0.5	3 370		3.74
10	C6-S1	C6-S1-1	0.5	1 460		1.62
		C6-S1-3	1.5	3 190		3.54
11	C10-S2	C10-S2-4	2	2 100		2.33
12	C11-S1	C11-S1-6	3	3 520		3.91
		C11-S1-7	4	3 130		3.48
		C11-S1-8	4.5	2 770		3.08
	C11-S2	C11-S2-1	0.5	3 030		3.37
13	D1-S1	D1-S1-1	0.5	1 310		1.46
14	D7-S5	D7-S5-1	0.5	2 840		3.16
15	D10-S2	D10-S2-3	1.5	2 730		3.03
		D10-S2-4	2	3 160		3.51
		D10-S2-6	3	1 070		1.19
16	D16-S1	D16-S1-6	3	2 020	900	2.24
17	E1-S2	E1-S2-2	1	1 230		1.37
		E1-S2-3	1.5	1 890		2.1
	E1-S5	E1-S5-1	0.5	1 920		2.13
	E1-S7	E1-S7-1	0.5	1 910		2.12
		E1-S7-2	1	3 640		4.04
		E1-S7-3	1.5	3 260		3.62
	E1-S9	E1-S9-3	1.5	2 110		2.34
		E1-S9-5	2.5	2 430		2.7
18	E4-S4	E4-S4-1	0.5	1 390		1.54
19	E10-S1	E10-S1-1	0.5	1 190		1.32
	E10-S2	E10-S2-1	0.5	2 330		2.59
20	E11-S2	E11-S2-1	0.5	3 970		4.41
		E11-S2-3	1.5	964		1.07
21	E13-S1	E13-S1-1	0.5	1 360		1.51
22	WS12	WS12-1	0.5	1 020		1.13
		WS12-3	1.5	1 310		1.46

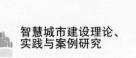

（续表）

序号	超标点位	超标样品	超标深度（m）	超标污染物浓度（mg/kg）	评价标准（mg/kg）	超标倍数
23	GWS1	GWS1-1	0.5	1 970	900	2.19
		GWS1-2	1	1 560		1.73
24	GWS4	GWS4-1	0.5	964		1.07
25	GWS5	GWS5-1	0.5	2 680		2.98

表 3-16 土壤污染物铅超标点位分析

序号	超标点位	超标样品	超标深度（m）	超标污染物浓度（mg/kg）	评价标准（mg/kg）	超标倍数
1	E16-S1	E16-S1-1	0.5	980	800	1.225

表 3-17 土壤污染物镉超标点位分析

序号	超标点位	超标样品	超标深度（m）	超标污染物浓度（mg/kg）	评价标准（mg/kg）	超标倍数
1	B10-S1	B10-S1-1	0.5	103	65	1.58

表 3-18 土壤污染物砷超标点位分析

序号	超标点位	超标样品	超标深度（m）	超标污染物浓度（mg/kg）	评价标准（mg/kg）	超标倍数
1	A5-S2	A5-S2-1	0.5	92.5	40	2.31
2	B7-S1	B7-S1-1	0.5	43.1		1.08
3	C6-S2	C6-S2-1	0.5	45.6		1.14
4	E1-S9	E1-S9-1	0.5	78.7		1.97

3.3 地下水检测结果与分析

地下水检测结果可参照标准《地下水质量标准》（GB/T 14848—2017）Ⅳ类水质标准进行评估。11 个地下水样品中，锰、镍、铁、铝、高锰酸盐指数、硫酸盐、氟化物、氯化物、硝酸盐氮、氨氮均有点位超出《地下水质量标准》（GB/T 14848—2017）Ⅳ类标准等相关标准限值，为Ⅴ类水质。具体检测结果与分析见表 3-19 和表 3-20。

表 3-19 地下水样品的检测评价

检测项目	项目	GW1	GW2	GW3	GW4	GW5	GW6	GW7	GW8	GW9	GW10	GW11	检出限	单位
基本水质因子及金属													
pH值	检测结果	6.58	6.93	7.3	7.16	7.54	7.82	7.11	7.49	7.85	7	6.82	—	—
	评价标准	Ⅲ类	Ⅲ类	Ⅲ类	Ⅲ类	Ⅲ类	Ⅲ类	Ⅲ类	Ⅲ类	Ⅲ类	Ⅲ类	Ⅲ类		
铜	检测结果	1 060	2	1.12	2.1	4.48	1.38	1.12	1.12	2.1	2.03	1.55	0.08	μg/L
	评价标准	Ⅳ类	Ⅲ类	Ⅲ类	Ⅲ类	Ⅲ类	Ⅲ类	Ⅲ类	Ⅲ类	Ⅲ类	Ⅲ类	Ⅲ类		
锰	检测结果	129 000	8 960	3 810	1 190	97.6	16.8	8 710	295	8.86	2 710	3 070	0.12	μg/L
	评价标准	Ⅴ类	Ⅴ类	Ⅴ类	Ⅳ类	Ⅲ类	Ⅲ类	Ⅴ类	Ⅳ类	Ⅲ类	Ⅴ类	Ⅴ类		
镍	检测结果	74 800	5 980	162	301	10.6	4.79	1 220	9.68	10.2	648	482	0.06	μg/L
	评价标准	Ⅴ类	Ⅴ类	Ⅴ类	Ⅴ类	Ⅲ类	Ⅲ类	Ⅴ类	Ⅲ类	Ⅲ类	Ⅴ类	Ⅴ类		
锌	检测结果	754	42.5	50.8	57.3	21.9	8.45	20.5	11.2	41.4	40.5	40.9	0.67	μg/L
	评价标准	Ⅲ类	Ⅲ类	Ⅲ类	Ⅲ类	Ⅲ类	Ⅲ类	Ⅲ类	Ⅲ类	Ⅲ类	Ⅲ类	Ⅲ类		
铅	检测结果	0.64	0.16	0.13	0.1	ND	0.14	0.15	0.16	0.1	ND	1.12	0.09	μg/L
	评价标准	Ⅲ类	Ⅲ类	Ⅲ类	Ⅲ类	Ⅲ类	Ⅲ类	Ⅲ类	Ⅲ类	Ⅲ类	Ⅲ类	Ⅲ类		
铁	检测结果	3 900	54	ND	7.48	14.8	1.29	47.5	11.5	ND	16.7	90.1	0.82	μg/L
	评价标准	Ⅴ类	Ⅲ类	Ⅲ类	Ⅲ类	Ⅲ类	Ⅲ类	Ⅲ类	Ⅲ类	Ⅲ类	Ⅲ类	Ⅲ类		
镉	检测结果	3.62	2.35	0.1	0.13	0.23	0.08	0.27	0.09	ND	ND	0.29	0.05	μg/L
	评价标准	Ⅲ类	Ⅲ类	Ⅲ类	Ⅲ类	Ⅲ类	Ⅲ类	Ⅲ类	Ⅲ类	Ⅲ类	Ⅲ类	Ⅲ类		
砷	检测结果	ND	ND	0.6	ND	0.6	1.9	ND	ND	3	ND	ND	0.3	μg/L
	评价标准	Ⅲ类	Ⅲ类	Ⅲ类	Ⅲ类	Ⅲ类	Ⅲ类	Ⅲ类	Ⅲ类	Ⅲ类	Ⅲ类	Ⅲ类		

（续表）

检测项目	项目	GW1	GW2	GW3	GW4	GW5	GW6	GW7	GW8	GW9	GW10	GW11	检出限	单位
硒	检测结果	5.18	2.44	0.74	2.55	1.18	0.59	7.75	0.78	2.25	1.63	2.71	0.41	μg/L
	评价标准	Ⅲ类	Ⅲ类	Ⅲ类	Ⅲ类	Ⅲ类	Ⅲ类	Ⅲ类	Ⅲ类	Ⅲ类	Ⅲ类	Ⅲ类		
铝	检测结果	219 000	94.8	ND	ND	7.38	ND	16.4	1.32	10.1	ND	18.7	1.15	μg/L
	评价标准	Ⅴ类	Ⅲ类	Ⅲ类	Ⅲ类	Ⅲ类	Ⅲ类	Ⅲ类	Ⅲ类	Ⅲ类	Ⅲ类	Ⅲ类		
浊度	检测结果	10	ND	ND	ND	ND	6	2	ND	2	ND	8	1	—
	评价标准	Ⅳ类	Ⅲ类	Ⅲ类	Ⅲ类	Ⅲ类	Ⅳ类	Ⅲ类	Ⅲ类	Ⅲ类	Ⅲ类	Ⅳ类		
色度	检测结果	25	15	15	10	15	10	25	15	20	20	25	5	度
	评价标准	Ⅳ类	Ⅲ类	Ⅲ类	Ⅲ类	Ⅲ类	Ⅲ类	Ⅳ类	Ⅲ类	Ⅳ类	Ⅳ类	Ⅳ类		
高锰酸盐指数	检测结果	8.5	3.83	3.8	1.87	5.66	3.74	5.9	2.67	2.87	2.58	10.1	0.05	mg/L
	评价标准	Ⅳ类	Ⅳ类	Ⅳ类	Ⅲ类	Ⅳ类	Ⅳ类	Ⅳ类	Ⅲ类	Ⅲ类	Ⅲ类	Ⅴ类		
硫酸盐	检测结果	39	96	999	163	306	162	1 340	350	98	653	558	8	mg/L
	评价标准	Ⅲ类	Ⅲ类	Ⅴ类	Ⅲ类	Ⅳ类	Ⅲ类	Ⅴ类	Ⅳ类	Ⅲ类	Ⅴ类	Ⅴ类		
亚硝酸盐氮	检测结果	2.88	0.517	0.012	0.002	0.089	0.002	0.808	0.277	0.021	0.064	0.011	0.001	mg/L
	评价标准	Ⅳ类	Ⅲ类	Ⅲ类	Ⅲ类	Ⅲ类	Ⅲ类	Ⅲ类	Ⅲ类	Ⅲ类	Ⅲ类	Ⅲ类		
氟化物	检测结果	342	8.07	2.54	1.48	2.79	2.13	8.15	0.89	1.18	1.26	3.27	0.05	mg/L
	评价标准	Ⅴ类	Ⅴ类	Ⅴ类	Ⅳ类	Ⅴ类	Ⅴ类	Ⅴ类	Ⅲ类	Ⅳ类	Ⅳ类	Ⅴ类		
氯化物	检测结果	171	322	538	116	295	41.1	149	90.5	99	727	34	1	mg/L
	评价标准	Ⅲ类	Ⅳ类	Ⅳ类	Ⅲ类	Ⅳ类	Ⅲ类	Ⅲ类	Ⅲ类	Ⅲ类	Ⅴ类	Ⅲ类		
硝酸盐氮	检测结果	1 110	21	0.43	0.26	1.06	0.09	28.9	2.78	0.68	16.8	0.57	0.08	mg/L
	评价标准	Ⅴ类	Ⅳ类	Ⅲ类	Ⅲ类	Ⅲ类	Ⅲ类	Ⅳ类	Ⅲ类	Ⅲ类	Ⅲ类	Ⅲ类		

(续表)

检测项目	项目	GW1	GW2	GW3	GW4	GW5	GW6	GW7	GW8	GW9	GW10	GW11	检出限	单位
氨氮	检测结果	3.99	0.625	0.103	7.49	0.972	0.053	4.69	0.059	0.075	0.075	2.73	0.025	mg/L
	评价标准	Ⅴ类	Ⅳ类	Ⅲ类	Ⅴ类	Ⅳ类	Ⅲ类	Ⅴ类	Ⅲ类	Ⅲ类	Ⅲ类	Ⅴ类		
有机污染物														
邻苯二甲酸二甲酯	检测结果	ND	1.4	ND	ND	ND	ND	ND	ND	ND	ND	ND	0.5	μg/L
	评价标准	—	—	—	—	—	—	—	—	—	—	—		
邻苯二甲酸二(2-乙基己基)酯	检测结果	ND	9.4	ND	19.8	ND	ND	ND	ND	ND	7.8	ND	2.5	μg/L
	评价标准	Ⅲ类	Ⅳ类	Ⅲ类	Ⅳ类	Ⅲ类	Ⅲ类	Ⅲ类	Ⅲ类	Ⅲ类	Ⅲ类	Ⅲ类		
苯乙酮	检测结果	ND	1.5	ND	ND	ND	ND	ND	ND	ND	ND	ND	0.5	μg/L
	评价标准	—	—	—	—	—	—	—	—	—	—	—		
邻苯二甲酸二丁酯	检测结果	ND	2.2	ND	ND	7.4	ND	ND	ND	ND	ND	ND	0.5	μg/L
	评价标准	Ⅲ类	Ⅳ类	Ⅲ类	Ⅲ类	Ⅳ类	Ⅲ类	Ⅲ类	Ⅲ类	Ⅲ类	Ⅲ类	Ⅲ类		
总石油烃 $C_{10}\sim C_{40}$	检测结果	0.08	0.23	0.01	0.02	0.31	0.04	ND	0.01	ND	ND	0.29	0.01	mg/L
	评价标准	Ⅳ类	Ⅳ类	Ⅳ类	Ⅳ类	Ⅳ类	Ⅳ类	Ⅲ类	Ⅳ类	Ⅲ类	Ⅲ类	Ⅳ类		

表3-20 地下水污染物超标点位分析（单位：mg/L）

序号	污染物	超标点位	超标污染物浓度	评价标准（Ⅳ类）	超标倍数
1	锰	GW1	129	1.5	86.00
		GW2	8.96		5.97
		GW3	3.81		2.54
		GW7	8.71		5.81
		GW10	2.71		1.81
		GW11	3.07		2.05
2	镍	GW1	74.80	0.1	748
		GW2	5.98		59.8

（续表）

序号	污染物	超标点位	超标污染物浓度	评价标准（Ⅳ类）	超标倍数
2	镍	GW3	0.162	0.1	1.62
		GW4	0.301		3.01
		GW7	1.22		12.2
		GW10	0.648		6.48
		GW11	0.482		4.82
3	铁	GW1	3.90	2	1.95
4	铝	GW1	219	0.5	438
5	高锰酸盐指数	GW11	10.1	10	1.01
6	硫酸盐	GW3	999	350	2.85
		GW7	1 340		3.83
		GW10	653		1.87
		GW11	558		1.59
7	氟化物	GW1	342	2	171
		GW2	8.07		4.035
		GW3	2.54		1.27
		GW5	2.79		1.395
		GW6	2.13		1.065
		GW7	8.15		4.075
		GW11	3.27		1.635
8	氯化物	GW3	538	350	1.54
		GW10	727		2.08
		DZGW1	631		1.80
9	硝酸盐氮	GW1	1 110	30	37
10	氨氮	GW1	3.99	1.5	2.66
		GW4	7.49		4.99
		GW7	4.69		3.13
		GW11	2.73		1.82

4 结语

根据本次对某酸洗企业关停地块土壤和地下水污染状况的初步调查结果分析，地块内土壤和地下水样品的检测结果中均存在超出相关评估标准限值的样品。土壤样品中有 7 种污染物超过《土壤

环境质量 建设用地土壤污染风险管控标准（试行）》（GB 36600—2018）第二类用地筛选值，分别为三氯乙烯、氟化物、六价铬、镍、铅、镉、砷。地下水样品中，锰、镍、铁、铝、高锰酸盐指数、硫酸盐、氟化物、氯化物、硝酸盐氮、氨氮均有点位超出《地下水质量标准》（GB/T 14848—2017）Ⅳ类标准等相关标准限值，为Ⅴ类水质。在此基础上，建议该场地开展详细调查和健康风险评估工作，进一步框定风险范围和风险程度，为后续场地修复提供数据支持。

建议该地块管理单位做好地块开发前的现场管理工作，及时清运地块内的建筑垃圾，同时防止其他固体废物被带入场内；建议施工单位在地块开发过程中按照相关文件要求规范施工，做好建设过程中的环保监管工作。同时，在项目开发过程中若发现有污染迹象，应及时向地方环保部门报告。若该地块后期未开发，应保证环境风险得到有效控制，排查引发环境污染的风险源和风险因素，对遗留的有害化学品和工业固体废物、废液和废渣等污染物予以规范清理，制定并实施各类污染物防治方案和污染物应急处置方案，合理处置遗留的固体废物、废液和废渣等，防止污染扩散。对暂不开发利用的污染地块实施以防止污染扩散为主的风险管控，防止发生二次污染和次生突发环境事件。

参考文献

[1] 曾德华.工业污染场地环境调查工作存在的问题及对策[J].广东化工，2020，48（6）：120-122.

[2] 何雨.某工业企业遗留地块土壤和地下水污染状况初步调查研究[J].广东化工，2020，47（14）：257-259.

[3] 李玉双，胡晓钧，宋雪英，等.城市工业污染场地土壤修复技术研究进展[J].安徽农业科学，2012，40（10）：6119-6122.

[4] 中华人民共和国生态环境部.建设用地土壤污染状况调查技术导则：HJ 25.1—2019[S].北京：中国环境出版社，2019.

[5] 中华人民共和国生态环境部.建设用地土壤污染风险管控和修复监测技术导则：HJ 25.2—2019[S].北京：中国环境出版社，2019.

[6] 中华人民共和国生态环境部.土壤环境质量建设用地土壤污染风险管控标准：GB 36600—2018[S].北京：中国环境出版社，2019.

[7] 中华人民共和国国家质量监督检验检疫总局.地下水质量标准：GB/T 14848—2017[S].北京：中国质检出版社，2017.

[8] 中华人民共和国生态环境部.建设用地土壤污染风险评估技术导则：HJ 25.3—2019[S].北京：中国环境出版社，2019.

作者简介

马志盼，女，1990年5月生，江苏盐城人。江苏环保产业技术研究院股份公司硕士，中级工程师。研究方向：污染场地调查及土壤、地下水修复工作。电子邮箱：mazhipan_xiangshui@163.com，通信地址：江苏省南京市建邺区江东中路211号，联系电话：025-85699000。

装配式混凝土建筑工程节点连接质量检测技术研究

孙正华，蒋俣，许国东，薛春领，王庆罂

(江苏省建筑工程质量检测中心有限公司，江苏 南京 210028)

摘要：针对目前装配式混凝土结构节点连接质量缺乏有效的无损检测技术，本文主要研究了基于便携式 X 射线的无损检测方法测试钢筋套筒、浆锚搭接等节点连接质量，介绍了便携式 X 射线技术检测混凝土结构缺陷的原理及方法。此外，本篇还详细阐述了便携式 X 射线技术检测设有波纹管、钢筋套筒的多种工况混凝土试件的测试结果。通过对 X 射线成像的分析，得出便携式 X 射线技术可准确判断连接节点灌浆饱满度、识别节点内预埋钢筋的结论，并通过工程应用实例验证。

关键词：X 射线；浆锚搭接；钢筋套筒；灌浆质量；无损检测；装配式建筑

1 引言

装配式建筑是在工程现场通过机械化、信息化等工程技术手段，按不同要求进行组合和安装，形成特定建筑产品的一种建造方式，以工业化方法在工厂制造的工业产品(构配件、部件)主要包括装配式混凝土结构、装配式钢结构、装配式木结构和模块化单元房等。近年来，随着国家政策的推进和社会环境的需求，装配式建筑，尤其是装配式混凝土结构建筑在我国快速发展。为保障装配式建筑的发展，确保装配式混凝土结构工程的质量和安全，其对应的质量检测必不可少。然而，我国关于装配式混凝土结构工程质量检测的研究却不够完善，有些方法仍是沿用现浇混凝土结构质量控制的检验思路，并不适用于在施工工艺上有了较大改变的装配式混凝土结构，尤其是装配式混凝土建筑工程中的节点连接等。

钢筋套筒连接、钢筋浆锚搭接等装配式混凝土的重要连接节点关系到结构整体的安全性、耐久性，是控制装配式混凝土结构施工质量的重要环节。钢筋套筒连接是在金属套筒中插入单根带肋钢筋并注入灌浆料拌合物，通过拌合物硬化形成整体并实现传力的钢筋对接连接，主要分为两端均采用灌浆连接的全灌浆套筒连接和一端采用灌浆连接、另一端采用机械连接的半灌浆套筒连接。钢筋浆锚搭接是装配式混凝土结构中一种新型的连接节点，依靠钢筋与灌浆料之间的锚固力来传递竖向受力，主要分为使用大直径波纹管的钢筋集中束浆锚搭接和使用小直径波纹管的单筋浆锚搭接。

在实际工程中，钢筋套筒连接、钢筋浆锚搭接等装配式混凝土建筑工程节点连接存在原材料不合格、施工现场灌浆不饱满或未灌浆、竖向钢筋锚固长度不足、钢筋被隔断等典型质量问题。《钢筋连接用灌浆套筒》(JG/T 398)和《钢筋套筒灌浆连接应用技术规程》(JGJ 355)等标准对钢筋套筒连接施工前的性能检测、进场检验、工艺检验和型式检验进行了规定。然而，对于钢筋套筒连接、钢筋浆锚搭接等装配式混凝土建筑工程节点连接现场质量检测检验的相关研究和规范尚不完善，目前超声波、地质雷达和红外成像等混凝土结构常规无损检测方法均无法有效检测节点的内部缺陷，而预埋钢丝拉拔法、预埋传感器法、冲击回波法、内窥镜法、X射线工业CT等新检测方法在使用条件、检测精度、便利性等方面还存在各自的局限性。

随着国内外便携式X射线技术的发展，便携式X射线机的参数条件逐渐满足现场检测装配式混凝土建筑工程连接节点的要求。试验研究表明便携式X射线技术可以识别预制混凝土构件内的钢筋套筒、钢筋形态和灌浆饱满度的可行性。本篇针对装配式混凝土结构剪力墙钢筋套筒连接和浆锚搭接节点，分别制作了设有灌浆套筒和波纹管的模型试件，采用便携式X射线技术对装配式混凝土建筑节点连接进行灌浆质量无损检测的模型试验研究，形成了基于便携式X射线技术的装配式混凝土结构钢筋套筒、浆锚搭接灌浆质量检测方法，并通过实际工程应用验证了该方法的可靠性。

2 检测方法

2.1 检测原理

X射线属于电磁波的一种，波长较短，介于紫外线和 γ 射线之间。X射线检测混凝土构件主要是利用其穿透、电离、荧光等物理特性和感光、着色等化学特性。目前国内外的X射线技术可使便携式X射线机在混凝土中的最大穿透厚度约为450 mm，受混凝土中钢筋等因素的干扰，实际有效检测厚度约为300 mm。因此，便携式X射线机主要适用于装配式混凝土剪力墙等厚度小于300 mm的预制构件及其连接节点的缺陷检测。

X射线技术现场检测混凝土构件的原理如图3-26所示。根据X射线数字成像法和X射线胶片成像法的不同，成像装置可分为X射线数字探测板和X射线胶片。X射线数字成像是通过射线透照被检预制混凝土构件，再由数字探测器接收衰减后的射线光子，经过一系列的转换变成数字信号，数字信号经放大和A/D转换，通过计算机处理，以数字图像的形式输出在显示器上。X射线胶片成像技术的原理为将感光材料（胶片）放置于预制混凝土构件的后面使其在透射X射线的作用下感光，经暗室处理后得到底片。由于缺陷部位与完好部位的射线穿透强度不同，底片上相应部位就会出现

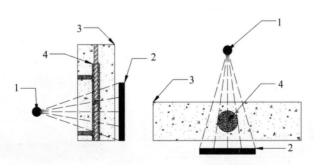

1-X射线源　2-成像装置　3-预制混凝土构件　4-连接节点

图3-26　X射线技术现场检测装配式混凝土结构节点连接灌浆质量示意图

黑度差异。根据该差异影像的形状和黑度情况，就可以评定预制混凝土构件或预埋波纹管内有无缺陷及缺陷的形状、大小和位置。

2.2 检测步骤

1）选择设备

根据试验条件和试验要求选取合适的 X 射线数字成像装置或 X 射线胶片成像装置。为保证穿透厚度和成像质量，X 射线机的最大管电压不宜低于 300 kV。

2）设置参数

根据设备及检测工况选择合适的透照工艺，包括管电流、管电压、曝光时间、透照几何参数等，以保证成像质量。其中，管电压越高，射线的穿透能力越强；管电流越大，射线密度越大，成像像素越高；曝光时间越长，成像黑度越大。

3）布置设备

根据透照工艺放置便携式 X 射线装置。成像装置宜贴紧构件表面，且有效成像区域应覆盖待检测的部位；射线机放置应满足透照时 X 射线束可以垂直指向透照区中心，必要时可选用有利于发现缺陷的方向透照。合理放置射线机及成像装置可减小成像畸变的可能性。散射线和无用射线会降低图像对比度，可采取在 X 射线管窗口前安装滤波板；在探测器或 X 射线管窗口前安装光栅；对非检测部位采取屏蔽等措施减少散射线和无用 X 射线。

4）透照测试

确保检测人员处于安全区域后，开启透照曝光。待曝光完成后，关闭 X 射线机，确认检测区域处于安全状态后，再取下成像装置。

3 试验研究

3.1 钢筋套筒连接灌浆质量检测试验研究

为模拟装配式混凝土结构剪力墙中钢筋套筒连接节点，制作了如图 3-27 所示的设有不同灌浆饱满度的全灌浆套筒和半灌浆套筒节点模型试件，研究采用便携式 X 射线数字成像技术来测试钢筋套筒的灌浆饱满度效果。墙体厚度为 200 mm，图 3-27 中 TT-1～TT-6 为波纹管的编号，灌浆详情见表 3-21。

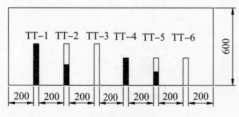

（a）试件设计图（单位：mm）

（b）试件实体照片

图 3-27 钢筋套筒连接节点模型试件

表 3-21　钢筋套筒连接节点模型试件灌浆详情

波纹管编号	套筒类型	套筒尺寸（mm）	灌浆情况
TT-1	全灌浆套筒	$\phi 42 \times 320$	全　满
TT-2			半　空
TT-3			全　空
TT-4	半灌浆套筒	$\phi 42 \times 211$	全　满
TT-5			半　空
TT-6			全　空

首先对 200 mm 厚钢筋混凝土内灌浆套筒的施工内部质量进行检测，为测试钢筋混凝土对检测结果精确度的影响，检测时将双丝像质计摆放在射源一侧，得到 X 射线数字成像，如图 3-28 所示。从图 3-28 中可以看出，混凝土与钢筋、钢筋混凝土与套筒的分界线明显，套筒内插入的钢筋清晰可见，套筒内灌浆的灰度与其他部位明显不同。双丝像质计图像的分辨率最高可识别 D8 级（丝径 0.16 mm），表明 X 射线数字成像技术的检测精度较高。

图 3-29 为全灌浆套筒的 X 射线数字成像检测结果。对于灌浆料饱满的试件 [图 3-29（a）]，混凝土的灰度值最高，与钢筋网片和套筒的界线明显，即套筒和钢筋显示的灰度值明显低于混凝土。分析原因可知，若金属密度大，X 射线的衰减将大于混凝土。另外，若混凝土内的灰度不均匀，其内部对于 X 射线的吸收和散射也会不同，不均匀的灰度也成为混凝土 X 射线的成像特征。套筒内部插入钢筋的灰度值最低，与灌浆料的分界明显。套筒内的灌浆料密度较高，且内部比混凝土均匀，在套筒内对于 X 射线的吸收程度高于混凝土，因此呈现的灰度值低于混凝土，此时比较容易分辨。图 3-29（a）中方框所示区域出现明显的高灰度值区域，其原因为漏浆会导致在出浆口附近灌浆料不饱满。

对于灌浆料饱满度 50% 的套筒 [图 3-29（b）]，钢筋混凝土与套筒的分界等情况与图 3-29（a）相似，不同之处在于套筒内上部未灌浆区域与灌浆区域的灰度值明显不同，会出现明显的分界线。由于未灌浆区域的空洞对于 X 射线的吸收明显减少，它会呈现出较高的灰度值。对于内部全未灌浆的套筒 [图 3-29（c）]，其套筒内部自身结构非常清晰，空白区域的灰度值和混凝土的灰度值相近。

图 3-28　200 mm 厚混凝土内灌浆套筒射线数字成像（带双丝像质计）

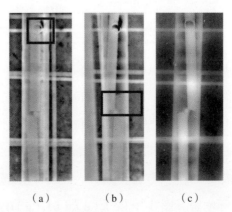

图 3-29　全灌浆套筒 X 射线数字成像检测结果

对于半灌浆套筒中的灌浆饱满度，试件中 TT-4、TT-5 和 TT-6 套筒的 X 射线数字成像检测结果与全灌浆套筒的结果基本一致。综上分析可知，对于混凝土厚度 200 mm 的剪力墙，通过 X 射线数字成像技术能够很清晰地检测出墙体内灌浆套筒内灌浆的饱满度和钢筋的插入情况。

3.2 钢筋浆锚搭接灌浆质量检测试验研究

为模拟装配式混凝土结构剪力墙中浆锚搭的接节点，制作了如图 3-30 所示的设有不同形状、大小、位置灌浆缺陷的波纹管节点模型试件，研究采用便携式 X 射线技术测试大直径钢筋集中束浆锚搭接波纹管内缺陷的效果，图 3-30（a）中 BWG-1～BWG-4 为波纹管的编号。缺陷设置详情见表 3-22。

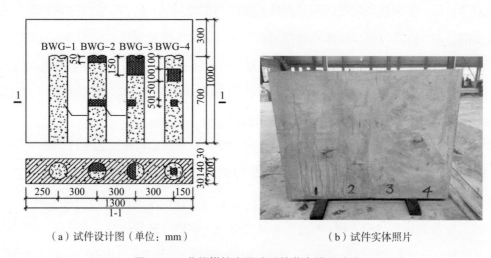

（a）试件设计图（单位：mm）　　　　　（b）试件实体照片

图 3-30　浆锚搭接金属波纹管节点模型试件

表 3-22　浆锚搭接金属波纹管节点模型试件缺陷设置详情

编号	形状	尺寸（mm）	位置
QX1	圆柱体	$\phi140\times50$	BWG-2 顶部
QX2	半圆柱体	$\phi140\times50$	BWG-2 325 mm 高度处
QX3	圆柱体	$\phi140\times150$	BWG-3 顶部
QX4	半圆柱体	$\phi140\times50$	BWG-3 325 mm 高度处
QX5	立方体	$100\times100\times100$	BWG-4 550 mm 高度处
QX6	立方体	$50\times50\times50$	BWG-4 325 mm 高度处

浆锚搭接金属波纹管节点模型试件各部位的 X 射线数字成像如图 3-31 所示。图 3-31（a）为 BWG-1 模拟灌浆无缺陷、饱满度 100% 的波纹管节点扫描成像图，通过图中各区域不同的黑度，可以清晰地分辨出混凝土与波纹管分界线的位置，以及构件中钢筋、波纹管的螺旋箍筋。图 3-31（b）、（d）为 BWG-2、BWG-3 模拟波纹管顶部灌浆不饱满的缺陷成像图，其中灰色区域为灌浆饱满部位，黑色空间为未灌浆部位（QX1、QX3）。波纹管顶部不同大小的不饱满缺陷在图中清晰可见，且大小、位置与实际吻合。图 3-31（c）、（e）、（f）、（g）BWG-2～BWG-4 中为模拟不同形状、尺寸

和位置的空洞缺陷。图中黑色的空间可以明显分辨QX2、QX4、QX5、QX6的形状、角度、大小和位置,测试结构均与实际工况一致。另外,试件浇筑过程中用于固定模拟缺陷的泡沫的定位钢筋在图3-31中也清晰可见。由此可见,X射线不仅可以识别波纹管中的灌浆缺陷,也可以识别波纹管中的钢筋。

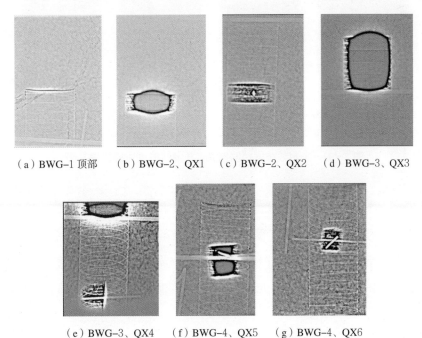

图 3-31　浆锚搭接金属波纹管节点模型试件检测结果

由浆锚搭接金属波纹管节点模型试件的测试结果可知,对于200 mm厚度的装配式混凝土墙体,X射线数字成像可以清晰地确定预制混凝土构件中波纹管的位置;定量识别波纹管的灌浆饱满度;定量识别波纹管中孔洞等缺陷的存在及其形状、大小、位置;定量识别波纹管中的钢筋位置、长度。

4　工程应用

4.1　钢筋套筒连接灌浆质量工程现场检测

本篇试验研究成果在部分工程中得到应用,检测对象主要是200 mm厚钢筋混凝土内部的灌浆套筒。经过检测发现目前灌浆套筒施工质量主要存在以下问题,见图3-32。

(1)套筒灌浆不饱满。

(2)底部无插筋、插筋过短以及插筋被截断现象。

据初步检测样本的结果统计,第一个问题出现频率较高,第二个问题出现频率较低,但都会严重影响结构的安全性。经过分析发现,以上问题主要是施工过程不规范等原因导致的。

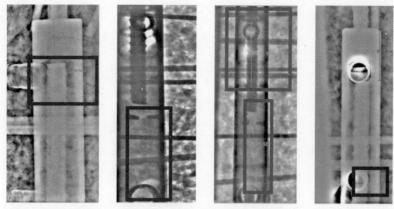

(a)出浆口灌浆不饱满　(b)底部无插筋　(c)灌浆不饱满及钢筋锚固长度不足　(d)未灌浆、钢筋底部被割断

图 3-32　X 射线技术检测钢筋套筒灌浆节点连接工程实例

4.2　钢筋浆锚搭接灌浆质量工程现场检测

为验证便携式 X 射线技术在实际工程中的可行性及准确性,选择江苏省南京市某在建工程进行了实体测试。该工程含 11 幢住宅楼,每幢 7 层,为框架剪力墙结构。竖向承重构件(剪力墙)采用大直径浆锚搭接节点方式连接,剪力墙厚 200 mm,波纹管直径为 130 mm,现场测试采用胶片成像。

对该工程 22 片剪力墙、50 个浆锚搭接节点进行 X 射线成像检测,典型的节点成像如图 3-33(a)所示,可以清晰地识别波纹管、螺旋箍筋和预埋钢筋所在位置及长度;底片黑度均匀,未发现缺陷存在,可以判断灌浆饱满。其中,有 4 个浆锚搭接节点的成像如图 3-33(b)所示,底片上部与下部有较大黑度差,疑似灌浆不饱满,存在缺陷。通过对发现疑似缺陷的浆锚搭接节点进行局部破损验证,发现波纹管内部浆未灌满,且实际灌浆饱满度均与 X 射线成像结果吻合,如图 3-34 所示。

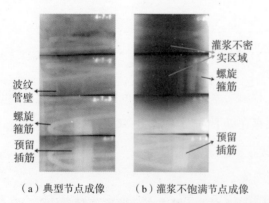

(a)典型节点成像　(b)灌浆不饱满节点成像

图 3-33　X 射线技术检测钢筋浆锚搭接节点连接工程实例

图 3-34　浆锚搭接节点局部破损验证结果

本工程中便携式 X 射线现场测试结果准确,成像效果良好。可见,该技术在实际工程中是一个可行、有效的测试无损检测浆锚搭接节点波纹管内灌浆饱满度和预埋钢筋位置、长度的方法。

5　结语

本项目研究采用便携式X射线技术对设有钢筋套筒连接节点、波纹管浆锚搭接连接节点模型试件及实际工程中装配式混凝土剪力墙套筒连接、浆锚搭接节点进行了测试，对测试结果分析论证后，得出以下结论：

（1）便携式X射线技术可以识别200 mm厚装配式混凝土构件中钢筋套筒连接、浆锚搭接节点的套筒或波纹管位置，定量识别灌浆饱满度，识别节点连接内部孔洞等灌浆缺陷的形状、尺寸、位置，还可以识别连接节点内钢筋的位置、长度，从而真正达到测试装配式混凝土建筑工程节点连接的灌浆质量。

（2）此项技术具备便携、无损、快速、准确等优点，随着我国装配式建筑的蓬勃发展，此项技术已成为装配化建筑施工质量控制的有效手段。

（3）选取合适的管电压、管电流、透照时间等参数对于便携式X射线技术检测装配式混凝土构件的内浆锚搭接灌浆质量的成像质量至关重要。本文使用的设置为经过反复试验后选取的参数，可为未来X射线技术无损检测灌浆质量的推广和应用以及标准编制提供参考，具有良好的工程检测应用意义。另外，此项技术试验验过程中具有辐射性，需要专业的机构和人员操作，试验过程中的安全性控制非常重要。

（4）由于混凝土结构及灌浆料材质的多样性、复杂性，目前还未得到通过黑度值推断连接节点内灌浆密实度的方法，因此还需要进行大量试验寻找黑度值等参数和灌浆密实度的对应关系，形成更全面、可靠的X射线技术检测装配式混凝土建筑工程节点连接灌浆质量的方法。

参考文献

[1] 许国东，相秋迪，赵广志，等．X射线数字成像技术检测灌浆套筒施工质量的试验研究[J]．建筑结构，2020，50（9）：11-15，6．

[2] COMMITEE ACI 228.2R-13: Report on nondestructive test methods for evaluation of concrete in structures[M]．ACI 228.2R-13, American Concrete Institute, 2013.

[3] 蒋俣，孙正华，付磊，等．冲击回波法检测装配式混凝土结构浆锚搭接灌浆饱满度的应用研究[J]．建筑结构，2018，48（23）：28-32．

[4] 蒋俣，孙正华，魏晓斌，等．冲击回波法检测装配式混凝土结构浆锚搭接灌浆饱满度的试验研究[J]．建筑结构，2018，48（23）：22-27．

[5] 高润东，李向民，张富文，等．基于X射线工业CT技术的套筒灌浆密实度检测试验[J]．无损检测，2017，39（4）：6-11．

[6] 黄新超．国内外工业便携式X射线机的发展[J]．无损检测，2015，37（10）：87-90．

[7] 张富文，李向民，高润东，等．便携式X射线技术检测套筒灌浆密实度研究[J]．施工技术，2017，46（17）：6-9．

[8] 余日华,曹旷,杨放,等.X射线技术在套筒灌浆连接施工质量检测中的应用实例[J].江苏建筑,2019(3):63-65.

[9] 高润东,李向民,许清风,等.基于X射线数字成像灰度变化的套筒灌浆缺陷识别方法研究[J].施工技术,2019,48(9):12-16.

[10] 孙正华,蒋俣,赵广志,等.基于便携式X射线技术的装配式结构浆锚搭接灌浆质量现场检测技术研究[J].建筑结构,2020,50(9):16-20.

作者简介

孙正华,女,1976年8月生,江苏扬州人。江苏省建筑工程质量检测中心有限公司博士,副总经理、总工程师,正高级工程师。主要研究方向:土木工程质量检测鉴定、防灾减灾及防护工程等。电子邮箱:492594340@qq.com,通信地址:江苏省南京市栖霞区纬地路,联系电话:13515124665。

蒋俣,男,1990年6月生,江苏南京人。江苏省建筑工程质量检测中心有限公司硕士,工程师。主要研究方向:土木工程质量检测、土木工程材料等。电子邮箱:413392991@qq.com,通信地址:江苏省南京市栖霞区纬地路,联系电话:15651822638。

鸣 谢

指导单位：

东南大学

南京市麒麟科创园管委会

东南大学校友总会

东南大学智慧城市研究院

主办单位：

东南大学（南京）校友会

承办单位：

东南大学（南京）校友会土木交通分会

协办单位：

苏交科集团股份有限公司

江苏先行交通科技有限公司

江苏环保产业技术研究院

江苏东交智控科技集团股份有限公司

江苏苏博特新材料股份有限公司

江苏苏邑设计集团有限公司

江苏兆信工程项目管理有限公司

南京聚立科技股份有限公司

南京市城市与交通规划设计研究院股份有限公司

南京怡采涂装工程技术有限公司

北京华巨建筑规划设计院有限公司南京分公司

苏州彼立孚数据科技有限公司

江苏省规划设计集团有限公司

华设设计集团股份有限公司
中铁大桥（南京）桥隧诊治有限公司
南京金宸建筑设计有限公司
南京市建筑设计研究院有限责任公司
南京长江都市建筑设计股份有限公司
江苏锦华建设发展有限责任公司
南京峰略工程项目管理有限公司
江苏省建筑工程质量检测中心
江苏鼎云舜投资有限公司
南京工业大学浦江学院

支持单位：

南京博科新材料产业研究院